协同推进乡村全面振兴高质量发展

龚晨◎著

线装书局

图书在版编目（CIP）数据

协同推进乡村全面振兴高质量发展 / 龚晨著. -- 北京：线装书局，2022.6
ISBN 978-7-5120-5029-7

Ⅰ. ①协… Ⅱ. ①龚… Ⅲ. ①农村－社会主义建设－研究－中国 Ⅳ. ①F320.3

中国版本图书馆CIP数据核字（2022）第105471号

协同推进乡村全面振兴高质量发展
XIETONG TUIJIN XIANGCUN QUANMIAN ZHENXING GAO ZHILIANG FAZHAN

作　　者：	龚　晨
责任编辑：	姚　欣
出版发行：	线装書局
地　　址：	北京市丰台区方庄日月天地大厦B座17层（100078）
电　　话：	010-58077126（发行部）010-58076938（总编室）
网　　址：	www.zgxzsj.com
经　　销：	新华书店
印　　制：	成都市兴雅致印务有限责任公司
开　　本：	710mm×1000mm　1/16
印　　张：	16
字　　数：	231千字
版　　次：	2022年6月第1版第1次印刷
印　　数：	0001-1000册
定　　价：	69.80元

线装书局官方微信

内容简介

本书紧扣乡村全面振兴高质量发展主线，着力探究多元主体协同推进乡村全面振兴高质量发展的学理依据、科学内涵、时代价值、文化生态、保障支撑、方法路径、发展基石、梗阻治理和机制创新等问题，有选择性地从推进脱贫攻坚与乡村振兴有效衔接的机制创新、红色文化资源利用与乡村全面振兴高质量发展、民营企业发展壮大与乡村全面振兴高质量发展、地方乡村全面振兴、文化建设以及统一战线文化资源挖掘利用等方面，重点分析了多元主体协同推进乡村全面振兴高质量发展的可行性、必要性和重要性，并提出了一些具有前瞻性、可操作性的对策建议。

目录

第一章
协同推进乡村全面振兴高质量发展的研究构想 … 001

第一节　国内外相关研究的学术史梳理、研究动态及述评 · 002
第二节　协同推进乡村全面振兴高质量发展的学理依据 … 006
第三节　协同推进乡村全面振兴高质量发展的梗阻分析 … 018
第四节　协同推进乡村全面振兴高质量发展的梗阻治理 … 022
第五节　研究思路、方法、创新与价值 … 030

第二章
接续奋斗谱写乡村全面振兴高质量发展新篇章 … 034

第一节　深刻把握全面推进乡村振兴的科学内涵 … 035
第二节　充分认识全面推进乡村振兴的重大意义 … 038
第三节　科学把握全面推进乡村振兴的方法路径 … 041
第四节　切实加强全面推进乡村振兴的保障支撑 … 046
第五节　着力夯实推进乡村全面振兴的发展基石 … 053
第六节　推进脱贫攻坚与乡村振兴有效衔接的机制创新 … 062
第七节　本章小结 … 071

第三章
协同推进乡村全面振兴高质量发展的文化生态 ……… 073

第一节　研究缘起、现状述评、意义与方法 ……………… 074

第二节　乡村全面振兴视域下乡村文化生态重塑的学理分析 ………………………………………………………… 086

第三节　乡村全面振兴视域下乡村文化生态重塑的现实境遇 ………………………………………………………… 095

第四节　乡村全面振兴视域下乡村文化生态重塑的对策建议 ………………………………………………………… 113

第五节　乡村全面振兴的根本遵循与乡村振兴实践的地方样本 ……………………………………………………… 123

第六节　本章小结 ………………………………………… 138

第四章
红色文化资源利用与乡村全面振兴高质量发展 ……… 140

第一节　红色文化资源开发利用对乡村全面振兴高质量发展的独特价值 …………………………………………… 141

第二节　深入挖掘红色文化资源助推乡村全面振兴高质量发展的实践探索 ………………………………………… 148

第三节　依托红色文化资源助力推进乡村全面振兴高质量发展的路径优化 ………………………………………… 153

第四节　乡村全面振兴视角下地方特色统一战线资源开发利用的路径审视 ………………………………………… 156

第五章
协同推进乡村全面振兴高质量发展的社会参与 …… 170

  第一节 民营经济发展壮大与乡村全面振兴高质量发展 …… 171
  第二节 把新的社会阶层人士有效组织起来的机制创新 …… 179
  第三节 营造更好政策环境,大力支持民营企业高质量发展
     ………………………………………………………… 220

参考文献 ………………………………………………………… 238
后 记 ………………………………………………………… 244

第一章
协同推进乡村全面振兴高质量发展的研究构想

2018年,中共中央、国务院印发的《关于实施乡村振兴战略的意见》强调,乡村振兴要"注重协同性、关联性,整体部署,协调推进",这表明了党对新时代乡村振兴战略协同推进规律性认识的深刻把握。党的十九届五中全会强调,经济社会发展必须遵循"坚持系统观念"原则,"实现发展质量、结构、规模、速度、效益、安全相统一。"[1]"系统观念是具有基础性的思想和工作方法",全面建设社会主义现代化国家新征程上,必须"从系统观念出发加以谋划和解决,全面协调推动各领域工作和社会主义现代化建设。"[2]同理,全面推进乡村振兴必须坚持系统观念。这要求,全面推进乡村振兴,必须深入把握其整体性和关联性、全面性和系统性,协同推进其高质量发展。自实施乡村振兴战略提出以来,乡村振兴行动在各地如火如荼,政策效应不断释放,但在实践

---

[1] 中国共产党第十九届中央委员会第五次全体会议文件汇编[M].北京:人民出版社,2020年版,第26页。

[2] 中国共产党第十九届中央委员会第五次全体会议文件汇编[M].北京:人民出版社,2020年版,第86页。

操作中，多元主体协同推进存在着不少困难和障碍，协同形式化倾向、"中梗阻"现象、长效机制供给不力给乡村振兴战略真正落地带来了阻滞，以致多元主体协同推进乡村全面振兴的效能不佳，质量与目标愿景要求还相差一定的距离。深入研究协同推进乡村全面振兴高质量发展问题，探究新时代乡村振兴战略推进的协同梗阻表现、形成产生的根源，科学构想其制度治理创新对策，对于确保乡村振兴战略高质量落地生根，完成愿景目标任务，促进乡村治理体系和治理能力现代化，坚定不移走中国特色社会主义乡村振兴道路，具有极其重要的理论与实践意义。

第一节 国内外相关研究的学术史梳理、研究动态及述评

总的来看，目前国内外学界对协同推进新时代乡村振兴战略的梗阻及其治理研究还处于初始阶段，现有的研究成果多见于期刊论文，硕士、博士论文偶见，专著更少。因此，对于协同推进乡村全面振兴高质量发展问题的研究空间有待深入拓展。

（一）国内相关学术史梳理及研究动态

综观国内相关研究成果，主要集中在以下五个方面：一是关于新时代乡村振兴战略协同推进的缘由研究。国内学者主要从乡村振兴各项政策和任务的落地、关联协同、价值功能等维度来研究协同推进的必要性与重要性。周天勇在《"五大协同"走好乡村振兴战略大棋局》（2018）中认为，"解决'三农'问题，不能仅限于其本身找出路。从关联和协同的思维角度看，要与提高农业劳动生产率、改革土地产权、促进人口要素双向流动、增加农民财产性收入、推动新型城镇化和扩大农业发展增量空间相协同。只有这样，才能更好地落实和走好乡村振兴这盘战略大棋局。"姜长云（2018）认为，统筹推进实施乡村振兴战略的重大理论、政策和规划创新，需要科学把握推进乡村振兴的系统性、整体性、

协同性。郭峻（2019）认为，乡村振兴战略的实施是各参与主体按照不同价值功能，发挥整体功能的过程，确保各参与主体发挥最大的价值功能，只有各种机制协同高效运转才能推动政策落实到位。

二是关于新时代乡村振兴战略协同推进的主体研究。学术界较为一致地认为，乡村全面振兴离不开基层党组织、基层政府、农村居民、社会组织以及市场主体等多元主体的积极参与。学术界据此将其划分为党委主体、政府主体、市场主体、社会主体等，并对各主体参与乡村振兴战略实施的现状进行了描述。吴晓燕、赵普兵（2019）认为，政府、市场和农村社会三者能否各司其职、联动协作关系着乡村振兴战略的顺利落地，彼此的职能需要相机调适，发挥各自优势又互为补充，实现三者的协同共治。李长源（2019）认为，各种力量参与乡村建设力度不够，基层党组织没有充分发挥作用，基层政府的角色表现不明显，农民的参与意愿不高，社会组织的参与力度不够，市场主体参与积极性不高。

三是关于新时代乡村振兴战略协同推进的困难研究。对这方面的研究，总的看还相对薄弱，且更多偏重乡村振兴战略中的农村社会治理、人居环境及其与脱贫攻坚成效巩固等方面协同治理，特别是自治、法治、德治的协同发展方面上的困境研究。傅才武（2018）认为，政党整合能力弱、协同关系不均衡、地方保护主义、乡村发展无动力、运行无合力、政策难着力等困难；叶兴庆（2018）认为，要清除体制机制障碍；陈锡文（2018）认为，要注意政府主导的经营制度、产权制度建构问题，以及小农户和现代化发展有机衔接制度问题；唐坚（2019）认为，乡村振兴需内外协同发力，既要破解乡村振兴实现的内部困境，又要化解制约乡村振兴实现的外部矛盾；何玲玲（2020）认为，当前，我国农村基层的治理主体单一，仍未形成具有合力的多元主体协同治理模式，仅靠基层政府和村组织作为乡村治理的主体难以应对乡村全面振兴发展要求。

四是关于新时代乡村振兴战略协同推进的路径研究。学者们普遍认为，要充分调动多元主体参与推进的积极性并形成合力，应积极探索涵盖基层党组织、基层政府组织、农村居民、农村社会组织以及各类市场主体于一体的多元主体协同参与路径。殷民娥（2017）认为，发挥基层群众自治权利，以村庄文化和经济共同体的协同共建，激发振兴乡村的内生动力，构建新型乡村治理主体关系；韩长赋（2018）认为，加强党的全面领导，发挥党建引领作用；仲崇建、乔丽荣（2021）认为，乡村振兴的实现不仅需要激发不同主体参与的积极性、能动性和创造性，而且要在行动者的主体性中引入公共责任、公共利益和公共价值基础，纳入公共文化认同和制度体系，进而实现主体性和公共性的融合。此外，学者们还结合区域实际，对协同推进新时代乡村振兴战略进行了个案经验探索。孙晓然、王影（2017）以保定为例，探究了以京津冀现代农业协同为引擎推动乡村振兴战略实施问题；王有强（2019）等依托江西瑞昌市县域发展研究平台，从乡村振兴的宏观布局、农村经济、农村治理、绿色发展四个方面研究了瑞昌协同推进战略落实的实践创新问题。

五是关于新时代乡村振兴战略协同推进的关联研究。学者们基于城乡融合、农村三产融合尤其是脱贫攻坚维度，对其与乡村振兴战略的逻辑关联、互动关系及协同发展加以了探究。刘爱梅、陈宝生（2019）认为，协调推进城镇化与乡村振兴战略，对于促进城乡融合发展有着重要意义，城乡二元体制的路径依赖，是制约两者协调推进的关键因素；孔祥利、夏金梅（2019）认为，乡村振兴战略与农村三产融合发展具有农村发展、国家战略、国际经验三重维度上的价值取向趋同。关于乡村振兴与脱贫攻坚的对接，学者们主要集中在二者间关系、对接策略的研究上。豆书龙、叶敬忠（2019）认为，脱贫攻坚与乡村振兴是内容共融、作用互构和主体一致为表征的互涵式关系；陈美球、胡春晓（2019）认为，以制度创新、经济提升为抓手来促进扶贫与振兴协同推进。

国内研究成果关注到了乡村振兴战略实施中的多元主体功能定位及其协同合作的必要性、重要性、互动关系问题，但并没有对乡村振兴战略多元主体协同推进的梗阻问题进行整体性地总结归纳阐释，也缺乏可供参考的乡村振兴战略实施中的梗阻问题的协同治理路径，更没有将其上升到国家治理体系和治理能力现代化层面研究，对新时代乡村振兴战略协同推进机制创新开展研究。

（二）国外相关学术史梳理及研究动态

国外学者 Bai X 等、MC Laughlin K 等、Liu Y 等从全球治理角度并结合具体的研究领域和实务，研究和分析了乡村振兴的有关理论，但专注于研究新时代中国特色社会主义乡村振兴战略的文献不多，而关于乡村发展的研究成果相对来说较多。国外关于乡村建设方面的研究主要始于 1962 年美国生物学家卡尔逊《寂静的春天》，研究成果侧重于乡村经济发展、乡村可持续发展、乡村治理、乡村新的发展方式、农村变迁等领域，国外学者们从乡村建设主体方面肯定了不同主体在乡村振兴中的作用。美国学者 Gladwin C H（1989）认为，农民群体的创新创业精神是乡村振兴的重要因素，应通过政策和制度来帮助农民创业，释放农村发展的经济潜能，推动农村发展和振兴；Greene M J（1988）认为，政府是乡村振兴的一个主体，对于农业发展发挥着重要作用；Ayobami O K（2013）等研究了旅游志愿者在乡村振兴中的作用；Kawate T（2005）认为在日本农村振兴和发展过程中，农村改革和复兴组织发挥着不可替代的作用；基于对美国和加拿大两国的乡镇社区发展联盟的深入考察和分析，Korsching P（1988）认为多个社区合作发展在乡村振兴进程中起着不容忽视的作用。虽然自 19 世纪 80 年代末兴起以来，协同治理研究一直是国外前沿学术研究热点，且逐渐应用于具体的公共管理的解决和实证分析之中，但将其运用于乡村建设、乡村振兴方面的研究却相当不足。因此，从多元主体协同治理的视角来加强乡村振兴战略实施的研究是非常有必要的。

（三）研究述评

当前学界基本认同多元主体协同推进乡村振兴的必然性、必要性和可行性，且对部分领域与地区的推进范式予以了理论提炼，提出了协同路径，研究特点有三：一是研究内容上大多包含了政府作为振兴主体的假定，而对不同主体的利益诉求和行动导向、互动关系全面而系统的研究还不够。在乡村振兴战略深入推进中，构建乡村振兴新格局，破解振兴效果不佳难题、全面振兴的质量不高问题，迫切需要立足于治理现代化，涵盖农民和农村社会组织在内的多元主体的协同推进，做到内力外力的协同、互动，因而有待加强协同推进乡村振兴战略的多元参与主体定位及延伸的问题学理分析，更需要加强多元主体协同推进乡村全面振兴高质量发展的问题的深入研究。二是研究方法上大多以定性描述为主，缺乏严格规范的分析框架和计量检验，部分结论尚处于经验性或直觉性层面。评判乡村振兴战略实施成效和质量，检测其实施协同性，是一个不可或缺的重要指标系数。在当前，以创新乡村振兴模式，培育乡村振兴新动能，实现全面振兴、全要素振兴、全域振兴、全员参与振兴，迫切需要加强对多元主体协同推进不力、协同动力不足、协同效果不佳、协同发展质量不高的实证研究，加强对协同推进、政策执行的体制性障碍、制度性问题的根源分析。三是研究对策上大多面面俱到、泛泛而谈，而对有针对性的协同治理机制创新路径、构想研究不够。集聚乡村振兴合力，强化战略联动执行，提升战略落地实效，离不开多元主体的真正参与。这迫切需要根据造成多元主体协同梗阻问题各因素间的因果关系、影响程度大小，科学厘清各个利益相关者的角色定位和行为边界，坚持"工具理性"与"价值理性"的相统一，从制度治理创新的角度，提出提升协同推进质量、战略政策执行效果的相应对策。只有结合区域实践做法，探索符合区域特色、本土需要的协同推进乡村全面振兴高质量发展的机制创新对策，才会增进多元主体协同推进的关系效应、主体效应和共生效应，取得最大协同效能。

第二节　协同推进乡村全面振兴高质量发展的学理依据

对协同推进乡村全面振兴高质量发展问题开展深入研究，必须紧紧抓住"协同推进、乡村全面振兴、高质量"这三个关键词，要将落脚点放在协同推进乡村全面振兴的高质量发展上来。因此，"多元主体协同推进乡村全面振兴高质量发展"构成了主要的研究对象，而与此相关的协同推进乡村全面振兴高质量发展的学理逻辑、价值意蕴、现实困境和机制创新等方面内容，是其深入展开研究理当涉及的子对象。为探清"多元主体协同推进乡村全面振兴高质量发展"这一对象，必须着力回答好以下几方面的主要问题。

（一）协同推进乡村全面振兴高质量发展的观念基础

研究协同推进乡村全面振兴高质量发展的问题，首要的问题是寻找到颇有说服力且能令人信服的研究依据。在此，应当坚持以习近平新时代中国特色社会主义思想为指导，着力应用习近平关于协同治理的重要论述、马克思主义主体间性理论，以及现代协同理论、善治理论、系统理论等相关理论，阐明多元主体协同推进乡村全面振兴高质量发展的学理依据。

党的十八大以来，习近平同志围绕高质量发展的理念、战略、任务等若干问题进行了一系列的重要论述，形成了中国特色的高质量发展观。习近平关于高质量发展的根本看法和基本观点，是习近平新时代中国特色社会主义思想的重要组成部分，彰显着新时代中国特色社会主义发展理论的鲜明特征，是有力有序推进乡村全面振兴的重要指引。注重全面深化改革的协同性，是习近平关于协同推进全面深化改革重要论述的重要内容。党的十八大以来，习近平同志对协同推进全面深化改革，做好各项改革工作提出了一系列的新思想、新观点。他强调，"注重系统性、整体性、协同性是全面深化改革的内在要求，也是推进改革的重要方法"，"改革越深入，越要注意协同"[1]，"要把着力点放到加强

---

[1] 习近平谈治国理政（第二卷）[M].北京：外文出版社，2017年版，第109页。

系统集成、协同高效上来"。实施乡村振兴战略，是新时代做好"三农"工作的总抓手。在我国经济发展进入高质量发展阶段的时代条件下，深入领悟习近平关于协同推进全面深化改革重要论述的精神实质，科学把握协同推进全面振兴与高质量发展的内在关联，深入研究多元主体协同推进乡村全面振兴高质量发展问题，就是顺应新时代发展要求的内在需要，更是一种主动的积极应答。

马克思主义主体间性理论认为，人的主体性具有社会性，人的需要和享受具有社会性质；人的需要是人的本性，求得满足的方式，把人联系起来。将马克思主义人的主体性理论应用到乡村全面振兴之中，有助于确立各类参与主体的主体地位，增强参与责任意识，充分发挥潜能，调动积极性和能动性。与此同时，通过确立各类参与主体地位与意识，可为推动乡村全面振兴规范优化和良性发展提供重要动力。现代协同治理理论表明，主体资格的多元平等、权力运行的多维互动、自组织行为的能动互补、系统机制的动态适应，是实现事物整个系统的稳定和有序的重要保障，这种从实际的过程的角度研究事物的发展变化，体现出了一种动态的过程思维。在推进乡村全面振兴的过程中，充分借鉴现代协同治理的理论，特别是借鉴这种与实践相结合的过程思维，从而通过具体的、切实的乡村振兴行动协同推进过程，有助于提升推进乡村振兴的效率、效力、效能，进而实现乡村振兴高质量发展的相变。善治所体现出来的合法性、有效性、参与性、廉洁性、公正性等鲜明特征，为塑造良好的政府，为实现政府与市场、社会之间的平等合作，为实现公共事务处理的多方参与并达到预期的美好愿景和理想结果奠定了重要条件和基础。因而，借鉴善治理论的有益、合理成分，对于完善决策，正确处理好政府和社会的关系、政府与市场的关系都是有益的。在推进乡村全面振兴中，借鉴善治理论的多中心治理理论，强化善治理论的应用，对于吸收和鼓励社会各界力量参与其中，提高乡村振兴各项决策的民主性和有效性，正确处理好推进乡村全面振兴中各主体的行为关系是有着重要意义。系统论认为，系统存在于一个环境超系统中，其开放性要求，必须从整个系统环境中吸取、交换到自身生存和发展所需要的资源和能量，各个子系统必须协调起来，确保整个系统向环境超系统提供足够的资源和能量。乡村全面振兴，作为系统工程，无论从主体，还是从过程的角度来看，将系统论中处理子系统关系的要求加以合理应用，对于确保各个子系统工程形成一种协调有序、可持续健康的关系，以实现全面振兴之要求、之效应，是有着重要的启迪意义。

（二）协同推进乡村全面振兴高质量发展的分析框架

推进乡村全面振兴的各项政策举措、重大行动、重要活动能否真正落地生根，能否惠及广大群众，关系乡村振兴战略的目标任务能否实现，决定乡村振兴的质量、成色甚至成败。基于乡村振兴的多样性特性、过程性特点和公共性特质，多元主体协同推进乡村全面振兴高质量发展，必然要受到协同主体、协同客体、协同过程、协同方式等要件影响。构建多元主体协同推进乡村全面振兴高质量发展的制度体系、政策体系、保障支撑，探讨多元主体协同推进乡村全面振兴协同梗阻问题产生的背景和原因，理当要从"主体、客体、过程、方式"四要件来进行分析。因而，基于现代协同治理理论、善治理论和系统观念，提出以"主体—客体—过程—方式"分析框架，阐析新时代新的征程上多元主体协同推进乡村全面振兴高质量发展问题的学理方向，是可行的，也是合情合理的。有专家在其撰写的《协同振兴：全面推进乡村振兴的必然选择》一文中认为，"如何全面推进乡村振兴战略？关键词是'协同'。要从产业、区域、城乡、制度安排、政策制定、社会建设等方面开展协作、优势互补。"[1]

推进乡村全面振兴高质量发展必须实现主体协同。主体是乡村全面振兴高质量发展的参与者、实施者和受益者。离开了各个主体的积极参与，乡村全面振兴高质量发展就是一句空话。乡村全面振兴推进中政府

---

[1] 雷明：协同振兴：全面推进乡村振兴的必然选择[J].中国报道，2021年，第3期。

主体、市场主体、社会主体都是由具体的人组成。马克思主义主体间性理论认为，人总是处在和生活在一定的社会形势中，人的现实本质是一切社会关系的总和；历史活动是群众的事业，决定历史发展的是行动着的群众。这给我们的启示是，乡村全面振兴高质量发展这一历史活动、历史发展必须依靠处于一定社会关系中的行动着的群众。马克思主义主体间性理论还认为，个人在历史活动上的作用是不同的，有大有小，有的起促进作用，有的起阻碍作用。这告诉我们，不同的主体在乡村全面振兴高质量发展的作用发挥必将也是有所不同的，有所差异的。造成这种不同作用的形成，是由主体的思想认识、权力职责、能力素质、交往关系及结构构成等决定的。从整体上，认识和理解乡村全面振兴高质量发展，需要充分认识到主体间的个性特征、能力大小、职责担当、角色定位、思想理念等差异，以及这种差异带来的各种影响。为此，要让各个主体在乡村全面振兴高质量发展的进程中都能充分发挥自身的独特优势和积极作用，需要认识和理解好主体间结构关系，在平等协同关系中构建起主体间的真诚合作、联动发展。

推进乡村全面振兴高质量发展必须实现过程协同。乡村全面振兴高质量发展的主体协同与过程协同是两码事，是不能等同起来的。从主体协同来分析乡村全面振兴高质量发展的协同问题是一种相对静态的、规范的分析，而从过程的角度来分析乡村全面振兴高质量发展的协同问题是一种相对动态的、经验的分析。在乡村全面振兴高质量发展的过程中，政府主体、市场主体、社会主体的角色定位、行为规范等必然是有所区别的，且彼此在理想与现实之间，不同主体在乡村全面振兴高质量发展的过程中行为表现也是有所不一致的，彼此的现实表现与理想预期的行为要求相差一定的距离，甚至一些主体的现实表现是一种非法偏离的行为，没有适度化、法治化、合理化，这种过程中的现实表现行为带来的各种影响也是难以预料的。对于那种坏的影响，是必须加以遏制、纠正。也正是这种过程中非法偏离行为现象的存在，以致预期中高质量发展的政策措施就落不了地，愿景目标就会大打折扣，就可能实现不了，必须采取得力措施予以减少，防范事态扩大，以免造成更大不良影响和破坏。

从过程的角度来研究不同主体的现实行为表现,不仅更加贴近了实际,也是一种更加注重现实的思路,能够弥补单纯静态化的研究存在的某些缺憾。基于更为精准把握过程中的不同主体行为表现,使之在规范化、程序化、制度化的轨道上一如既往地可持续前进,拧成一股绳,抱成一团,心往一处想,劲往一处使,必须加强不同主体间的过程协同。

推进乡村全面振兴高质量发展必须实现主体协同与过程协同的紧密结合。不管从理论上,还是实践上来看,实现了乡村全面振兴的主体协同并一定会有乡村全面振兴的过程协同。也就是说,政府主体、市场主体和社会主体等不同主体间实现了思想认识、角色定位、权力职责、能力素质等方方面面的协同,如果不将其运用于推进乡村全面振兴高质量发展的具体实践,多元主体协同推进乡村全面振兴高质量发展的目标任务也就不可能实现。反之,实现了乡村全面振兴高质量发展的过程协同,也不一定实现乡村全面高质量发展的主体协同。也就是说,推进乡村全面振兴高质量发展的各个环节实现了协同,但在各个环节中由于主体的职责履行、能力高低、思想认识的差异,受各种资源要素配置、方法选择的制约,主体作用的发挥也可能并非如期所愿,以至于乡村全面振兴高质量发展的整体过程不一定达到最优、最佳,形成不了整体合力,实现不了耦合效应、叠加效应。因此,必须在准确把握协同推进的方法论认识基础上,注重程序协同、方式协同、执行协同,将文化、权力、组织、制度等要素,以及关系要素、利益要素、程序要素等融入主体协同、过程协同之中,使之更好地服务它们,实现主体协同与过程协同的紧密结合,进而促进乡村全面振兴高质量发展。推进乡村全面振兴高质量发展的主体协同与过程协同是相互依赖、密切联系在一起的。主体协同是推进乡村全面振兴高质量发展过程中的主体协同,过程协同是推进乡村全面振兴高质量发展主体参与中的过程协同。

(三)协同推进乡村全面振兴高质量发展的时代境遇

中国特色社会主义进入新时代,乡村发展迎来了千载难逢的历史机遇。如何不失时机，抓住这一机遇，顺势而为，主动作为，是推动农业全面升级、农村全面进步、农民全面发展的现实需要和必然要求。问题是时代的心声。科学回答好协同推进乡村全面振兴高质量发展何以重要问题，既需要客观地分析全面推进乡村振兴的时代背景，又需要正确看待协同推进乡村全面振兴高质量发展的时代必然和机缘。历史的发展，总有一些关键的时代节点、关键的历史机遇。"当前，我国正处于一个大有可为的历史机遇期"[1]。置于这样的时代背景下，协同推进乡村全面振兴高质量发展既有难得的时代机遇，更有发展的时代新要求。研究协同推进乡村全面振兴高质量发展，需要从历史、时代、国际、执政等维度，阐述通过多元参与主体有机协同整体化解乡村振兴战略实施的现实困境、落地难题的必然性和可行性，阐释新时代新的征程上多元主体协同推进乡村全面振兴高质量发展的历史必然与时代机缘。

　　从历史维度看，协同推进乡村全面振兴高质量发展是对中国共产党解决好"三农"问题作为重中之重思路的深刻省思和根本延续。回望历史，建党百年来中国共产党是始终高度重视"三农"工作，且在不同的历史阶段提出了不同的发展战略。进入新时代，乡村振兴战略的提出，彰显出了中国共产党对农业农村发展由量变到质变、由渐进性变革到革命性变革的充分认识，体现出了对乡村在现代化发展进程中功能定位的再一次突破性认识。置于中国现代化这一"大历史"中，省思乡村振兴战略所立基的问题意识和现实命题，可知实施乡村振兴战略不仅是新时代中国共产党对"三农"工作战略导向调整的现实承诺，对"两个一百年"奋斗目标战略节点的乡村建设承诺，也是对"三农"工作长期性系统性全方位的目标任务承诺，对"三农"问题的革命性发展解决方案的承诺。一句话，这就是中国共产党立足于新时代的历史背景而做出的新时代的管长远、管根本、管全局的庄严承诺。新时代，"三农"工作得到了前所未有的高度重视。"三农"问题始终是贯穿我国现代化建设和

---

[1] 以时不我待只争朝夕的精神投入工作　开创新时代中国特色社会主义事业新局面[N].光明日报，2018年1月6日，第1版。

实现中华民族伟大复兴进程中的基本问题，我们必须坚持解决好"三农"问题作为全党工作重中之重……始终把"三农"工作牢牢抓住、抓紧抓好[1]。长期坚持、毫不动摇贯彻落实好把解决好"三农"问题作为全党工作重中之重这一历史传统，协同推进乡村全面振兴高质量发展就是对这一历史经验的具体运用。

从时代维度看，协同推进乡村全面振兴高质量发展是有效助推乡村全面振兴和中华民族伟大复兴的中国梦实现的时代需要和时代必然。不论从农村发展，还是从社会发展、国际经验上看，扎实推进乡村振兴战略实施，加快农业农村现代化，其重要意义显而易见。这种意义不仅在于全面推进乡村振兴是应对新时代我国社会主要矛盾转化的时代需求，构建新时代新型城乡关系的时代要求，更是推进农村生产、生活、生态功能协同发展的时代选择，实现农业农村现代化的时代出路。当前，我国已具备了全面推进乡村振兴的基础、能力和条件。一方面，党中央高层对乡村全面振兴予以了强力推动，特别是习近平同志就做好新时代"三农"工作做出了一系列的重要论述。习近平同志关于实施乡村振兴战略的重要论述，不仅科学回答了"三农"工作的重大理论和实践问题，指明了实施乡村振兴战略的目标路径和努力方向，阐释了实施乡村振兴战略的历史观和内在规律，为多元主体协同推进乡村全面振兴高质量发展提供了重要的理论遵循和根本指针。另一方面，新时代，我国农业农村发展取得了巨大的历史性成就，推进乡村全面振兴的物质支持基础不断夯实。农业供给侧结构性改革迈出新步伐、城乡居民收入差距持续缩小、脱贫攻坚取得全面性胜利、乡村生态环境得到明显改善、农村社会保持和谐稳定、农民对美好生活期待孕育的内生动力，社会主义新农村建设积累的宝贵经验等等，为多元主体协同推进乡村全面振兴高质量发展创设了物质条件和制度保障。但也必须清醒地认识到，"思想解放的不够、基础设施的薄弱、规划建设的滞后、建设人才的匮乏、建设资金

---

[1] 十八大以来重要文献选编（上）[M].北京：中央文献出版社，2014年版，第658页。

的短缺、多元参与的不足、自我发展的不足、长效机制的缺失、是严重制约乡村振兴战略实施的瓶颈所在,是乡村振兴战略实施亟须破解的现实难题"[1]。

(四)协同推进乡村全面振兴高质量发展的内在机理

实施乡村振兴战略是全局性、总体性的战略部署,因而,对协同推进乡村全面振兴高质量发展问题的认识,必须从系统性出发对其进行整体性把握。马克思指出,"历史本身除了通过提出新问题来解答和处理老问题之外,没有别的办法。问题就是公开的、无畏的、左右一切个人的时代的声音;问题就是时代的口号,是它表现自己精神状态的最实际的呼声。"[2] 新时代协同推进乡村全面振兴高质量发展何以可能?阐释协同推进乡村全面振兴高质量发展的内在机理,必须坚持问题导向,着力回答好"谁来协同、协同什么、如何协同、靠什么协同、如何看协同"等五个基本问题,进而科学谋划好协同推进乡村全面振兴高质量发展的方法、路径和制度、机制。

1. 关于"谁来协同",主要讨论的是协同推进乡村全面振兴高质量发展主体构成要素问题。协同推进乡村全面振兴高质量发展,决不能停留在既往偏重由公共权力主体单独承担的经验模式,必须整合更多的社会各界力量,让更多的资源和力量参与进来,汇聚起更为强大的磅礴伟力。在强调治理体系和治理能力现代化的背景下,积极发挥多元主体力量的合力作用来共同推进乡村全面振兴高质量发展,这是顺应全球治理模式革新潮流的时代必然,不断完善国家治理体系和能力现代化的时代需要,是由千差万别的乡村发展实际、老百姓千姿百态的多样需求内在规律规定的。积极探索乡村全面振兴高质量发展的新路径,强化多元主

---

[1] 龚晨:乡村振兴战略实施中的协同治理探析 [J].辽宁行政学院学报,2019 年,第 1 期。
[2] 马克思恩格斯全集(第 40 卷)[M].北京:人民出版社,1982 年版,第 289—290 页。

体协同推进乡村全面振兴的机制创新，是在多元主体协同推进乡村全面振兴的合力还没形成、制度层面仍缺乏强有力的有效设计等问题突出存在之情况下，确保乡村振兴战略落地生根、开花结果的现实需要。为让乡村全面振兴能真正地高质量发展，必须坚持党委领导、政府主导，使社会组织、市场力量和农民等多元主体依法合理合规有序参与其中，并积极发挥好自身的应有作用。治理现代化价值取向下，乡村全面振兴高质量发展必须坚持一元主导、多方参与、各司其职的协同推进，其实施主体理当由基层党组织、基层政府、市场力量、社会力量和农民公众等构成。

2. 关于"协同什么"，主要回答的是协同推进乡村经济社会发展什么样内容的问题。梳理党的十八大以来，党中央关于乡村振兴战略的重要论述，不难发现，乡村振兴战略思想具有深刻的理论内涵。准确把握其科学内涵，必须坚持整体性逻辑。乡村全面振兴是一项系统性的、综合性的工程，必须明确乡村振兴战略的整体布局。产业兴旺、生态宜居、乡风文明、治理有效、生活富裕，是实施乡村振兴战略的总要求；城乡融合发展、共同富裕、质量兴农、绿色发展、文化兴盛、善治、中国特色减贫，是走好中国特色社会主义乡村振兴的"七条道路"；推动乡村产业、人才、文化、生态、组织五大振兴，是实施乡村振兴战略的发力点。协同推进乡村全面振兴高质量发展，必须紧扣"20字总要求""七条道路""五大振兴"这些核心内容来进行。但必须看到，不同阶段、不同区域、不同条件下乡村振兴的重点是有所差异的，不同地区应因地制宜探索出多元化的实施方案，决不能搞一刀切、一个模式，搞一套标准、一把尺子量到底，更不能搞层层加码。协同推进乡村全面振兴高质量发展，应立足于区域乡村本土的资源要素禀赋，注重乡村发展的差异性，在统筹规划、因地制宜、循序渐进、分类推进的前提下，依据各自面临的突出矛盾和问题、任务要求，对标乡村振兴战略的"20字总要求"，靶向施策，稳妥有序地在"七条道路""五大振兴"上进行差别化探索，走出富有本土特色、精准化、高效化的乡村全面振兴之路，实现区域间的全域振兴。

3. 关于"如何协同",主要是指基层党组织、基层政府、市场力量、社会力量和农民公众等参与主体在协同推进乡村振兴中精准认知角色地位、行为要求的基础上,遵循什么样的行为理念、原则要求参与到乡村全面振兴的社会实践中来,并有所位,有所为。乡村振兴战略的实施,不仅赋予了各类行动主体发展的重要契机,而且对各类行动主体参与能力、素质要求等方面提出了新的要求。顺应乡村全面振兴发展的时代要求,提升与乡村全面振兴要求相适应的能力和水平,是各类行动主体在乡村全面振兴中的应然要求。否则,在实际的乡村振兴中表现得很笨拙,难以有所突出表现,被边缘化。单个主体角色定位的偏失,行动行为的偏离,不仅仅影响自身在乡村全面振兴这一战略性任务的地位与作用,同时,也会给整个任务的执行完成带来消极的影响,必然会损耗整个政策的执行绩效。各类主体在协同推进乡村全面振兴的角色地位、行为规范、彼此关联,关乎其角色职能能否有效行使,关乎整个战略实施效能的大小。如何科学合理地定位主体在乡村全面振兴场域中角色边界和职能权限,是关系乡村振兴绩效能否最大化的根本问题。防范各类参与主体角色混乱、角色冲突、角色中断等行为失范情况的发生,必须清晰合理厘定好各类主体在协同行为中的权力边界、角色地位与行为要求。这些主体在协同推进乡村全面振兴高质量发展中的应然地位、角色职能具体为:党组织主体是乡村全面振兴的核心领导力量;政府主体是乡村全面振兴的重要执行力量;企业市场主体是乡村全面振兴的重要引擎力量;社会组织主体是乡村全面振兴的重要助推力量;村民群众主体是乡村全面振兴的重要基础力量。要取得协同推进乡村全面振兴高质量发展的预期效果,必须遵循现代化治理要求,坚持多元发展、良性互动、有序推进原则,必须深化农村全面改革,促进农村善治,形成乡村全面振兴、全域振兴的良性自我发展机制,充分发挥各类主体力量的作用,使之成为历史的合力,进而确保乡村振兴目标任务如期高质量地稳步推进。

4. 关于"靠什么协同",主要是指采取什么样的手段、方法和路径,构建什么样的制度机制体系,让参与乡村全面振兴的各类行动主体在协同推进乡村全面振兴高质量发展中,能实现主体间的通力合作、良性互动和共建共享，形成一股力量，在达成思想共识、劲往一处使中能彼此耦合，联合起来产生叠加效应，充分释放出最大化的效用效能。协同推进乡村全面振兴高质量发展，不仅要靠方法创新，也要靠机制创新。要实现乡村全面振兴高质量发展的目标，必须解决好渡河的"舟"与"桥"的问题。实现农业农村现代化，不仅是乡村全面振兴的重要取向，也是推进乡村全面振兴的重要举措。从改革维度看，推进乡村全面振兴就是乡村由传统走向现代化的转型发展，就是乡村各个方面不断革新走向现代化的一场革命，这种变革需要治理机制和方式的现代化，需要乡村善治，需要积极探索和创新适合乡村经济社会发展的现代治理方式。由此，创新乡村治理方式，提升乡村治理能力和水平，迫切需要建立起与乡村振兴要求相匹配的治理机制。在方法上看，围绕乡村治理的社会化、专业化、法治化、精细化、信息化和智能化之要求，必须强化系统治理、依法治理、综合治理、源头治理，以体现时代性、先进性的方法协同推进乡村全面振兴高质量发展。在机制创新上看，"既要注重分析国家层面的法律法规、政策方针等正式制度方面问题，又要注重分析参与主体的价值观念、理想愿景等非正式制度"[1]，构建起一套科学管用的、系统完备、运行高效的制度体系，以强有力的制度保障支撑乡村全面振兴高质量发展协同推进。为此，必须强化主体协同的权责、合作共识、利益联结、动力培育、成果共享等方面的机制创新，促进乡村振兴中人力、资源、市场、技术等全要素的系统整合，进而确保各个主体在思想一致、行动一致、利益一致中有序规范参与，实现主体间的协同合作、互动共赢。

5. 关于"如何看协同"，主要是指运用什么样的评价指标体系，以什么样的评价方法评定协同推进乡村全面振兴是否做到了高质量发展。协同推进乡村全面振兴高质量发展，既是静态的，说它是静态的，是从人们对多元主体协同推进乡村全面振兴所要取得高质量发展的效果层面

---

[1] 龚晨：乡村振兴战略实施中的协同治理探析[J].辽宁行政学院学报，2019年，第1期。

来看的，突出的是一种期盼、理想；又是动态的，说它是动态的，是从推进乡村全面振兴中多元主体协同合作逐步走向成熟、走向高效不断进取的价值取向层面来看的，强调的是一种过程和进步。多元主体协同推进乡村全面振兴的效果，是各类参与主体共同作用下产生的。要看到，在实施乡村振兴战略这一项需要久久为功的长期工程中，由于受各类参与主体的素质高低、能力大小、参与态度、机会把握等多种主客观因素的影响，彼此合作的效果呈现出一种动态的状况。也就是说，这种效果可能会时大时小，时好时差，是一种变量。要保持静态中高质量的效果，必须对多元主体协同推进的行为进行检测、监督，对其行为效果进行评估。这种对多元主体协同推进乡村全面振兴的行为实施评估，是高质量推进乡村全面振兴的必要环节和重要内容，也是测定参与主体行为成效的需要，有助于及时发现参与主体实施行为中存在的问题，提出相应的解决对策，有利于督促参与主体及时履行角色职能、义务，纠正偏离失职行为。确保多元主体协同推进乡村全面振兴行为的规范化、程序化、制度化、高效化，必须构建起对多元主体协同推进乡村全面振兴效果进行评估的制度体系，审视其实施绩效。这一方面，要以乡村全面振兴高质量发展为目标，坚持人民至上政治立场，将以人民为中心思想落实到评价指标体系的制定、执行之中，制定好协同评价指标体系，构建协同评价、监督机制，客观、公正地评判多元主体协同推进乡村全面振兴实践的成功与否，成效高低。另一方面，要规范协同推进评估程序，将评估结果反馈于多元主体协同推进乡村全面振兴实施的各个环节，使之为未来协同行为提供经验参考，以规避不当行为发生，及时纠正协同偏离，减少内耗，倒逼协同绩效提升。

第三节 协同推进乡村全面振兴高质量发展的梗阻分析

仅仅回答多元主体彼此要在遵循合理、和谐、规范的秩序实现联动、共进共赢中协同推进乡村全面振兴高质量发展，似乎有点不够，还得从现实维度来分析新时代乡村振兴战略协同推进落地难在哪里，何以难行的问题。只有这样，才能有针对性地提出促进多元主体协同推进乡村全面振兴高质量发展的"药方"。在此，围绕设定的"谁来协同、协同什么、如何协同、靠什么协同、如何看协同"五个问题，结合通过问卷调查、实地考察、访谈座谈等方式获取的第一手资料，在掌握乡村振兴战略中各主体的角色规范、职能要求、行动表现的基础上，比较各主体间的思想认知、价值取向、素质能力、行为特质的差异性，对多元主体协同推进乡村全面振兴高质量发展"最后一公里"不畅、政策落地难、多元主体协同梗阻问题进行实证分析。

（一）协同梗阻表现

当前，随着《中共中央国务院关于实现巩固脱贫攻坚成果同乡村振兴有效衔接的指导意见》以及有关部门相关配套政策的相继印发，从脱贫攻坚到乡村振兴的历史性转移全面启动，乡村振兴战略的实施进入了新阶段。总的来看，乡村全面振兴势头好，但在一些地方和部分领域，多元主体协同推进乡村全面振兴的实践操作中出现了不少困难和问题，协同"中梗阻""天花板""等绕拖"等难题不同程度地浮现，形式主义、一哄而起、急躁冒进、搞形象工程等倾向，形成了障碍。具体而言，多元主体协同推进乡村全面振兴的梗阻主要表现为如下几种现象。

一是协同价值认知梗阻。各类主体参与协同推进乡村全面振兴的思想认知还没有完全统一起来，不够协调一致，对协同推进乡村全面振兴的重要性、紧迫性认识不够到位。有的政治站位不高，没有从战略大局、政治高度上来认识推进实施乡村振兴战略，对自己在乡村全面振兴中的角色定位、社会责任没有摆正。比如，一些基层政府工作人员的官本位思想仍然根深蒂固，被动式参与，因其他工作、部门利益而忽视"三农"工作的现象还大量存在。各类主体对乡村全面振兴精神实质、政策部署、工作安排、任务目标、方法举措等基本内容认知缺乏整体性、科学性，认知不深不透，思想行为与乡村振兴的要求不相一致，积极主动参与乡村振兴的意愿不够强烈。

二是协同角色定位梗阻。各类参与主体对自身的角色定位模糊不清，对该干什么、能干什么、如何干好等问题的认识缺乏正确的定位，理应承担起应尽的职责和义务履行不够到位。如，有的党员干部参与乡村振兴的能力有待提升，遇到乡村振兴中新涌现出来的矛盾、问题，开拓进取精神不足，工作思路打不开，视野范围狭窄，拿不出务实管用的办法，有的遇到问题就绕着走，避而远之，甚至当甩手掌柜，以致难以发挥应有的引领作用；有的对协同推进乡村振兴工作政策精神研究不够深入，没有吃准吃透上级政策实质，对工作存在路径依赖，生搬硬套，动员、组织市场主体、社会力量主体、农民群众主体的能力不足。

三是协同保障支撑梗阻。没有建立起多元主体协同推进乡村全面振兴的政策保障支持体系，各类参与主体承担自身的职能缺乏应有的保障支撑。如，乡村社会组织发展的制度建设滞后，农村社会组织协同参与乡村社会治理的基层治理体制和机制并没有完全形成，发展空间还很大。再如，在依托红色文化为乡村全面振兴高质量发展提供资源支持和价值引领的问题上，因红色文化传承发展系统性专门立法缺失、现有地方性法规难以实现红色文化传承发展的法治保障，以致乡村振兴中红色资源优势难以转化为产业优势，企业和社会组织参与乡村红色文化资源开发利用举步维艰。又如，在农业农村生态环境治理上、政策制定上忽视农民的需求和参与权，以致实际操作中依然普遍存在政府大包大揽的现象，农民参与程度不足和有效性不高。

四是协同执行过程梗阻。对乡村全面振兴政策执行不够协同，多元主体协同参与效度上尚未形成合力，以致农民主体参与的意愿不强，农村社会组织参与力度不够，市场主体参与的积极性不高。如，有的搞"土政策"附加性执行，各行其是，导致政策扩大化，借机谋取私利；有的搞"运动式"执行，好大喜功，急功近利，走过场、搞形式主义，存在"两张皮"现象；有的搞"断章取义，为我所用"选择性执行，阳奉阴违，搞"样板工程"做样子，存在"顾此失彼"的现象，局部工作与整体工作的连续性被割裂。

（二）协同梗阻溯源

新的征程上，在推进国家治理体系和治理能力现代化的时代背景下，多元主体协同推进乡村全面振兴高质量发展正当其时。对于协同推进过程中存在的种种梗阻问题需要从推进机制层面寻求答案，找出影响协同推进和取得实效的关键性梗阻原因。对于多元主体协同推进乡村全面振兴高质量梗阻的形成，应从主体、客体、过程、方式四要件，分析各主体间在乡村振兴战略实施中的议程设置、目标规划、方案决策、执行过程和绩效评估等五方面上不知协同、不愿协同、不会协同等突出问题的多重影响因子，深溯主体行动者网络的囚徒困境产生的背景，深掘多元主体协同梗阻问题形成的原因。具体而言，可从以下三方面来阐析。

一是协同主体和程序错乱，"最先一公里"成为"梗阻源"。目前，在一些地方多元主体协同推进乡村全面振兴高质量发展难以推动，更大原因就在于一些地方乡村振兴政策改革顶层设计思路的问题，即梗阻根源在于决策。一些基层政府工作人员、党员干部之所以不能很好地与其他主体形成协同意识，被动式参与乡村振兴，是因为在现有的压力型体制之下，为保障正常的生计，他们不得不将工作重心、工作时间用来应对上级下派的各种事务。出于这种任务导向的治理，现代的协同治理理念与方式不得不演化为纯粹策略性的工具选择，多元主体协同参与缺乏内在动力和外在保障机制，就难以得到高度认可。一些乡村振兴决策主体未能突破既有利益格局，在实施乡村振兴战略中掺杂部门利益使得一些决策方案流于空泛，一些地方政策标准不一，甚至是矛盾的。一些乡村振兴决策程序不够科学规范，乡村振兴一些重大行动、活动的实施未能形成制度化规定，决策措施可操作性不强，实施起来有难度。

二是主体间协同能力差异明显，政府主导与社会参与非均衡突出。在乡村全面振兴中虽已具备了实行多元主体协同合作的社会基础，在一些地方积极探索了农村人居环境整治、社会治理的协同治理，但由于主体间的能力差异明显,主体结构"一头沉"、主体功能"一勺烩"的现象还存在,多元主体协同推进的制度机制体系难以建立起来。参与乡村振兴的主体能力与新形势下乡村经济社会发展的要求不相匹配、不相适应,特别是一些基层党员干部知识、能力储备明显不够,习惯于过去的那老一套的办法,停留在重管制轻协调、重管理轻治理的圈子里,不会协同合作。受传统的体制影响,乡村社会组织、社会力量主体成长缓慢,发育不够成熟,政党性组织主体、政府主体的主导强势的局面短期内难以转变,社会力量、市场力量参与的范围、广度和深度,很大程度上仍然是由基层党委政府选择和掌控。也正是这种体制性束缚,多元主体的互动合作,出现了乡村振兴的行政化主导、命令式参与、强制化运行和非正式运作。

三是协同合作环境缺失,协同执行协调和激励不足。一些地方因政府财权、事权不相匹配,又缺乏容错和免责机制的情况下,不少基层干部干事创业激情不足,消极对待"三农"工作,推进"三农"工作的创新活力不足,协同合作意识不足,观念薄弱,不愿协同合作。一些地方部门相互间的权力边界不明朗、责任不够明晰,各部门间的协调配合行为缺乏制约、监督,命运共同体意识不强,利益关系调和难、利益分配不够均衡,造成部门间行动缺乏统筹安排,难以协同合作,一些市场主体面对高度复杂和不确定的环境,参与集体行动的热情度不高,对"三农"工作、乡村社会公益事业的关注度不够,不乐于协同合作。多元主体协同参与乡村振兴的平台缺失,渠道不畅,文化培育不足,利益联结、利益协调及协同合作激励机制不够健全。一些基层政治生态环境、营商环境不佳,基层组织公信力不强,行为劣化、道德缺失,影响协同主体间信任合作。

第四节 协同推进乡村全面振兴高质量发展的梗阻治理

（一）治理协同梗阻的思路

破除协同推进乡村全面振兴高质量发展的梗阻、创新多元主体协同推进乡村全面振兴高质量发展的机制，必须紧紧围绕新时代乡村振兴战略的总目标和总部署，以乡村振兴高质量发展为主题；破除战略顶层设计与实际落地之间的梗阻问题，需要充分把握各主体的时代特征、利益诉求和利益联结等内在逻辑关联，完善多元主体协同推进机制，把是否促进农村经济社会高质量发展、是否给农民带来实实在在的获得感、是否实现农业农村现代化，作为协同推进成效的评价标准。

一要符合高质量发展的根本要求。从经济规律发展维度看，推进乡村全面振兴，就是要实现农村经济社会发展转向质的提升，有质的提高。习近平同志指出，"高质量发展，就是能够很好满足人民日益增长的美好生活需要的发展，是体现新发展理念的发展，是创新成为第一动力、协调成为内生特点、绿色成为普遍形态、开放成为必由之路、共享成为根本目标的发展。"[1] 对此，多元主体协同推进乡村全面振兴必须对标对表此要求，要顺应农民对美好生活的新期盼，立足国情农情，坚持"以产业兴旺为重点、生态宜居为关键、乡风文明为保障、治理有效为基础、生活富裕为根本[2]"深入贯彻落实好新发展理念，将其融入产业振兴、文化振兴、生态振兴和人才振兴，以改革创新精神统筹谋划、整体推动乡村振兴战略各项任务落地落实，坚持以绿色发展引领乡村振兴，进而推动农业全面升级、农村全面进步、农民全面发展。

二要恪守实施乡村振兴战略的基本原则。"三农"工作发展的规律显示，做好"三农"工作必须遵循长期实践总结得出的合理化的科学经验、行事准则。按照十九大提出的乡村振兴战略20字总要求，推进乡村振兴必须始终坚持7个基本原则，即坚持党管农村工作，坚持农业农村优先发展，坚持农民主体地位，坚持乡村全面振兴，坚持城乡融合发展，坚持人与自然和谐共生，坚持因地制宜、循序渐进。这7个原则，必然是多元主体协同推进乡村全面振兴高质量发展，行事所依据的准则。这

---

[1] 十九大以来重要文献选编（上）[M].北京：中央文献出版社，2019年版，第139页。
[2] 十九大以来重要文献选编（上）[M].北京：中央文献出版社，2019年版，第141页。

要求，多元主体协同推进乡村全面振兴高质量发展必须毫不动摇地坚持和加强党对农村工作的领导，要在农业农村优先发展上形成共同行动，坚持农民主体地位，让农民成为体面的职业，深掘乡村多种功能和价值，科学把握乡村的差异性和发展走势分化特征，因地制宜、循序渐进，注重协同性、关联性，整体部署，协调推进，加快形成工农互促、城乡互补、全面融合、共同繁荣的新型工农城乡关系，促进城乡融合发展，实现城乡共同富裕、人与自然和谐共生。

三要遵循乡村振兴的发展目标。依照有关规定，乡村振兴战略是"三步走"的战略。2018—2020年乡村振兴取得重要进展，制度框架和政策体系基本形成，到2035年乡村振兴取得决定性进展，农业农村现代化基本实现；到2050年，乡村全面振兴，农业强、农村美、农民富全面实现。每一步都有不少必须完成的阶段性重点任务。因此，多元主体协同推进乡村全面振兴高质量发展必须要遵循发展目标，把握好阶段性重点任务，集中力量加以攻克，而不是眉毛胡子一把抓，不分主次、不分重点乱搞、瞎搞一通。当下，已进入全面推进乡村振兴的新征程阶段，着力要"统筹解决城乡二元矛盾、集体经济的实现、农业供给侧结构性改革、绿色发展、文化传承、乡村治理等重大问题。"[1]。在2036—2050年阶段，作为乡村振兴的最后关键一步，针对性、攻坚性将更加明显，文化重振促发展，决胜攻坚，实现从物质到精神的全面振兴。

（二）治理协同梗阻的路径

多元主体协同推进乡村全面振兴高质量发展既要强调问题导向、需求导向、目标导向，也要强调效果导向。多元主体协同推进乡村全面振兴高质量发展最终要落脚到"农业强、农村美、农民富全面实现"这一终极价值取向上来。要达成这一终极目标，必须以制度创新和机制调整，

---

[1] 王亚华：乡村振兴"三步走"战略如何实施 [J]. 人民论坛，2018年，第10期。

破除协同梗阻问题。回答好新时代乡村振兴战略实施中多元主体协同梗阻问题何以治好的问题，应从协同主体、客体、过程、方式四要件出发，谋求打通乡村振兴战略实施中多元主体协同梗阻的办法、点子：既要明确协同推进主体，理顺协同主体关系，又要强化协同推进职责，提升协同推进能力；既要规范协同推进程序，完善协同推进方式，又要加强协同推进考评，激活协同推进活力。

一要明确协同推进主体，理顺协同主体关系。这就是要解决"依靠谁"来协同推进乡村全面振兴，以及各个参与主体处于什么样的位置，占据什么样的角色的问题。实施乡村振兴战略是全党全社会的共同意志和共同行动，人人都有责任、有义务。强调多元主体协同推进乡村全面振兴，这是一个不容争议的事实。诚如有关研究认为，"社会公共事务的管理过程中，并非只有一个主体，还包括非政府组织、私人机构、公民个人等多元决策中心"[1]。基于乡村全面振兴战略的全局性、任务的艰巨性、过程的长期性的考虑，必须要让各类主体力量参与进来；基于多元主体协同推进乡村全面振兴高质量发展要义是通过多元主体的共同"善治"，完成乡村全面振兴任务目标的考虑，必须明确各类主体在乡村全面振兴中的应然地位、角色职能。大体而言，党组织主体是协同推进乡村全面振兴的领导核心力量，发挥领导作用；政府主体是主导主体力量，发挥主导作用；市场主体是引擎主体力量，发挥引领带动作用；社会组织主体是助推主体力量，发挥"加油"推动作用；农民主体是内源主体力量，发挥创造作用。各个主体彼此间要遵守角色边界和职能权限，在角色规范内行走，否则会恶化彼此结构关系，影响各自职权行使。

二要强化协同推进职责，提升协同推进能力。这就是要解决好各个主体以多大本领来参与协同的问题。协同推进乡村全面振兴高质量发展，需要各个主体在以共同的价值观念走在一起的同时，必须凭借自己的能力，各显其能，大显身手。确保多元主体协同推进乡村振兴取得整体上

---

[1] 张文礼：多中心治理：我国城市治理的新模式 [J]. 开发研究，2008年，第1期。

最优效能，需要对各主体进行合理分工，使之明白角色要求，把握角色地位。这要求，参与其中的政府、利益相关方（企业、农村合作组织、农民）和社会组织等各界力量，必须树立本职角色意识，遵循角色规范要求，强化角色规范执行，强化协同推进职责，加强彼此间的交流沟通、对话互动，促成多元主体联动协同推进乡村全面振兴。只有各个主体在各自的权责范围内，履行好应尽的义务，发挥各自的优势，实现各个主体间优势互补、互促互进，才能更好地变"单打独斗"为"握拳出击"，形成协同推进乡村全面振兴高质量发展的"历史合力"。乡村全面振兴高质量发展的协同推进有效实施，还得依赖各个主体对协同行动的共识，以及协同推进的能力。要破除因主体参与能力的不足而产生的协同梗阻，需要各个主体有一定的参与协同能力。这要求，必须提升各个参与主体的能力，使之愿协同、敢协同、能协同、会协同。

三要规范协同推进程序，完善协同推进方式。这就是要解决好善不善于协同，以什么样的程序和方式保障彼此的协同合作科学高效、务实管用的问题。规范完善和严格执行涉农问题、涉及乡村振兴重大事项的决策程序，推动实现乡村振兴工作方案专家论证、民主参与、集体决策，提高多元主体参与重大决策的质量和水平。建立健全各个参与主体的职责协调机制，规范职责协调程序，督促各主体间协调一致和资源共享，确保协调效果高效统一。建立健全乡村振兴综合协调机制，对乡村振兴发展中出现的问题、矛盾要及时协调加以解决；健全乡村振兴重点工作挂包、例会、调度等落地推进机制，着力协调各方的利益矛盾与冲突。要加大技术和资金投入，积极运用大数据等现代信息技术改进各个参与协同推进的方式，提高协同推进技术含量。坚持运用法治思维和法治方法，推进乡村振兴工作，强化规划编制、项目安排、资金使用、监督管理等的统筹协调，提高其制度化、法治化运行水平。

四要加强协同推进考评，激活协同推进活力。这就是要解决好以什么样科学评价指标体系，如何科学评价各个主体间协同的成效是好是不好的问题。科学的评价指标体系，是评定协同绩效的重要标尺。科学设计一套能精准识别各个主体间协同合作的绩效指标体系，运用好评估指标体系，不仅能发现各个主体间协同实施的具体状况，还能检测到彼此协同存在的问题，进而谋求进一步改善协同合作的路径。强化监察督导职能，建立党委农村工作领导小组牵头、各相关职能机构、第三方专业评估机构、专家学者等组成的联合督察组，深入乡村振兴重大项目、重大活动等一线，采取实地查看、明察暗访、随机抽查等形式开展直接督察，充分发挥改革督察主体力量作用，强化对多元主体协同推进乡村全面振兴高质量发展的考评。选择若干具有示范性、重要牵引作用的重大乡村振兴事项，建立年度重大乡村振兴项目任务清单，强化对其监督，监督任务完成进度，集中攻坚克难，努力推出多元主体协同推进乡村全面振兴高质量发展的改革成果。建立健全乡村振兴成效科学评价机制，突出实绩考核导向，增强客观性考核指标，创新乡村振兴绩效考核方式方法，以激励激发积极性，建立以责任促行、以责问效的监督考评机制，倒逼各类主体参与协同推进乡村振兴。

（三）协同推进乡村全面振兴高质量发展的机制创新

乡村全面振兴是系统工程，涵盖乡村政治、经济、社会、生态、组织和党的建设多重领域，内容涉及乡村振兴主体行为、机制设计、保障支撑、政策体系等多个方面。因而，可以这样说，乡村全面振兴，就是多领域多方面的融合与共同发展，就是政府主体、市场主体、社会主体和农民主体等多元主体相互作用的结果。乡村振兴发展必然要在一定的制度机制下运行，其运行过程必然要受到乡村内在发展规律的制约，也必然受到政府、市场、社会等多元主体行为的影响。乡村全面振兴的实践要想取得预期的理想成效，不仅需要政府主体提供强有力的保障支撑、政策支持，而且需要建立起调节参与乡村全面振兴主体行为的制度机制体系，使各个参与主体与其他主体实现能量、信息、资金等市场要素的交换，利益分配得以平衡，能公平、公正地获得正当的利益。制度机制是管基础的、管长远的。乡村全面振兴离不开制度保障，也需要不断地进行机制创新。只有在不断进行机制创新中，建立起适应乡村全面振兴系统需要的制度安排，才能维持或促进参与其中的各个主体协同运作，进而促进乡村健康、有序发展。多元主体协同推进乡村全面振兴高质量发展，需要在坚持党的农村基本政策的基础上，大力推进制度创新，强化制度供给，激发各个主体参与乡村振兴的内在动力、内在活力。

1. 创新价值。虽然实施乡村振兴战略已提出多年了，但乡村全面振兴目前还处在初级探索阶段，面临着思想、制度、技术、信息、资金等不少方面障碍因素制约。以制度为例，在乡村全面振兴推进过程中，诸如土地流转机制、农业科技推广机制、农业合作经营内部运行机制、农业产业化经营机制、农村金融供给机制、农村精神文明法律保障机制、农业生态补偿机制等等，都与乡村全面振兴高质量发展的要求还不够相适应、相匹配，亟待进一步规范、完善。因而，需要创新多元主体协同推进乡村全面振兴高质量发展机制，以契合乡村全面振兴健康、稳定、协调运行的需求。这种创新的价值是多重的。从宏观层面看，是推进国家治理现代化的时代要求，有利于促进乡村建设中人、物、治理的现代化。从中观层面看，是坚持走中国特色社会主义乡村振兴道路的时代需要，以差异化的制度安排和制度创新，为乡村全面振兴提供支撑和保障，有利于优化资源配置，强化乡村振兴特色发展。微观层面看，是革新乡村振兴模式，提升乡村振兴效能，实现战略目标的时代选择，有利于驱动各个主体各尽其责，积极互动、互相配合、协同作战、携手共进，确保乡村全面振兴稳妥推进、有效运行、高质量发展。

2. 创新取向。强调要进行制度机制创新，缘于制度既是行动要求，又是行为规则。对于乡村全面振兴来说，强化机制创新，其意图就是要规范各个参与主体的行为，使之维护自身的权利，但又不得损害其他参与主体的利益，就是要约束各个参与主体担当起应尽的责任，同时，对那种有意破坏与其他主体的相互关系加以制约，甚至是惩处。其目的就是要从激励和约束两个层面发挥好制度机制的协调作用，要让乡村振兴主体把所掌握的资源要素能有效地利用起来，各个主体特别是那些不太活跃的主体参与其中，活跃起来，积极性调动起来，作用发挥出来，价值体现出来。多元主体协同推进乡村振兴战略长效机制的建构应遵循科学性、目标性、系统性和可行性原则，保障各主体间在合理、和谐、法治的秩序上能联动、耦合，形成整体结构，释放出最大制度效能，最终促进乡村全面振兴高质量发展，让更多的人享受到乡村全面振兴的成果。

3. 创新路径。多元主体协同推进乡村全面振兴高质量发展，绝非仅仅是一场理论探究，更是需要多元主体协同参与的实践活动。不可否认，正是得益于各个主体的积极参与，乡村振兴的成效不断涌现，乡村的发展日趋向好；正是得益于现有的乡村发展机制的作用充分凸显，乡村有序发展有了强有力的保障支撑。但是，随着乡村发展技术的不断融合，模式的不断更新，原先的制度机制就有可能难以适应新形势发展的需要，需要着眼长远，前瞻性谋划，构建起多元主体协同推进乡村全面振兴高质量发展的长效机制。回答好新时代乡村振兴战略多元主体协同推进何以持续长效问题，需要从协同动力、协同基础、协同保障等方面入手，构建多元主体协同推进乡村全面振兴高质量发展的长效机制。

一要塑造协同理念，构建协同信任、共识培育机制，实现意识协同。共同的价值理念，是协同行动付诸实施的基本前提。强化各个主体民主、责任、法治等现代先进理念的培育，引导各个主体剔除部门本位、个人本位的理念，树立协同推进乡村振兴、全局协同理念，内化协同治理理念，在推进乡村全面振兴的基本原则、战略举措、目标任务等方面形成一致共识，增进思想协同。二要夯实协同基础，构建协同联动、利益联结机制，实现行动协同。建立完善多元主体协作、沟通平台运作、协同治理能力提升、激励机制，建立健全规范的利益均衡和协调制度体系，激发他们对协同推进乡村全面振兴的能动性、自觉性，积极培育协同文化，着力提升多元主体协同合作共事能力，建立健全多元主体协同推进乡村全面振兴的利益联结机制，增进行动协同。三要强化协同保障，构建协同参与、技术支撑机制，实现有序协同。不断完善乡村社会发展的各项政策，大力推进农村体制改革，优化乡村振兴体制机制创新环境，着力完善金融、投融资等要素资源保障机制，建立健全乡村振兴高效服务、综合协调、责任落实、技术支撑等机制，保障乡村振兴各项战略任务的顺畅实施，增进绩效协同。

第五节 研究思路、方法、创新与价值

（一）研究思路

坚持以习近平新时代中国特色社会主义思想为指导，坚持政策导向、问题导向、效果导向，实证研究多元主体协同推进乡村全面振兴高质量发展的机制创新，及其梗阻产生的根源和治理对策。系统分析新时代乡村振兴战略协同推进的学理逻辑、价值意蕴、梗阻表现、梗阻根源、梗阻治理和机制构建等内容。

力图在科学建构新时代乡村振兴战略实施中多元主体协同推进的理论分析框架、科学揭示新时代乡村振兴战略实施中多元主体协同梗阻的表现和根源，科学提出有针对性、可操作性的新时代乡村振兴战略实施中多元主体协同梗阻治理的政策建议，科学设计多元主体协同推进新时代乡村振兴战略的长效机制等对这些重点问题进行深入研究。

着力从把握新时代乡村振兴战略落地"最后一公里"与主体间协同作为的具体关系、找准新时代乡村振兴战略实施中多元主体协同梗阻的根源、提出新时代乡村振兴战略实施中多元主体协同梗阻的治理对策等难点问题进行研究突破，以达到如下两个主要的研究目标：一是学理目标。准确科学构想新时代乡村振兴战略实施中多元主体协同推进的理论分析框架，以此系统全面地研究协同推进新时代乡村振兴战略的梗阻表现、根源和治理，为破除乡村振兴战略落地的难点、堵点提供学理支撑。二是实践目标。坚持"研以致用"，在对乡村振兴战略实施落地难、多元主体协同梗阻问题的实证分析基础上，提出新时代乡村振兴战略实施中多元主体协同梗阻治理的政策建议，构想多元主体协同推进新时代乡村振兴战略的长效机制，以期促进乡村振兴战略落地生根，让乡村振兴战略政策效应惠及广大人民群众。

（二）研究方法

一是注重系统分析。从系统论角度，深刻把握新时代乡村振兴战略要素综合统摄、各主体间的内在逻辑关联，及其在乡村振兴战略实施过程中共同协作、互补联动、整体功能优化的原则与机制创新之路。二是注重制度分析。既注重分析国家层面的法律法规、方针政策等，又注重分析参与主体的价值观念、理想愿景，对新时代乡村振兴战略实施中多元主体协同、要素联动、整体功能优化的影响。三是注重实证调查。采用问卷调查、实地考察、访谈座谈等方式，获取乡村振兴战略中各主体的角色规范、职能要求、行动体现的一手资料，深掘协同梗阻问题产生的深层根源，提出治理的对策建议。

（三）研究创新

试图在学术思想、学术观点、研究方法等方面加以创新。学术思想上，力图从制度治理视角和实证层面，对新时代新的征程上，多元主体协同推进乡村全面振兴高质量发展的机制创新，以及协同推进中的梗阻及其治理开展系统而深入的研究，重点涉及新时代乡村振兴战略协同推进的学理逻辑、价值意蕴、梗阻表现、梗阻根源、梗阻治理和机制创新等问题，力图构建多元主体协同推进乡村全面振兴高质量发展的机制理论体系。在学术观点上，力图着力构建多元主体协同推进乡村全面振兴高质量发展的"主体—客体—过程—方式"分析框架，系统阐述多元主体协同推进乡村全面振兴高质量发展的观念基础、分析框架和内在机理，对乡村振兴战略实施"最后一公里"不畅、政策落地难、多元主体协同梗阻问题进行实证分析，并深究多元主体协同推进乡村全面振兴高质量发展中协同梗阻问题产生的背景和原因，试图创新性地提出打通乡村全面振兴高质量发展中多元主体协同梗阻的思路与政策建议，构想起多元主体协同推进乡村全面振兴高质量发展的长效机制。研究方法上，一方面，将马克思主义主体间性理论、协同治理理论与乡村振兴战略实施现实相结合，拓展研究方法的新边界，构建利用主体间性理论、协同治理理论等理论研究乡村全面振兴高质量发展的新范式。另一方面，针对多元主体协同推进乡村全面振兴高质量发展中的乡村振兴战略实施落地难、多元主体协同梗阻问题，注重实证、制度分析方法的应用。

（四）研究价值

置于经济社会高质量发展的时代语义中，加强协同推进乡村全面振兴高质量发展问题的研究，其学术价值在于：建立起一套多元主体协同推进乡村全面振兴高质量发展的机制理论体系。基于乡村振兴战略实施中多元主体协同失灵、协同合作不力、协同机制不活、协同发展质量不高的实证研究，以多元主体的利益诉求和行为为导向，运用调查研究方法，定量分析影响多元主体难以协同的因素，及其因素之间的关系和相互影响程度，以创新协同推进乡村振兴机制为核心，建立起符合区域需要、本土化的多元主体协同推进乡村振兴机制理论体系，有助于丰富和完善乡村振兴协同治理理论体系，拓展乡村振兴战略内涵的向度和范围，以及实施路径的理论认识视角，可为提高协同推进新时代乡村振兴战略的科学化、理性化、智能化、精细化程度提供有力的基础理论支撑。

其研究的应用价值在于：针对乡村振兴战略落地"最后一公里"难、多元主体协同效应差，分析梗阻主要表现形式、产生原因，探求提升乡村振兴政策执行力、消解协同梗阻的方法，具有重要实践价值。通过检视新时代新的征程上乡村振兴战略顶层设计与乡村振兴政策实际落地之间的梗阻问题，实际操作中多元主体参与作用被漠视、协同主体被窄化、协同合作被忽视、协同发展被遮蔽、协同治理质量被弱化等问题，谋求多元主体作用充分发挥、更可持续发力之计，可助推乡村振兴战略实施、农村全面改革协同发展。通过考量乡村振兴战略实施中多元主体协同之问题障碍，洞察协同合力难以形成之阻滞根源，构想有效破除协同梗阻之创新机制，谋求乡村振兴战略高质量落地更为得力之路径举措，消弭乡村振兴战略落实难之痛点堵点，可为解决当前和今后一段时期乡村振兴过程中可能面临的梗阻问题提供政策、决策参考。

第二章
接续奋斗谱写乡村全面振兴高质量发展新篇章

重视"三农"问题，是中国共产党一以贯之的优良传统。党的十九大指出，农业农村农民问题是关系国计民生的根本性问题。没有农业农村的现代化，就没有国家的现代化。在新的征程中，以习近平同志为核心的党中央从事关实现"两个一百年"奋斗目标的政治高度，事关实现中华民族伟大复兴的大局高度，提出实施乡村振兴战略，要求举全党全社会之力扎实推进乡村振兴，对乡村振兴的重要意义、原则要求、目标任务、方法路径等进行了深刻阐述，就"乡村振兴应该怎么干"进行了重要部署。习近平同志关于乡村振兴的重要论述，凸显了习近平同志对"三农"工作的高度重视，及其"三农"情怀、"三农"思想、"三农"实践，为乡村振兴战略的实施提供了科学指引和重要遵循。党的十八大以来，党中央把握发展阶段新变化，采取有力措施坚决打赢脱贫攻坚战，全面建成小康社会，为推进乡村全面振兴、促进共同富裕创造了良好条件。现在，已经到了扎实推动乡村全面振兴、实现共同富裕的历史阶段，乡村全面振兴向高质量发展迈进。从全面建设社会主义现代化强国全局出发，党的十九届五中全会做出了全面推进乡村振兴的重大战略部署，要求全面推进乡村振兴，加快农业农村现代化。2021年4月，习近平同志在广西考察时强调,"全面推进乡村振兴的深度、广度、难度都不亚于脱贫攻坚,决不能有任何喘口气、歇歇脚的想法,要在新起点上接续奋斗,推动全体人民共同富裕取得更为明显的实质性进展。"[1]新的征程上,贯彻落实新时代中国特色社会主义思想,实现共同富裕,必须接续奋斗谱写乡村全面振兴高质量发展新篇章。

第一节 深刻把握全面推进乡村振兴的科学内涵

全面建设社会主义现代化强国,短腿在"三农"。必须高度清醒地看到,"三农"领域还有诸多突出短板必须补齐。党的十九届五中全会强调,优先发展农业农村,全面推进乡村振兴。这一重要论断的提出,是对在新发展阶段切实转变发展方式的积极回应,是不断满足人民日益增长的美好生活需要的根本要求。特别是,面对当今世界发展正经历百年未有之大变局,当前国内外风险挑战明显增强,我国发展的外部环境日趋复杂,稳住农业基本盘、发挥"三农"压舱石作用不言而喻,至关重要。

全面推进乡村振兴,为"十四五"乃至到2035年我国基本实现农业现代化的远景目标期间做好"三农"工作指明了方向,昭示着乡村振兴战略实施开启了新的征程,向《中共中央国务院关于实施乡村振兴战略的意见》规划预定的目标任务第二阶段即"取得决定性进展,农业农村现代化基本实现"的目标迈进。这要求,在新发展阶段,在全面建设社会主义现代化国家新征程中,必须坚持把解决好"三农"问题作为全党工作重中之重,走中国特色社会主义乡村振兴道路,全面实施乡村振兴战略。

准确把握全面推进乡村振兴的精神要求,首要的任务是,精准而全

---

[1] 解放思想深化改革凝心聚力担当实干 建设新时代中国特色社会主义壮美广西[N].人民日报,2021年4月28日,第1版。

面地理解好全面推进乡村振兴中的"全面"的科学内涵。全面推进乡村振兴中之"全面"内涵极其丰富、深刻，具有四个层面的含义，不仅表明了新时代新的征程上乡村全面振兴的广度和深度，而且还明确了推进乡村振兴的主体。

一是从广度上看，"全面"的含义，是指中国领土范围内全部乡村，不能窄化为特定状况和水平的乡村而设定的。全面推进乡村振兴，是中国共产党在带领全国各族人民打赢脱贫攻坚战后，加快农业农村现代化采取的重大战略部署，是要保证全面建设社会主义现代化强国新征程上任何一个乡村都不掉队的重要前提下实现共同富裕。因此，全面推进乡村振兴，不仅要关注先富裕起来的农村地区发展不平衡不充分问题，更要重点关注脱贫摘帽的农村地区乡村的经济社会发展。从城乡融合发展、缩小城乡差距的角度来分析，全面推进乡村振兴之"全面"必须是覆盖乡村之全面。只有不断缩小乡村特别是刚刚脱贫的乡村与发达城市地区的现代化差距，才会更好满足广大农民群众对美好生活的新期待。这是全面推进乡村振兴广度意义上的真正意蕴所在。

二是从内容上看，"全面"的含义，是指统筹推进农村社会的经济建设、政治建设、文化建设、社会建设、生态文明建设、党的建设等"六位一体"全面的建设，推动农业全面升级、农村全面进步、农民全面发展。从党中央关于乡村振兴的"产业兴旺、生态宜居、乡风文明、治理有效、生活富裕"这20字的总要求可看出，乡村全面振兴内蕴的全面性、系统性的要求。在这一点上，必须坚持乡村政治文明、物质文明、精神文明、社会文明和生态文明都要一起抓，乡村全面振兴决不能拖着精神或其他某一方面"瘸腿"上路。推进乡村全面振兴，必须在强调乡村产业振兴、经济全面发展的同时，让乡村的政治建设、生态保护、社会治理、乡风培育迅速跟上物质富裕、产业兴旺的节奏。只有确保乡村各个方面建设齐头并进，协调一致发展，才可能推动农村由内而外产生质的变化，真正实现乡村全面振兴、更加可持续振兴。只有乡村经济社会各方面建设都能高质量发展，才会实现乡村全面振兴高质量发展。

三是从主体上看，"全面"的要求，要将乡村全面振兴视为一项长期的、战略性的系统工程，需要整个社会各界力量的积极参与，整个乡村全域的行动，必须是整个社会的全民行动。乡村全面振兴从深度上讲，其内容之全面，在于乡村振兴是囊括了乡村经济、政治、社会、生态、文化的多个方面，是"五位一体"的复合系统。这种多面性要求，要让乡村振兴战略之农业农村现代化这一总目标实现，必须要有多元主体的协同参与。乡村振兴参与主体首先是农民，只有自觉自愿内生式的农民主体参与的乡村振兴才是真正的乡村振兴。乡村全面振兴必须尊重农民主体地位，以调动农民主体积极性为根本。但是，乡村全面振兴绝不仅仅是农民的事情，绝不是仅仅局限在农村地域范围内，还必须要动员社会各个层面的力量来协同推进，要让政府、企业、社会组织、民间力量等多元主体共同参与进来，要激活多元主体参与活力，使之积极性、主动性、创造性得以充分展现出来。

四是从客体上看，"全面"的内容，是指资金、管理、技术、人才等全要素的参与、支撑，要在要素配置上优先满足，必须强化制度供给，推动各类要素自由地、更多地配置到乡村去。《乡村振兴战略规划（2018—2022）》指出，"乡村是具有自然、社会、经济特征的地域综合体，兼具生产、生活、生态、文化等多重功能，与城镇互促互进、共生共存，共同构成人类活动的主要空间。"[1]这告诉我们，在新的征程上，必须坚持城乡融合发展，才能更好破解城乡发展不平衡问题，才能更好地实现乡村的多重价值功能。而要实现城乡融合发展，必须畅通城乡发展所需要的要素流通机制，使生产生活发展中所依靠的资金、管理、技术、人才等全要素能在城乡之间自由流动、平等交换。但受制于城乡融合发展的基础、宏观环境等因素束缚，城乡基本公共服务还未能实现普惠向实质上的公平转变，生产要素平等交换和收益合理分配的制度机制还有待进一步创新发展。对此，满足不同市场主体的不同利益诉求，以乡村全面振兴助推城乡、工农融合发展，迫切需要深化农业农村改革，

---

[1]《乡村振兴战略规划（2018—2022）》[M].北京：人民出版社，2018年版，第3页。

建立健全资源要素在城乡之间的平等交换、双向流动机制。

第二节　充分认识全面推进乡村振兴的重大意义

无论从历史维度，还是从现实维度、未来维度看，新征程上多元主体协同推进乡村全面振兴高质量发展具有重大的理论与实践意义。我们必须从讲政治和战略高度上，立足长远，深刻把握协同推进乡村全面振兴高质量发展的重大意义。

（一）从历史的深度上看，就是对中国共产党执政兴国重要经验的科学把握

习近平同志指出，"我们要坚持用大历史观来看待农业、农村、农民问题，只有深刻理解了'三农'问题，才能更好理解我们这个党、这个国家、这个民族。"[1] 历史实践表明，中华民族历来重视农业、农村，重农固本早已融入了中华民族最深层的血脉，以农立国创造了源远流长、灿烂辉煌的中华农耕文明。自诞生之日起，中国共产党始终将为广大农民谋幸福作为自己的重要使命。无论是新民主主义革命时期带领农民翻身求解放，还是社会主义革命和建设时期为改变农村贫穷落后面貌做出不懈努力，改革开放后实行家庭联产承包责任制，推进社会主义新农村建设，都取得了有目共睹的巨大成就。回顾我们的党史、国史、民族史可以发现，农业、农村、农民问题贯穿其中，始终是关乎党、国家、民族兴衰存亡的根本性问题。习近平同志多次指出，乡村振兴战略是"关系全面建设社会主义现代化国家的全局性、历史性任务，是新时代'三农'工作的总抓手"。新发展阶段征程中，农民群众对美好生活的需要

---

[1] 坚持把解决好"三农"问题作为全党工作重中之重　促进农业高质高效乡村宜居宜业农民富裕富足 [N]. 人民日报，2020 年 12 月 30 日，第 1 版。

也发生了重要变化，呈现出覆盖领域更广、品质更高等特点，全面推进乡村振兴之"全面"内蕴振兴内容，必须着眼于满足广大农民群众对美好生活的新需要，着力推进乡村经济建设、政治建设、文化建设、社会建设、生态文明建设和党的建设等各方面的建设，实现乡村产业、人才、文化、生态、组织"五位一体"协同振兴。从满足广大农民群众对美好生活的需求价值取向看，协同推进乡村全面振兴高质量发展无疑会有助于夯实中国共产党在农村执政的群众基础。

（二）从时代的高度上看，就是对实现中华民族伟大复兴重要任务的坚定执行

在庆祝中国共产党成立100周年大会上的讲话中，习近平同志指出，"一百年来，中国共产党团结带领中国人民进行的一切奋斗、一切牺牲、一切创造，归结起来就是一个主题：实现中华民族伟大复兴。"[1]回首雄浑而浩荡的百年党史，正是中国共产党带领与之百年同舟的中国农民开启大转折，创造了中国命运的百年逆袭，成就了中国历史的乾坤再造，缔造了中国道路的开天辟地。一百年来，中国农业把"谁来养活中国人"的世纪之问拉直成大写的惊叹号，成为护佑现代化航船须臾不可或缺的压舱石，中国农村为全面小康的战略蓝图补上了最生态最要紧的一块，成为支撑民族复兴坚如磐石的根据地。但是我们必须清醒地认识到，全面建设社会主义现代化强国，实现中华民族伟大复兴，最艰巨最繁重的任务依然在农村，最广泛最深厚的基础依然在农村。《中共中央国务院关于全面推进乡村振兴加快农业农村现代化的意见》指出，新发展阶段"三农"工作依然极端重要，须臾不可放松，务必抓紧抓实。站在世界百年未有之大变局和中华民族伟大复兴战略全局的历史节点，我们必须牢记习近平同志所强调的"任何时候都不能忽视农业、忘记农民、淡漠

---

[1] 习近平：在庆祝中国共产党成立100周年大会上的讲话[N].光明日报，2021年7月2日，第2版。

农村",始终坚持三农重中之重的地位不动摇,坚持农业农村优先发展,坚定地贯彻落实好乡村振兴战略,向着乡村全面振兴的大美图景一往无前、破浪前行。紧扣主题,坚定完成全面推进乡村振兴历史任务,无疑会有助于实现中华民族复兴的伟大梦想。

（三）从现实的强度上看，就是立足实际促进经济社会高质量发展的内在要求

无可争辩的事实证明，经过全党全国各族人民持续奋斗，在中华大地上全面建成了小康社会，历史性地解决了绝对贫困问题。"十三五"期间，贺州同全国其他地区一道彻底消除了绝对贫困，地区生产总值、城乡居民人均可支配收入提前实现比2010年翻一番目标，与全国全区同步全面建成小康社会。但我们清醒地看到，一些欠发达地区农业基础依然薄弱，还存在着农业发展质量不够高、农村社会建设不平衡、在共同富裕上有短板、发展活力激活不充分等诸多问题，"三农"工作本身那种发展不平衡不充分的问题仍然十分严峻。基于此，各地党委政府提出了符合地方特色的贯彻落实乡村振兴战略实施方案。贺州市委就确定了"发展高质量、开放高水平、生态高颜值、生活高品质、治理高效能、党建高标准"这一"十四五"期间经济社会发展的具体奋斗目标，提出了坚持全力东融[1] "一条主线"、实现"两个翻番"、实施"五大战略"、抓好"十三大任务"的"12513"工作思路。习近平同志指出："脱贫摘帽不是终点，而是新生活、新奋斗的起点"；"脱贫攻坚取得胜利后，要全面推进乡村振兴，这是'三农'工作重心的历史性转移。"[2] 新征程上解决好发展不平衡不充分问题，促进经济社会高质量发展，必须深入贯彻落实党中央关于实施乡村振兴战略的重大决策部署，

---

[1] 东融：向东融入粤港澳大湾区。

[2] 坚持把解决好"三农"问题作为全党工作重中之重　促进农业高质高效乡村宜居宜业农民富裕富足[N].人民日报，2020年12月30日，第1版。

扎实推进乡村全面振兴，加快农业农村现代化建设，走出一条立足地域实际，具有地域特色的乡村美、产业旺、农民富、治理优的乡村振兴之路。坚定不移塑造乡村"形实魂"，全面推进乡村振兴高质量发展，无疑会有助于促进贺州地域经济社会高质量发展。

第三节 科学把握全面推进乡村振兴的方法路径

全面推进乡村振兴，既要解决好"振兴什么"的问题，也要解决好"怎么振兴"即方法论的问题。"需要着重强调的是，乡村振兴战略是系统性认识理解新时代城乡发展全局的思想体系和方法准则，而不是农业农村工作若干任务目标的简单累加。"[1]新的征程上，行稳致远地推进乡村全面振兴，是新时代赋予当代中国共产党人的一项重大历史使命，我们必须以更为饱满的激情、更为有力的举措、更为坚决的行动，科学把握全面推进乡村振兴的方法路径，接续奋斗谱写乡村全面振兴新篇章，交上令人民满意的乡村振兴新答卷。

（一）谱写乡村全面振兴新篇章，需要遵循原则要求

乡村振兴是实现农业农村现代化的关键所在，关乎全面建设社会主义现代化国家的实现。一要坚定不移贯彻创新、协调、绿色、开放、共享新发展理念。新发展理念是当代中国破解发展难题、增强发展动力、厚植发展优势的行动指南。这要求，全面推进乡村振兴必须坚定不移地以新发展理念为指针，把新发展理念贯穿到深化农村改革、乡村振兴的全过程，以及产业振兴、人才振兴、文化振兴、生态振兴和组织振兴等"五大振兴"各个环节。二要始终坚持以高质量发展为主题。高质量发

---

[1] 王立胜：以县为单位整体推进：乡村振兴战略的方法论[J].中国浦东干部学院学报，2020年，第4期。

展，是现阶段我们准确识变、科学应变、主动求变，在危机中育先机、于变局中开新局的重要遵循。这要求，全面推进乡村振兴必须紧扣这高质量主题而展开，走质量兴农之路，在保障国家粮食安全、生态安全的基础上，着力提高农业质量效益和竞争力。三要始终坚持改革创新为根本动力。这要求，全面推进乡村振兴必须深化农业供给侧结构性改革，着眼于城乡关系重塑，建立健全城乡融合发展体制机制和政策体系，推动形成工农互促、城乡互补、协调发展、共同繁荣的新型工农城乡关系。要将实施乡村振兴战略同深入实施科教兴国战略、人才强国战略、创新驱动发展战略紧密结合起来，强化"三农"工作的科技支撑，加快农业农村现代化。四要始终坚持以满足人民日益增长的美好生活需要为根本目的。满足人民日益增长的美好生活需要，实现共同富裕，是社会主义的本质要求所在，是我们党的执政宗旨所在。这要求，全面推进乡村振兴必须始终坚持以人民为中心的思想，坚持农民主体地位，把广大农民群众有效组织起来，发挥好农民群众的主体作用，创造经得起人民群众检验的实践成果，让广大农民在乡村振兴中增强获得感、幸福感。

（二）谱写乡村全面振兴新篇章，需要把握重点任务

我们要深刻理解、准确把握乡村全面振兴的战略部署，提高战略思维，保持战略定力，把握战略主动，持续巩固脱贫攻坚成果，健全防止返贫动态监测和帮扶机制，坚决守住不发生规模性返贫的底线，坚定不移塑造乡村"形实魂"，加快推进乡村振兴。聚焦风貌塑形，深入实施乡村建设行动，形成"点上有精品、线上有风景、面上有形象"的良好格局；打造乡村风貌提升精品线路和一批农房特色风貌示范村，打造贺州市百里风貌示范带；加强乡村公共基础设施建设，加快补齐乡村教育、文化、医疗等公共服务短板，提升乡村公共服务水平。聚焦产业做实，推动特色农业现代化示范区高质量建设、设施农业推广等，做实壮大现代特色农业产业；大力推进农业与文化、旅游、教育、康养等产业融合，加快林产加工、林下经济、油茶等特色林业产业发展，实现农业集约化

和规模化发展；全力推动县乡村融合发展，提高黄姚、贺街、南乡等特色小镇辐射带动力，推动农村一、二、三产业融合发展，突出抓好县乡村通道经济带、田园综合体、农业观光休闲区等建设，进一步发展壮大村级集体经济，打造一批集体经济强村，提升区域发展质量。聚焦文化铸魂，重塑乡村文化生态，全面提升乡村治理水平；深入挖掘开发瑶族文化、客家文化、长寿文化等优秀传统文化，深入开展农村精神文明建设，加强基层文化阵地建设，持续推进移风易俗，涵育文明乡风、良好家风、淳朴民风；完善乡村治理体系，提高抓党建促乡村振兴的质量和实效，深入推进平安乡村建设，加快构建治理有效、充满活力、和谐有序的乡村社会。

（三）谱写乡村全面振兴新篇章，需要绿色发展引领

以绿色发展引领乡村全面振兴，是落实乡村振兴战略的基本路径，就是要充分释放乡村的生态功能，推动生产、生活、生态协调发展，更好地助力全面实施乡村振兴战略。发挥乡村的生态涵养功能，是实现乡村全面振兴的内在要求，推动乡村全面振兴的客观需要，是打造人与自然和谐共生发展新格局的必然要求、必然选择和必由之路。乡村是生态环境的主体区域，生态是乡村最大的发展优势，良好生态是乡村全面振兴的重要支撑点。近年来，贺州开展了农业绿色发展、以绿色发展引领乡村全面振兴的实践探索，对接粤港澳大湾区需求，提升贺州现代特色农业品牌影响力；以多种形式推进种养结合，实现节本、提质、增效；强化政府公共服务，着力推进质量兴农品牌强农，依靠市场主体着力探索农产品实现优质优价路径，强化生物资源多样性、多功能、多价值开发利用，等等。事实证明，贺州农业绿色发展凸显了对乡村振兴的引领效应，实行绿色发展引领乡村全面振兴具有极强溢出效应，促进了经济效益、社会效益和生态效益"三效同升"，有利于拓展乡村产业振兴空间、推动乡村绿色文化发展、促进乡村组织人才优化、提升农民生活质量水平。但也需要理性地认识到，绿色发展必须注重创新引领与误区防范，实践中暴露的有关问题和挑战，值得分析思考。比如，如何提升农

业生态环境整治措施的系统性、整体性、协同性，如何引导群众树立"农业大资源观""生态大系统观""绿色化消费观"，转变生产生活方式，在绿色发展引领乡村全面振兴中如何处理好政府与市场的关系，等等。为此，做好绿色发展引领乡村全面振兴工作需要在贯彻科学精神，强化人才和组织振兴，充分发挥有效政府作用，强化技术管理、模式和标准的创新与集成应用等方面做好战略谋划。

（四）谱写乡村全面振兴新篇章，需要创新体制机制

乡村全面振兴如何行稳致远，是事关乡村振兴的质量和成色的重大课题。乡村全面振兴的可持续发展，既需要解决好上下问题，如何通过县级、地市级政府的政绩需要，充分联动基层民众（村民）和政府，在有共同利益的领域，形成协作合作动力；如何能够让广大农民成为乡村全面振兴的主体，又需要解决好内外问题；如何通过市场经济实现乡村与城市的内外互通，以城乡联动促进资源要素的双向流动，还需要解决好去留问题；如何以乡村的发展环境留得住人口和能人的问题。要解决好上下、内外、去留三个维度的问题，关键在于创新体制机制。《中共中央国务院关于实施乡村振兴战略的意见》指出，"实施乡村振兴战略，必须把制度建设贯穿其中"，"推进体制机制创新，强化乡村振兴制度性供给"。对此，必须在激活主体、激活要素、激活市场三个层面去强化全面推进乡村振兴的制度性供给。坚持农民主体地位，牢固树立以人民为中心的发展思想，强化农民参与乡村振兴的顶层设计、政策制定和制度执行，切实保障农民的需求与参与权，创新在乡村振兴中把农民有效组织起来的工作机制，强化农民参与的组织动员，激发农民参与的内生动力。抓好"人力、地力、资金"三要素供给，建立健全城乡融合发展体制机制和政策体系；优化要素配置效率，加快放活土地要素，深化农村土地制度改革，深入推进农村集体产权制度改革，健全农村产权流转增值收益分配机制。完善要素市场化配置机制，加大政策引导撬动社会资本进入现代种养业、现代种业、农业科技创新、智慧农业建设等重

点产业和领域，推动传统农业向现代农业加快转型。

（五）谱写乡村全面振兴新篇章，需要突出多元参与

全面推进乡村振兴之"全面"，既指覆盖乡村之全面，又指参与推进人员之全面，是一项复杂的系统工程，具有外部性、长周期性和准公共产品属性等特征。习近平同志强调："全党务必充分认识新发展阶段做好'三农'工作的重要性和紧迫性，坚持把解决好'三农'问题作为全党工作重中之重，举全党全社会之力推动乡村振兴。"[1]全面推进乡村振兴要应国家之需，尽地方所能，集各方智慧，汇聚起更为强大的磅礴力量，形成全党全社会合力推动乡村全面振兴的浓厚氛围和工作格局。然而，从实践上看，一些地方的乡村振兴工作存在振兴主体参与不平衡，"政热社冷"、协同不足、统筹不够、片面推进等现象，以致振兴质量不高，效益不佳。扭转这些不良现象，要构建多元主体协同并进机制，着力开创多元参与的乡村振兴新局面。要坚持系统观念，把新发展理念贯穿乡村振兴的全过程和各领域。坚持系统谋划、统筹推进乡村产业振兴、人才振兴、文化振兴、生态振兴和组织振兴，推动乡村各项建设的质量变革、效率变革、动力变革，实现乡村振兴更高质量、更高效益、更可持续的发展。以系统化思维谋篇布局，统筹协调多方要素，激发全要素能量，鼓励各村因地制宜、因时制宜，自主创新，积极探索立足资源特性、村域特点、时代特征的乡村振兴模式。着力建立健全多元主体协同推进乡村振兴的机制，坚持把党建引领贯穿到乡村振兴的全过程，形成部门协同、多方联动、上下互动、分工合作、资源共享、合力推进的一体化工作体系；充分调动市场和社会力量，激发社会组织的活力，最大程度整合有效振兴力量，优化政府、社会、市场和农民等多元主体的利益联结机制，切实提升振兴效能。

---

[1] 坚持把解决好"三农"问题作为全党工作重中之重 促进农业高质高效乡村宜居宜业农民富裕富足[N].人民日报，2020年12月30日，第1版。

第四节　切实加强全面推进乡村振兴的保障支撑

乡村振兴是一个大战略，是一篇大文章。交上一份让亿万人民满意的乡村全面振兴合格答卷，是新时代赋予我们当代中国共产党人的历史使命。如何确保乡村全面振兴高质量发展，谱写好新时代乡村全面振兴的绚丽篇章？这需要毫不动摇地在坚持和加强党的全面领导下，系统谋划、组合出击、全面发力、全域推进、全民参与，突出强化规划引领、政治引领、思想引领、党建引领、人才引领，为多元主体协同推进乡村全面振兴提供强有力的法治保障、制度保障、投入保障、技术保障等保障支撑，赋予乡村全面振兴强大新动能，把党的政治优势、组织优势、组织力量转化为乡村全面振兴的优势。

（一）强化乡村全面振兴的政治保障

实现乡村全面振兴，关键在党，关键在党的坚强领导。坚持党的全面领导是乡村振兴的本质要求。坚持加强和改善党对"三农"工作的领导，是乡村振兴成为全党全社会的共同行动的根本保证，是多元主体协同推进乡村全面振兴高质量发展的坚强后盾。为此，一要坚定政治立场，把好乡村全面振兴的政治方向。建党百年来的历史表明，正是坚持党对"三农"工作的全面领导，我国探索出了适合中国国情的农村发展道路，党的全面领导是乡村振兴的最重要的政治保障。在这点上，必须发挥政治指南针作用，扎实落实好乡村振兴领导责任制，"把坚持正确政治方向贯彻到乡村振兴实施中的重大工程、重大计划和重大行动的实践中去"[1]。二要强化政治担当,始终坚持党管农村工作的政治原则。党管农村工作既是中国共产党的优良传统,又是推进"三农"工作的必须恪守的政治原则。牢固树立"三农"工作是党的工作重中之重的意识,严格执行《中国共产党农村基层组织工作条例》,将加强党的农村基层组织建设作为管党治党的重要任务抓紧抓好,切实提高农村基层党组织掌舵能力,谋划大局、制定政策、促进改革的政治定力。要突出政治功能,以扩大党的组织覆盖和工作覆盖为依托,全面提升乡村党组织的政治领导力、社会公信力和发展引领力。三要提升政治智慧,切实完善党的农村工作领导体制。建构适应乡村全面振兴的领导机制,必须严格落实五级书记抓乡村振兴责任,自治区、市、县(区)、乡(镇)、村五级书记要把乡村全面振兴作为"一把手工程"将责任扛在肩上、抓在手上,在强化乡村振兴政策执行中要强化县委书记"一线总指挥"作用,优化省、市、县级农委职能,使之有机构、有人员、有编制、有权威,为落实"三农"政策提供坚实领导保障。

(二)强化乡村全面振兴的法治保障

法律是治国之重器,亦是保障乡村全面振兴之利器。将行之有效的乡村振兴政策及时上升为法律规范,使之法定化、制度化,是乡村全面振兴法治化运行的需要。多元主体协同推进乡村全面振兴必然需要法治保障,必须充分发挥法治在乡村全面振兴的保障、规范、引领和推动作用。自2021年6月1日起,《中华人民共和国乡村振兴促进法》正式施行,填补了我国乡村振兴领域的立法空白,标志着我国乡村振兴战略迈入有法可依的新阶段。实践表明,法治是规范人们活动的重要手段,是防范各类不良行为发生的重要武器,乡村法治教育是农村精神文明建设的重要基础,是提高农民主体素质、法治素养的重要方式,是建设善治

---

[1] 龚晨、邢支刚:践行习近平关于乡村振兴重要论述的要求论略 [J]. 桂海论丛, 2019年, 第1期。

乡村的重要前提。以法治培育各类主体的社会主义法治理念，提高各类参与主体的法治素养，有助于让参与乡村全面振兴的主体知晓法治要求，更能懂得权利义务的配置或职权职责的划分，为其提供健康、规范、良性发展的农村社会秩序。强化多元主体协同推进乡村全面振兴高质量的法治保障，必须加快构建乡村振兴法律制度体系，完善乡村主体制度法律构建，为乡村全面振兴高质量发展提供全局性、系统性的法律保障支撑。要以保障农村群众基本公共法律服务需求为重点，创新乡村公共法律服务供给模式，完善乡村公共法律服务体系，促进法律服务多元化专业化，建立健全农村公共法律服务内外信息互通机制，着力优化乡村治理法治格局，提升乡村治理法治化水平，着力为多元主体协同推进乡村全面振兴高质量发展创设良好法治环境和条件。大力推进农业综合行政执法改革，开展"民主法治示范村（社区）"创建，实施乡村"法律明白人"培养工程，加快农村公共法律服务人才队伍建设，改革现行普法教育机制，大力开展农业农村法治宣传教育，加强乡村法治文化建设，着力为多元主体协同推进乡村全面振兴高质量发展营造良好法治氛围。

（三）强化乡村全面振兴的组织保障

怎么以高质量的党建来引领、促进高质量的乡村全面振兴？2018年2月28日，习近平同志在给余姚横坎头村的回信中指出，"实现乡村振兴，基层党组织必须坚强，党员队伍必须过硬"，"不忘初心、牢记使命，传好红色基因，发挥好党组织战斗堡垒作用和党员先锋模范作用"[1]。"两个必须""两个作用"的提出，是强化多元主体协同推进乡村全面振兴组织保障的根本指针。乡村振兴是检验基层党组织的"试金石"，是考验基层党组织的前沿阵地，是锻造基层党组织的"磨刀石"。中国共产党是肩负着带领团结全国亿万农民过上美好生活，走向

---

[1] 习近平回信勉励浙江余姚横坎头村全体党员　同乡亲们一道再接再厉苦干实干　努力建设富裕文明宜居的美丽乡村 http://www.xinhuanet.com/2018-03/01/c_1122472948.htm。

共同富裕特殊使命的长期执政的马克思主义政党。充分发挥党的领导核心作用、各级党组织坚强战斗堡垒作用、党员领导干部的先锋模范作用，是以组织振兴促乡村全面振兴、党建引领乡村全面振兴的逻辑基点。强化多元主体协同推进乡村全面振兴的组织保障，必须着力建设一支与乡村全面振兴新形势新任务要求相适应的高素质、能力强、作风硬、品质好、堪当乡村全面振兴重任的过硬队伍。为此，必须围绕锻造政治过硬、本领过硬、作风过硬领导乡村全面振兴的过硬队伍，坚持用党的伟大精神、党的最新理论创新成果，凝聚各级党组织各级党员领导干部的共同意志，引领提升农村基层党的建设质量水平。尤其是，要坚持用党的伟大建党精神，作为锻造乡村全面振兴坚强战斗堡垒的精神法宝，作为激发乡村全面振兴的强大精神武器。坚持着眼于乡村全面振兴的任务要求，积极推进分层分类统筹抓好各类人才队伍的培养，加强与乡村全面振兴相适应的"第一书记"、驻村干部的选派、管理和考核。针对农村基层党组织建设存在的虚化、弱化、软化、边缘化等问题，注重突出组织振兴内生性、适应性和有效性的要求，着力补齐基层组织建设的短板，提高基层党组织发展壮大新型农村集体经济的组织能力，不断夯实党在农村执政的群众基础。

（四）强化乡村全面振兴的人才保障

人才是乡村全面振兴的第一资源。习近平同志指出，"人才振兴是乡村振兴的基础，要创新乡村人才工作体制机制，充分激发乡村现有人才活力，把更多城市人才引向乡村创新创业"。[1] 党的十九大报告强调，培养造就一支懂农业、爱农村、爱农民的"三农"工作队伍。要看到，当前乡村人才队伍建设面临着诸多挑战：如，人才总量的严重不足，乡村人才队伍的整体素质偏低，老龄化现象普遍，后备力量储备不足，乡

---

[1] 把乡村振兴战略作为新时代"三农"工作总抓手　促进农业全面升级农村全面进步农民全面发展[N]．光明日报，2018年9月23日，第1版．

村人才队伍整体管理系统性缺乏，乡村人才难以满足实施乡村振兴战略基本需要，制约着乡村全面振兴，也必然束缚着多元主体协同推进乡村全面振兴高质量发展。中共中央办公厅、国务院办公厅印发《关于加快推进乡村人才振兴的意见》要求坚持把乡村人力资本开发放在首要位置，健全乡村人才工作体制机制，为全面推进乡村振兴、加快农业农村现代化提供有力的人才支撑。强化多元主体协同推进乡村全面振兴的人才保障，必须抓住乡村特点，尊重乡村规律，把握乡村社会经济文化各类人才的整体发展的全面性需求，坚持高位推动，强化国家政策引领与支持，做到分类施策，重点突破，注重用好市场，发挥比较优势，制定针对乡村人才引进的优惠政策，系统吸引、激励人才向乡村自主流动。坚持多元化、专业化的思路，构建城乡人才双向流动与融合的制度保障体系，畅通大学毕业生、退役士兵等各类人才返乡创业创新机制，提升地区对农村核心人才的投入，整合人才服务；注重发挥政府、培训机构、企业的各自优势，建立分类开发精准的乡村人才胜任能力模型，以差别化政策措施有针对性地全面培养乡村人才，着力打造人才回流的"蓄水池"、建好人才成长的"孵化器"，营造扎根乡村的"好环境"，提高乡村人才管理和培养的效率。

（五）强化乡村全面振兴的投入保障

长期以来，由于各种要素单向由农村流入城市，使得农村严重"失血"和"贫血"，成为全面建设现代化的短腿、短板。要促进乡村全面振兴，如同有关研究认为的，"需要彻底打破城乡二元体制壁垒，促进以'人、地、钱'为核心的资源要素在城乡之间自由流动、平等交换和均衡配置"[1]，必须在钱、地、人等关键要素得到优先满足。习近平同志指出，乡村振兴的物质保障是人才和资源，如果人才、土地、资金等

---

[1] 叶兴庆等："十四五"时期的乡村振兴：趋势判断、总体思路与保障机制[J].农村经济，2020年，第9期。

要素流向的仅是城市，则乡村振兴的造血机制不能成功建成，乡村长期处于"失血"和"贫血"状态，何来振兴一说？新的征程上，推进乡村全面振兴，涉及面要更为宽广、涉及范围要更大、时间会更长，自然需要投入的资源也更多。确保多元主体协同推进乡村全面振兴高质量发展，必须着力解决好"钱从哪里来""地从哪里来""人从哪里来"三大问题。解决好钱的问题，关键是拓宽乡村振兴资本的源泉和渠道，必须强化财政支农引导作用，健全财政保障制度，明晰和落实各级政府和部门的投入责任，加大对乡村振兴的支持力度，确保各级财政投入和各地目标任务相匹配；要加强金融支持力度，着力构建农银企合作机制，深化推进农险政策保障；要建立健全社会参与的多元投入格局，撬动社会资本积极参与，在遵守耕地红线、环境红线、农民利益红线的基础上，合理引导工商社会资本下乡，制定鼓励社会资本投资农业农村的政策，规范推广复制政府和社会资本多元多头合作模式。解决好土地的问题，必须以处理好农民与土地的关系为主线，着力完善农村土地管理制度，农村新增用地保障机制，完善闲置宅基地和闲置农房处理政策，盘活农村闲置建设用地，高效利用农村零散建设用地发展农业。解决好人的问题，就得着力构建引导社会各方面人才参与乡村全面振兴的政策体系，聚天下人才而用之；要把广大农民有效组织起来，激发其参与乡村振兴内生动力，引导农民在乡村全面振兴中发挥主体作用。

（六）强化乡村全面振兴的制度保障

乡村全面振兴，是乡村迈向现代化的重大创举。中国乡村发展历程昭示，制度创新是决定乡村发展的关键性因素，制度变革对中国乡村发展的影响极为重要和深远。当下，中国乡村处于大调整、大变革时期，正在走向现代化，走向全面复兴，但制度创新仍然是关键性变量。怎么样才能更好地保证多元主体协同推进乡村全面振兴高质量发展不跑偏、不越线、不停滞？这要求，必须把制度建设贯穿其中，必须紧紧抓住制度创新和制度供给这一关键，强力扫除体制机制性障碍，建立健全城乡融合发展体制机制和政策体系，不断完善推进乡村全面振兴的规划体系、指标体系，强化乡村全面振兴的制度保障。要着眼长远，统筹谋划好推进乡村全面振兴的专项规划或方案。在对乡村资源要素配置、土地开发利用、历史文化传统以及经济、生态、社会等发展全面系统掌握，科学把握乡村发展的差异性和发展趋势特征的基础上，强化乡村全面振兴规划的科学论证，以高目标定位，编制好一套高起点高标准、科学管用、系统衔接、城乡融合、多规合一、分类推进的乡村全面振兴的规划体系，为多元主体协同推进乡村全面振兴高质量发展打下坚实基础。要围绕"五大振兴"、深化农村改革、发展现代农业、加强乡村社会建设、推进文化兴盛、建设法治乡村、建设美丽乡村、建设健康乡村和加强党的领导等方面，编制推进乡村全面振兴重点工作评价指标，着力构建以人民为中心、以质量效益为核心的多元主体协同推进乡村全面振兴高质量发展的评价体系，并通过第三方机构开展绩效评价。要从实际出发，制定落实《中国共产党农村工作条例》《中华人民共和国乡村振兴促进法》以及地方性法规、政府规章、行动计划和实施方案，配套制定相关政策，加快形成有利于多元主体协同推进乡村全面振兴高质量发展的政策体系，利用政策红利形成"洼地"，进而汇聚起多元主体协同推进乡村全面振兴的强大力量。

（七）强化乡村全面振兴的技术保障

何以驱动多元主体协同推进乡村全面振兴高质量发展？早在1982年，邓小平就强调，农业的发展一靠政策，二靠科学。习近平同志指出，"科学技术从来没有像今天这样深刻影响着国家前途命运，从来没有像今天这样深刻影响着人民生活福祉"[1]。国内外乡村经济社会发展的实践证明，科学技术是乡村发展的重要工具，是驱动乡村高质量发展的重

---

[1] 十九大以来重要文献选编（上）[M].北京：中央文献出版社，2019年版，第461页。

要支撑。科技为推动乡村产业发展、促进农民增收、加强基层社会治理、强化乡村生态文明建设起到了关键的支撑和推进作用。农业农村现代化的过程，就是先进科学技术广泛应用到"三农"工作领域的过程，就是现代科技促进农业转型升级发展的过程。放眼当今世界，农业科技革命的蓬勃发展，乡村科技不断推陈出新，日趋跨界融合，全方位加快发展态势。新的征程上推进乡村全面振兴必须顺应现代科技发展的新要求，抓住现代信息技术带来的巨大"数字红利"，充分发挥好科技的引擎、引领作用，赋予多元主体协同推进乡村全面振兴高质量发展的新动能。要以农业科技源头创新、产学研结合、农技推广体系建设、新型职业农民培育为重点，着力推进农业科技自助创新。加强科技成果试验示范推广，深入推进农业农村信息化，加快发展农业科技服务业，畅通科技成果向现实生产力转化的通道，以农业科技成果的转化让科技惠及广大农村和农民大众。大力培育高端化、高效化、生态化的农业高新产业、新兴龙头企业，促进农业传统产业提质增效，充分发挥农业龙头企业对小农户的带动引领作用。完善科技特派员制度，打造融科技示范、技术集成、科技孵化、平台服务于一体"星创天地""众创空间"，加强基层农技推广体系建设，着力激发乡村创新创业动力，增强农村经济发展活力。建立健全新型农民培育机制，提高农民技术培训的实效性，推动职业农民的专业技能和能力素质提升，着力打造一批高素质的新型职业农民队伍。

第五节　着力夯实推进乡村全面振兴的发展基石

乡村振兴战略的实施，必将为我国农业农村的发展注入强大的动力。实施乡村振兴战略，体现了党中央缩小城乡发展差距的坚定决心，彰显了当代中国共产党人对人民诉求更高水平的响应、对使命和担当更高水平的执着追求。面对欠发达地区乡村发展总体水平落后，乡村发展不平衡不充分的问题更为突出之情形，全面推进乡村振兴，必须从全局和战略高度，创新实施理念，明确振兴方法、明确保障条件，积极探索本土特色乡村振兴之路，着力夯实推进乡村全面振兴的发展基石，促进城乡共同繁荣、共享发展成果。

（一）补齐农村基础设施短板

小康不小康，关键看老乡。全面建成社会主义现代化强国，最突出的短板在"三农"。近年来，农村基础设施建设步伐不断加快，生产生活条件逐步改善，但由于历史欠账较多、资金投入不足、融资渠道不畅等原因，农村基础设施总体上仍比较薄弱，农村基础设施建设滞后仍然是制约农业农村发展的主要因素。全面推进乡村振兴中，为弥补农村基础设施短板，应创新投融资体制机制，拓宽投融资渠道，优化投融资模式，构建主体多元、市场运作、专业高效、充满活力的农村基础设施投融资机制。

1. 要坚持政府主导、社会参与，构建投融资新格局。要明确农村基础设施的公共产品定位，强化政府投入和主导责任，积极引导和鼓励社会资本投向农村基础设施领域。政府主导上，一方面，要完善财政投入增长机制，优先保障财政对农业农村的投入，坚持把农业农村作为政府固定资产投资的重点领域，确保力度不减弱、总量有增加。另一方面，要创新政府投资支持方式，发挥政府投资的引导和撬动作用，采取直接投资、投资补助、资本金注入、财政贴息、以奖代补、先建后补、无偿提供建筑材料等多种方式，加强政府投资与银行、证券、保险等资金的调配。社会参与上，既要建立政府和社会资本合作机制，支持通过政府和社会资本合作PPP模式，引导社会资本投向农村基础设施领域，又要充分尊重农民主体地位，调动农民参与积极性，发挥农民作为农村基础设施直接受益主体的作用，以及在农村基础设施决策、投入、建设、管护等方面的作用，引导农民、农村集体经济组织积极参与项目建设和管理。既要拓宽农村基础设施建设市场化融资渠道，鼓励金融机构创新农村基础设施类金融产品与模式，加大信贷支持力度，增加信贷规模，又要激发各方意愿，引导和鼓励国有电力、电信企业发挥市场主体作用，加大对农村电网改造升级、电信设施建设的投入力度。

2. 要坚持建管并重、统筹推进，完善建设管护机制。要按照先建机制、后建工程原则，合理确定农村基础设施运行方式，推进建设管护机制创新、农村集体产权制度改革等有机结合，实现农村基础设施的可持续发展。将农村公路"建管养运"全面纳入政府绩效考核范围，推行"建养一体化"模式，健全"改造+养护"机制，采取PPP等方式，引入专业企业、社会资本建设和养护农村公路。扎实推进"四好农村路"示范县创建与考评工作，完善农村公路"建管养运"长效机制，推行养护社会化，推广使用政府购买服务的养护方式，积极培育地方具备资质的养护施工企业。加快推进农村供水设施产权制度改革，充分发挥市场机制作用，鼓励开展农村供水设施产权交易；建立和理顺农村污水垃圾处理管理体制，推动农村厕所、畜禽圈舍的标准化建设和提质升级，推进农村垃圾分类和资源化利用。加快推进农村电力管理体制改革，加强电力设施保护，严厉打击破坏电力通道和电力设施安全的行为。创新农村电信基础设施建设项目融资模式，引导基础电信企业对农村地区的资费进行优化，逐步适当降低农村地区的通信使用资费，支撑数字乡村建设和农村电商发展。完善项目管理和绩效评价方式，建立涵盖需求决策、投资管理、建设运营等全过程、多层次的农村基础设施建设项目综合评价体系，提高项目实施的科学化、规范化水平。

3. 要坚持规划引领、分类施策，建立健全定价机制。要坚持科学性、实用性、可操作性原则，强化县域乡村建设规划编制，推动基础设施向农村延伸。坚持兼顾公平与效率，实施差别化定价政策，加大对贫困地区的支持力度。合理确定农村公共管网供水价格，在建立使用者付费制度、促进节约用水的基础上，完善农村供水水价形成机制；探索建立污水垃圾处理农户收费制度，加强先行先试，在有条件的县（区）实行污水垃圾处理农户缴费制度，保障运营单位获得合理收益；完善输配电价机制，按照"管住中间、放开两头"的原则，推进输配电价改革，加强输配电价成本审核和日常监管。提高农村地区宽带网络服务水平，引导各基础电信企业对农村地区的资费进行优化，切实提高农村宽带上网业务性价比。此外，要强化法治保障，坚决执行农村基础设施投融资相关法律法规，保护投资者合法权益，维护公平有序的市场投资环境。

（二）解决好制约产业振兴瓶颈问题

乡村振兴，产业兴旺是重点。培育可持续增收的产业，必须大力推进产业发展机制创新，积极探索产业发展新模式，着力解决好三个突出问题。

1. 要创新土地流转实施机制，解决土地流转零散化、机制不畅的问题。党的十九大确定了土地二轮承包期到期后再延长30年不变，这有利于保障农民的权益。实践中，由于长期以来对农民开展"农村土地集体所有"的教育缺失，受市场资本绑架不良观念影响，造成了农民承包权的"显性"与集体所有权的"隐性"的矛盾，使得土地规模化流转难，产业发展无法集中统一、技术管理标准难以统一的现实局限，难以满足农业现代化发展需求。如何使连片成区的碎片化土地整合流转起来，以提升土地流转效益，真正让老百姓在土地流转中获得效益？这是摆在产业振兴面前必须攻克的难题。深化农村土地制度改革，创新有利于土地流转实施机制，是解决土地流转零散化和机制不畅的问题的必由之路。在坚持农村土地集体所有，实现所有权、承包权、经营权三权分置的前提下，出台有效的激励政策和奖励政策，引导土地经营权有序流转，并对农村土地流转实行流转整合备案制。规定土地流转后由村民以承包的土地加入村合作社，再由村合作社统一经营，以降低外来合作经营公司因单独面对千家万户带来的过高交易成本。产业发展中，为了连片开发必须要对土地进行"小块变大块"的整理，这势必导致土地确权时地块具体位置发生改变，老百姓担忧将来一旦转包公司经营终止后，他们的权益得不到保障。应出台土地流转整合备案制，把所有土地整合流转后的土地面积、位置等长久保存，以利于日后有案可查，切实解决老百姓的后顾之忧。

2.要创新物流网络建设机制,解决农产品供应断链、销售断路的问题。农业产品供应断链、销售断路的问题,说到底就是农产品销售渠道不畅问题,是制约产业发展的重要因素。这同农村大物流格局规划和布局的不足,农业产业发展系统性和连续性的缺乏,农产品加工企业量少、规模小,市场营销能力和占有率有限,农产品流通有地缘优势无市场优势,农产品集散和配送缺平台、缺渠道,是息息相关的。也与产业发展配套设施不全紧密联系在一起。水利设施、排涝设施、生产道路、公共服务场所等基础设施与产业发展需求不配套,跟不上,产业发展的社会环境有待进一步优化。这要求,地方基层政府应积极推进以商招商工作,促进专业合作社与更多的农业企业无缝对接、有机对接,确保形成互惠互利的利益联结机制、共建共享的利益平衡机制,促成农户、合作社和龙头企业深度融合,合作共赢。与此同时,要在加大产业发展基础设施配套建设投入的基础上,对区域农产品交易集散地实行"一盘棋"规划和布局,鼓励和扶持县乡村建设专项和专业农产品物流基地,特别是乡村物流基地要与专业合作社和村集体经济发展充分结合起来。要加快规划县乡村冷藏仓储链的建设,对一些现代农业核心示范区或专业合作社有条件的,给予相应扶持。加强农村电商的营销指导和扶持,有效解决农村电商"只有自上而下,没有自下而上"的不利局面。

3.要创新人才保障激励机制,解决劳力结构性矛盾突出、技术应用滞后的问题。城镇化步伐的加快,农村劳动力转移步伐的加速,农村的劳动力结构发生根本性变化,以致出现了产业发展"无人干""无能人干"问题。又受一些村民习惯于传统农业耕作,对新兴农业产业和新技术不接受或瞻前顾后,发展现代农业脱贫致富意识不强的影响,产业发展技术应用不足、滞后,农产品质量提升难。就现代农业生产层面看,科技应用大多停留在现代特色农业示范区、示范点的部分农产品上;就加工层面看,农产品加工业产业链短,加工精度不够,高附加值的终端产品太少。这要求,必须创新产业发展的人才保障机制,创新返乡创业和基层干事创业激励政策。出台外出务工人员回乡创业的扶持政策,特别是对从事新兴产业的创业人员给予一定的奖补资金。对在外务工人员回乡创业的,特别是选择在乡镇一级或村一级的,在土地政策上、基础设施建设上,给予一定的奖补政策和资源倾斜;出台激励基层干部包括村"两委干部"在巩固和创建现代特色农业示范区建设方面的奖励政策。对成功进行产业开发、推进现代特色农业的乡镇和相应的合作社要给予项目支撑和资金奖励扶持,加快农村集体经济发展基金建设,研究并出台农村合作社管理和指导意见,有效推进农村合作社的良性运转。加强对村民现代科技普及教育,大力推广现代农业技术运用,强化对村民现代农业技能培训,抓好村民合作社负责人培训工作,提高其管理和运营村民合作社、发展新型集体经济的能力和水平。

(三)着力发展壮大农村新型集体经济

党的十九大在部署乡村振兴战略实施时,提出要"深化农村集体产权制度改革,保障农民财产权益,壮大集体经济"。《中共中央国务院关于实施乡村振兴战略的意见》提出,要推动资源变资产、资金变股金、农民变股东"三变"改革,探索农村集体经济新的实现形式和运行机制。发展新型集体经济是习近平同志在不同场合反复提及的话题。2018年9月,习近平同志在主持中共中央政治局就实施乡村振兴战略进行第八次集体学习时指出,"要把好乡村振兴战略的政治方向,坚持农村土地集体所有制性质,发展新型集体经济,走共同富裕道路"。2020年3月两会期间,习近平同志在河南代表团参加审议时提出,要"完善农村集体产权权能,发展壮大新型集体经济,赋予双层经营体制新的内涵"。这一系列重要论述,从党和国家的顶级层面不仅指明了乡村振兴与农村集体经济的紧密关系,把创新发展集体经济提升到了乡村振兴战略的政治方向和政治高度,也释放出了明确的改革信号,彰显出了新时代发展壮大集体经济的制度创新的紧迫性和重要性。

1. 要充分认识到发展壮大新型集体经济对推进乡村全面振兴的重要意义。这种意义表现为:首先,这是适应国家乡村振兴战略的迫切需要。发展壮大新型集体经济,对于乡村振兴战略的高质量实施有明显的助推作用，是实施乡村振兴战略的有力抓手和经济制度保障，是推进产业振兴的重要途径和经济基础，是统筹城乡发展的有效载体。把乡村全面振兴与发展壮大新型集体经济结合起来，对两者耦合发展的叠加效应进行理论审视，必将有助于丰富和完善乡村振兴、集体经济的理论内涵，为把握新时代下乡村振兴实施路径拓展、集体经济发展路径创新提供新的理论认识视角。实践表明，发展壮大新型集体经济，不仅推动集体产权在集体与个人中的分配公平，有效实现了激发动力与提升能力的良性互动、社会主义原则与市场经济机制的有机平衡以及农村经营的统分结合，而且有助于增强农村基层组织凝聚力和推进中国农业现代化的经济，是改善农民生活的重要依托，有利于保障民生维护社会稳定，服务生产助力跨越发展。其次，这是"三农"工作高质量发展的现实需要。后发达地区农村与发达地区的差距，就是集体经济发展的差距。发展壮大新型集体经济关乎后发达地区农村发展的未来。集体经济薄弱是后发达地区的一个突出短板。如何补齐集体经济"短板"，是后发达地区需要着力解决好的重要问题，面对新形势下农村经济社会出现的许多按老思路无法解决的新问题，迫切需要从制度上进行分析与解决，集体经济制度创新正是解决这些问题的最基础层面。从机制创新出发，检视集体经济发展中根本性的制约因素，科学谋划新型集体经济从小到大，可持续发展问题的"靶向治疗"之策，必将有助于夯实乡村振兴所需的物质基础，有利于加快乡村振兴战略目标任务的实现，促进"三农"工作高质量发展。

2. 要清醒认识到发展壮大农村新型集体经济存在的突出问题。当前，在发展壮大农村新型集体经济中还存在着一些问题和不足。一是认知不足。有的对发展新型集体经济重要性认识不清，目标定位认识不准，认识短视，对集体经济发展政策缺乏了解和认同，思想解放不够到位。二是发展主体能力不足。主体发展能力素质与新型集体经济发展新要求不相适应，有的村"两委"干部顾虑重重，畏难退缩，不敢担当、不善作为，基层组织力量不强，发挥作用"底气"不足，指导不力，落实不到位，引领力不够，自我"造血"能力、发展内生动力不强。三是协同不足。多元主体协同发展参与不足，积极性不高，协同发展运行机制不畅，利益联结机制、利益分配协调机制不够健全，协同合力、协同效应不够明显。四是效力不足。发展工作实施进展和成效不佳，与工作要求的目标任务、民众的需求期待存在一定的差距，热衷于"短平快"的应急发展模式，只顾完成短期任务，忽视可持续发展，工作效率、效果有待进一步提升。五是制度创新不足，政策措施不落地，配套政策未能及时紧跟，集体经济组织的民主监督、民主理财、财务公开、审查审计等制度有待进一步完善，发展新型集体经济政策实施及成效评估体系构建不足。

造成新型集体经济发展的现实困境，原因多样，是一种复杂的综合困境。既有主体性要素"人"（发展主体）的因素，也有中介性要素"业"（发展活动）的因素，还有情景性要素"地"（自然和社会环境）的因素，更有"人""业""地"不协调发展的因素。从"人"的角度看，发展观念僵化，发展技能低下，与发展壮大新型集体经济的时代要求难以匹配；从"业"的角度看，产业基础底子薄，脆弱性强和包容性低，可资利用的平台载体不够丰富；从"地"的角度看，资源禀赋有限，发展基础设施落后，地理资本不足和社会排斥严重，还有长期形成的农村特有的社会文化。"人""业""地"要素的相互交织、深度耦合，恶化"负向累积循环"。逆转这种恶性循环，需要扫除体制性发展障碍，消除制度性制约阻碍。

3. 要全面把握好发展壮大农村新型集体经济制度创新的着力点，创新发展主体层面的制度设计。发展壮大新型集体经济，首要问题是要明确谁来发展壮大的问题。对此，必须坚持乡村为主体，充分发挥村一级基层组织的主体作用，调动广大农民的积极性、主动性、创造性。创新村民宣传教育机制，加强对村民共同致富的集体信念、合作文化、公共精神的宣传教育，积极引导村民正确认识个体和集体的关系。创新村民素质提升机制，强化新型职业农民培育，提高村"两委"干部、村民合作社负责人和驻村干部的针对性技能培训效果，着力提升他们引领经济发展的能力。创新村级经济组织领导者选拔机制，严格按照有能力、有魄力、有信仰、愿奉献的品格高尚，富有创新精神的高素质才人标准，建立健全适应市场经济发展要求的农民企业家培养机制，精心培育出一批强有力的新型农业经营主体带头人。创新城乡人才合理流动机制，畅通乡贤回流、人才回乡渠道，壮大集体经济发展队伍。创新村民参与发展新型集体经济动力培育机制，提高村民发展集体经济的参与意愿、参与能力和行动力。

创新发展要素层面的制度设计。组织要素上，选优配强人才队伍，探索从机关事业单位中公开遴选一批优秀人才担任村党组织书记，深入实施"能人强村"和"返乡人才创业"工程，细化落实中组发〔2018〕18号文件举措，不断提升基层组织组织力，强化组织保障。土地要素上，深化农村土地制度改革，探索农村宅基地制度改革。鼓励农村集体经济组织在符合规划的前提下，或直接参与，或参与联营、联建、入股等多种形式开发存量的建设用地，探索支撑农村分散零星的集体经营性建设用地调整后集中入市，用于发展乡村产业。资金要素上，加大资金扶持，项目贴息补助和政策性农业保险补贴力度，建立健全集体经济发展信贷担保及贴息奖励机制，强化财政保障。创新扶持机制，统筹各级涉农扶贫资金、村级公益项目资金、市县财政帮扶资金、后盾单位和社会帮扶资金等，加大帮扶力度，特别是对经济欠发达村集体经济发展的扶持力度，强化扶持保障。政策要素上，细化支持和鼓励集体经济发展的农业、土地、财政、金融等方面的政策措施，及其提质增效、收益分配管理等制度规定，强化政策保障。

创新发展环境层面的制度设计。创新农村集体经济实现形式和运行机制，坚持创新发展模式，鼓励跨地域、跨行政边界、跨集体的合作与联合，探索"集体经济+其他""集体经济+非集体经济"的混合所有制实现形式，探索"国有平台公司+联村村民合作社+联合专业合作社""村民合作社+专业合作社+企业+农户"等多种发展模式，促进集体经济连片发展、规模发展。创新集体经济运行机制，明确农村经济组织的市场主体地位，按照现代企业制度要求，健全集体经济组织内部治理结构，严格执行村财乡管制度，建立健全村民合作社财务公开、重大经营活动信息披露制度，推进村民委员会事务与集体经济事务分离，建构集体经济投资经营项目审批、风险评估预警机制、经营风险有效防范和及时化解机制。创新专项行动落实机制，深入开展农村集体资产清查核实、清理规范农村集体经济合同、规范农村集体经济组织登记赋码、农村产权流转交易市场体系建设等专项行动，深入推进农村集体资产产权制度改革。

创新发展工作层面的制度设计。要创新发展新型集体经济工作机制，从严压实工作责任，落实好各级主体责任，优化发展壮大新型集体经济工作方法，推进"整合资源·项目下放"工作，强化对发展集体经济工作的指导、管理和监督，发挥督查考核"指挥棒"作用，推动发展壮大集体经济各项工作落地见效。要创新发展政策落实机制，坚持走高质量发展之路，聚焦发展壮大集体经济工作的目标任务、重点环节、突出问题，精准发力施策，提高集体经济政策执行力、落实力，让发展集体经济的政策落地生根。要创新试点村建设统筹推进机制，强化先进典型村民合作社的指导与扶持，强化试点村产业发展工作，大力培育一批村民合作社示范社和集体经济明星村，发挥"党建+乡村振兴"示范带引领作用。

第六节　推进脱贫攻坚与乡村振兴有效衔接的机制创新

民族要复兴，民族地区乡村必振兴。新的征程中，做好民族地区巩固拓展脱贫攻坚成果同乡村振兴有效衔接有着极其重大意义，这"关系到构建以国内大循环为主体、国内国际双循环相互促进的新发展格局，关系到全面建设社会主义现代化国家全局和实现第二个百年奋斗目标"[1]。《中共中央国务院关于实现巩固拓展脱贫攻坚成果同乡村振兴有效衔接的意见》强调，"充分认识实现巩固拓展脱贫攻坚成果同乡村

---

[1] 中共中央国务院关于实现巩固拓展脱贫攻坚成果同乡村振兴有效衔接的意见[N].光明日报，2021年3月23日，第1版。

振兴有效衔接的重要性、紧迫性，举全党全国之力，统筹安排、强力推进"。[1] 我们必须深化认识，站在践行初心使命、坚守社会主义本质要求的政治高度，聚焦脱贫地区特别是民族地区深度贫困区，明确有效衔接的指导思想、基本思路和目标任务、主要原则，着力做好脱贫攻坚与乡村振兴领导体制、工作体系、发展规划、政策举措、考核机制等有效衔接。本节试图在对广西贺州市平桂区"土瑶"聚居区推进脱贫攻坚与乡村振兴有效衔接实践探索的调查基础上，剖析有效衔接中的现实困境，探寻推进脱贫攻坚与乡村振兴有效衔接的机制创新路径，以期为做好有效衔接，推进乡村振兴提供经验借鉴和贡献绵薄智力支撑。

（一）推进脱贫攻坚与乡村振兴有效衔接的实践经验

土瑶，又称为"本地瑶"，是中国瑶族支系中的稀有支系，定居于桂北大桂山东段余脉的24条山冲之中，分布在平桂区鹅塘镇明梅、大明、槽碓和沙田镇金竹、新民、狮东这6个行政村的24条山冲之中。土瑶人口8500人，占所属村的总人口82.13%。由于自然地理位置和生产生活条件限制以及历史欠账太多等因素制约，2015年底，"土瑶"聚居区建档立卡贫困户1262户7075人，贫困发生率为61.42%，是广西深度贫困区之一，脱贫攻坚中的"硬骨头"。平桂区"土瑶"聚居区聚焦产业融合、扶智扶志、生态扶贫、党建引领、招才引智，积极探索脱贫攻坚与乡村振兴有效衔接路径，取得打赢脱贫攻坚战实质性进展，解决了区域内整体性贫困。

1. 突出产业融合，筑牢持续发展的产业基石。扭住产业发展这一核心，探索管长远出长效的产业振兴之路，切实筑牢持续发展的产业基石。立足山地优势，确定"人均一亩茶、户均两亩姜、村均万亩杉"的产业发展思路，建立健全到户到人全覆盖的精准扶持机制，引导扶持发展壮

---

[1] 中共中央国务院关于实现巩固拓展脱贫攻坚成果同乡村振兴有效衔接的意见[N].光明日报，2021年3月23日，第1版。

大优质茶叶、肉姜、杉树等传统产业。深掘土瑶支系原始完整的生态资源和神秘多彩的民俗风情，依托区域生态优势、长寿文化金字招牌，实施以康养为主题的"幸福土瑶家"文旅宜居区、集体经济茶园观光体验区、老寨土瑶生活馆等农旅、文旅项目，把分散的特色资源串成线、集成群、连成片，着力打造土瑶全域旅游精品路线。加快推进土瑶乡村民俗风情旅游与周边产业有机融合，强化土瑶茶工艺品、竹编、刺绣等文创产品的研发，将生态资源、文化资源转化为经济来源，有效推动第一、二、三产业融合发展，提升产业融合发展的集聚效应。

2. 突出扶志扶智，培育自我发展的内生动能。抓住扶志扶智这一根本，探索优教育强信心的文化振兴之路，积极培育土瑶群众自我发展的内生动能。一方面，着眼于阻断贫困传递，强化教育扶贫。投资8000万元建成民族学校，推广普通话瑶话"双语"教学，开设瑶歌、瑶绣和长鼓舞等特色课程，建立瑶族文化展示厅，教育引导传承和发扬民族文化。与此同时，开展土瑶学生与党政机关、企事业单位、社会团体和个人"结童亲·幸福行"活动，助学圆梦。另一方面，着眼于提振脱贫致富信心，强化文化扶贫。依托"中国瑶族盘王节""土瑶寨风情表演""新民村马窝土瑶文化节"等节日文化品牌活动，挖掘和选树一批以"挑着茶叶上北京"的全国劳动模范盘少明为代表的先进典型，全面展示"土瑶"聚居区历史人文、脱贫攻坚、经济社会等蝶变历程，让土瑶自家人讲好土瑶的脱贫攻坚故事，促进自我发展能力提升。

3. 突出生态扶贫，强化绿色发展的引领作用。稳住生态扶贫这一抓手，探索山更清水更绿的生态振兴之路，充分发挥绿色发展引领乡村振兴作用。注重生态搬迁，因地制宜实施危房改造、易地扶贫搬迁等基础设施建设，通过改变土瑶群众生产生活轨迹修复生态环境。2018年以来，实施危房改造104户，294户1896人通过易地扶贫搬迁入住安置点，有效缓解"土瑶"聚居区生态环境压力。制定生态旅游公约，指导理性开发绿色康养项目，引导旅游项目开发者、土瑶群众、游客等共同维护生态环境健康，让"土瑶"聚居区群众背靠"绿水青山"收获"金山银山"。立足特色资源禀赋，引导辖区新型经营主体建成土瑶刺绣、土瑶黑茶、竹编制作等生态型特色扶贫车间7个，就地就近稳定1000人就业。大力发展以草珊瑚为主的林下产业，引导林下经济发展从临散化、低质化向规模化、提质化产业发展方向转变，使之经济收益倍增。

4. 突出党建引领，强化稳定发展的组织保证。擎住党建引领这一旗帜，探索善自治服务优的组织振兴之路，强化稳定发展的组织保证。构建市、区、镇、村四级书记"四位一体"攻坚模式，直接督促落实，推动问题解决。瞄准乡村振兴选育村"两委"干部，将村内中专以上学历、致富能手的年轻人纳入村"两委"后备库，加强能力强、素质高的村党组织书记和村委主任一肩挑后备人选的培养。在镇集市中心建设土瑶党群服务中心，设置党建、教育、民政、人社等"一窗多办"服务窗口，提升土瑶村公共服务能力，有效解决土瑶村群众办事路程远、效率低等问题。强化驻村帮扶提升转化，实行每个土瑶村选派6名专职人员组建有效衔接的专业队驻村帮护模式，不断优化党建引领乡村治理模式，激发基层党组织活力，为推动土瑶村民族团结进步创建工作提质发展、经济社会稳定发展提供强有力的组织保障、政治保障。

5. 突出招才引智，强化创新发展的人才支撑。抓住人力资源这一关键，探索本土育向外引的人才振兴之路，着力强化创新发展的人才支撑。实施土瑶乡土人才技能培训工程，组织区内外高职院校、社会培训机构等下沉到"土瑶"聚居区、易地扶贫安置点开展专业技能免费培训，实施瑶绣、养茶、竹编等特色培训，涌现出了香满瑶、土瑶人家为代表的一批乡土人才创业新业态。强化外援力量，引导30余家非公经济企业与土瑶村结对帮扶，选聘34名民营企业家挂任荣誉村主任，提升他们在资金、技术、管理、人才、市场等方面的优势，助力增强内生发展的可持续发展能力。专门拿出事业编制，面向"土瑶"聚居区招聘事业单位人员，推行土瑶村医"乡聘村用"制度，按事业单位人员落实提高工资、社保等待遇，吸引土瑶籍优秀人才回流建设家乡；大力推进统战乡贤工作，吸引各类人才扎根于此，服务土瑶村落发展。

（二）推进脱贫攻坚与乡村振兴有效衔接的现实困境

当前，"土瑶"聚居区实现了脱贫摘帽，"历史性地解决了绝对贫困问题"[1]，脱贫攻坚与乡村振兴的衔接大见成效、自我良性发展持续推进，但由于"土瑶"聚居区发展不平衡不充分问题依然还很突出，有效衔接面临着诸多现实困境。

1. 财政资金供给紧张导致有效衔接投入资金不足。脱贫攻坚战中，得益于上级的帮扶资金，"土瑶"聚居区各项建设顺利推进。但平桂区本级生产总值、财政收入体量还不是很大，地方财政收入所占比重不高，加之受新冠肺炎疫情的影响，财政资金供需矛盾紧张，以致用于"土瑶"聚居区基础设施建设投入相当有限。据反映，"土瑶"聚居区部分村寨道路的会车道及生命防护工程、村旅游集散接待中心、停车场、旅游公厕等配备设施等仍面临巨大的资金缺口，村容村貌、村组道路硬化、庭院美化、生活用房配套等基础设施以及公共服务等方面更是力不从心，投入资金面临严重不足。教学资源不足、教学条件仍需进一步改善，6个土瑶村校本部及教学点校舍及教学辅助用房均未达标，学前教育困难重重。如明梅村、槽碓村、狮东村尚无幼儿园，受投资建设资金短缺制约，幼儿园建设举步维艰，难以推进。

2. 区位发展条件受限导致产业发展生产要素短缺。在政府主导下，"土瑶"聚居区实现了脱贫攻坚战中既定的产业发展目标，但受区位发展条件的限制，产业发展所需生产要素短缺，产业振兴实现受到束缚，产业结构有待提质转型升级。产业以小规模、分散化、封闭化的自然经济模式占主导，产销信息不对称，产业发展渠道窄、不够通畅，市场承受力、竞争力低下。集体经济发展层次不高，投资分红收益占比仍然比

---

[1] 习近平：在庆祝中国共产党成立100周年大会上的讲话[N].光明日报，2021年7月2日，第2版。

较高，产业结构有待升级。据了解，2020年"土瑶"村通过固定投资共获得集体收益33.58万元，占村集体总收入55.8%；各村种植的集体茶园以及茶叶加工厂等，由于缺乏深加工技术和品牌文化的价值赋予，产品销路狭窄，收益不佳。乡村旅游尚处在起步阶段，旅游配套设施尚未完善，土瑶民俗风情旅游圈尚未建成，旅游产业有待提档升级。产业发展对人才的吸引力不够强，产业发展所需的人才支撑、技术支持等生产要素缺乏，发展后劲不足。

3. 多重政策统筹不够导致支撑政策耦合效应不佳。在相当长的一段时间里，人们对贫困山区全面推进乡村振兴，特别是对新型集体经济的发展潜力和发展价值认识不足，习惯于对贫困山区支持政策以"输血"为主，对"造血"重视不够，瞄准集体经济发展的专项扶持政策，以及集体经济发展资金、税收、土地、人才等全方位的政策体系系统性构建乏力，导致乡村全面振兴的多元政策协同整合缺乏。由于统筹脱贫攻坚与乡村振兴有效衔接的总体规划和政策措施等工作进程的相对滞后，相对贫困的标准还不明确，"土瑶"聚居区产业发展所需的后续扶持政策尚未及时跟上，针对"土瑶"聚居区乡村全面振兴的顶层设计、具体规划尚未出台，脱贫攻坚与乡村振兴有效衔接的领导体制、管理机制和工作机制等不够健全，以致支撑脱贫攻坚与乡村振兴有效衔接的政策协同发展绩效不高、耦合效应难以充分释放。

4. 主体内生动力不足导致乡村振兴接续推进艰难。由于地处偏远，与外界交流较少，思想文化较为封闭，一些土瑶群众整体文化素质不高，对新生事物和先进思想的接受能力和学习积极性欠缺，参与乡村全面振兴的主体意识不强和能力不足。尤其是村级党组织中党员、村"两委"干部大部分文化程度偏低、年龄偏大，对群众凝聚力、号召力、组织力不够，头雁效应、引领作用不强，导致乡村振兴接续推进艰难。据调查，一些群众特别低收入者存在"等靠要"的消极观念，过度依赖政府和社会兜底，缺乏自我"造血"内生动力和能力，以致缺乏创新创业自觉性、活力和动力。一些土瑶群众对自身权利的维护意识和对公共事务的责任意识不强，对现代网络信息的获取与交流不重视，对自我观点表达的积极性不足，参与基层社会治理的交流讨论和公共决策的能力不足，致使推进乡村振兴的激情缺失、参与度不高。

（三）推进脱贫攻坚与乡村振兴有效衔接的创新之路

实现巩固拓展脱贫攻坚成果同乡村振兴有效衔接，全面推进乡村振兴，朝着全面建设社会主义现代化国家、实现第二个百年奋斗目标迈进，是当代中国共产党人带领全体人民实现共同富裕的庄严承诺和责任使命。制度机制是管长远的、管根本的。推进脱贫攻坚与乡村振兴有效衔接的根本出路在于机制创新。实践充分证明，创新机制是推进脱贫攻坚与乡村振兴有效衔接的宝贵经验，行之有效的机制体系是做好巩固拓展脱贫攻坚成果同乡村振兴有效衔接的内在需要。推进脱贫攻坚与乡村振兴有效衔接的机制创新，需从以下几个方面着力。

1. 精准谋划，创新有效衔接多元化的政策保障机制。乡村振兴是一项长期的系统工程，"需要人力、物力、财力的全方位支持，需要各个阶段细致规划"[1]。实现巩固拓展脱贫攻坚成果同乡村振兴有效衔接，必须保持现有主要帮扶政策总体稳定，抓住5年过渡期契机，"抓紧出台各项政策完善优化的具体实施办法"[2]，精准谋划，创新有效衔接的政策保障机制，确保政策不留空白。一要逐项分类优化调整帮扶政策。各行各部门确保帮扶政策保持相对稳定的同时，对一些政策预留缓冲期，逐步逐项分类优化调整帮扶政策，并就新情况新问题孵化新政策，加快整合一批普惠性政策，以政策的长效撬动乡村全面振兴。二要着眼长远制定好阶段性规划。把握脱贫攻坚和乡村振兴的差异性和联动性，精准部署"土瑶"聚居区乡村振兴长远的规划和可持续发展目标，将仍需巩固拓展的产业培育、美丽乡村打造等项目、政策有机嵌入乡村全面振兴发展规划之中。三

---

[1] 杜黎明：关于加强脱贫攻坚与乡村振兴有机衔接的几点思考[J]. 前进论坛，2020年，第6期。
[2] 中共中央国务院关于全面推进乡村振兴加快农业农村现代化的意见[N]. 人民日报，2021年2月22日，第1版。

要做好加强相关政策衔接工作。汲取脱贫攻坚战中有益经验，明确工作实施主体，充实乡村振兴工作的人员力量、领导力量，统筹整合社会各界力量和资源，做好加强财政投入、金融服务、土地支持、人才智力支持等方面的相关政策有效衔接工作，切实强化政策保障支撑。

2. 把握关键，创新有效衔接高效化的产业提质机制。产业发展是乡村振兴的基石，产业振兴是乡村振兴的关键。当前，无论是巩固拓展脱贫攻坚成果，还是全面推进乡村振兴，都需要产业发展再提速、质量再提升。[1]实现巩固拓展脱贫攻坚成果同乡村振兴有效衔接，必须把握产业振兴这一关键，顺应产业发展规律，创新有效衔接的产业提质机制，强化全产业链集成发展、第一产业与第二、三产业的有效衔接，实现第一、二、三产融合发展，促进产业提档升级，推动乡村产业发展壮大。一要对"3+X"产业进行扩面增效。进一步巩固和壮大土瑶林（杉）木产业、瑶茶产业、瑶姜产业三大主导产业，延伸和拓展这三大产业的发展链，开展适合"土瑶"聚居区的鹰嘴桃种植，大力发展适合区域内土质和气候草珊瑚、鸡血藤、金银花、茯苓、罗汉果、八角、黄芩、淮山等林下经济，将休闲旅游贯穿整个链条，形成全环节提升、全链条增值、全产业融合的产业体系，赋予产业发展新动能。二要打造好点线面结合的旅游品牌。立足于"土瑶"聚居区优越的生态环境和浓郁的民族风情，坚持"全域旅游"发展理念，打造好点线面结合的旅游品牌，构建全域旅游发展格局。继续推进槽碓村乡村振兴项目、狮东村大冲项目、明梅顶项目、新民村集体经济茶园观光体验区配套设施建设；根据"土瑶"聚居区各村（屯）特色，大力开发休闲观光、森林康养、农事体验、特色民宿等项目，使分散的特色资源集约化、集成整体性抱团开发，进而实现农旅、文旅融合发展。

3. 强化弱项，创新有效衔接常态化的返贫治理机制。绝对贫困的全面消除，并不意味着彻底消灭了贫困。事实上，一些处于边缘的农户因

---

[1] 王浩：乡村产业振兴需久久为功[N].人民日报，2021年6月2日，第19版。

家底薄、抗风险能力弱，一旦失去帮扶或遭遇变故，极易返贫、陷入贫困。实现巩固拓展脱贫攻坚成果同乡村振兴有效衔接，必须强化弱项，创新有效衔接的返贫治理机制，筑牢防止返贫致贫防线。"随着2020中绝对贫困的全面消除，政策设计要从事后治理向事前防范转变，尤其要重视边缘群体的防贫治理体系建立[1]"。一要健全防止返贫动态监测和帮扶机制。充分运用"信息收集、数据比对、核实评估、集中会审、跟踪管理、预警干预、预警解除"处置模式，对返复致贫风险点提前排查提前处置。对可能返贫的边缘人群因人施策，结对帮扶，为其提供就业岗位、劳动技能培训、启动资金、市场信息等帮助，确保这部分特殊群体不因受灾、因读书压力而致贫、返贫。二要将特定的帮扶政策逐渐转变为常态化民生政策，逐步推进基本公共服务均等化，将对贫困户的特定帮扶教育、医疗、住房等措施转变为常态化的民生政策。比如，医疗方面要逐步将之前针对贫困户的大病、慢病医疗政策逐渐惠及全部土瑶群众，建立全民重大疾病和慢性病救助体系，预防因病致贫、因病返贫的发生。三要补齐教育短板，促进教育振兴。教育是民族振兴、社会进步的基石，乡村教育问题关系到"土瑶"聚居区乡村振兴的可持续性。着力完善"土瑶"聚居区乡村基础教育体系，因地制宜建设或跨村联建若干个"土瑶"村级幼儿园，强化学前教育、义务教育的配套设施建设，健全教育交流激励机制，实现优质师资共享，加大对"土瑶"家庭各类在校学生的帮扶资助力度，以教育振兴阻断贫困代际传递。

4. 多措并举，创新有效衔接持续化的动力培育机制。做好巩固拓展脱贫攻坚成果同乡村振兴有效衔接各项工作，必须坚持以群众为主体，激发内生动力，关键在于"人才是乡村振兴的关键资源。人才决定了脱贫攻坚是否能顺利过渡到乡村振兴[2]"，在于"乡村振兴不仅需要使农

---

[1] 邓婷鹤　聂凤英：后扶贫时代深度贫困地区脱贫攻坚与乡村振兴衔接的困境及政策调适研究——基于H省4县17村的调查[J].兰州学刊，2020年，第8期。

[2] 徐晓军，张楠楠：乡村振兴与脱贫攻坚的对接——逻辑转换与实践路径[J].湖北民族学院学报，2019年，第6期。

民成为受益者,更需要让农民成为参与者[1]"。实现巩固拓展脱贫攻坚成果同乡村振兴有效衔接,必须多措并举,创新有效衔接的动力培育机制,充分激发广大群众追求更加美好生活、建设好宜居宜业家乡的内生动力。一要提振群众参与乡村振兴的精神风貌。注重挖掘和选树脱贫致富典型,讲好土瑶奋进者为自己、为家人、为整村摆脱贫困的故事,大力营造全村共建美好生活的氛围,唤醒土瑶群众家乡建设的主人翁意识,激发土瑶群众参与乡村振兴建设美好家乡的主动性、积极性和创造性。二要强化群众参与乡村振兴的技能培训。加大对土瑶群众的普惠性技能培训,让有培训需求的土瑶群众应培尽培,享受免费培训,提升土瑶群众种植养殖技能、就业技能,推动"土瑶"聚居区农业朝着现代化、科技化方向发展。三要强化对乡土人才的培训和政策支持。加大对致富带头人的技能培训与指导,降低致富带头人、返乡创业者创业的贷款门槛,提供相应的创业指导,培育一批懂科技、善经营、会管理的新型职业土瑶能人,发挥"培训一人,振兴一户,带动一片"的辐射作用,引领共同创业致富。要发展壮大乡村振兴的基层组织力量,创新吸引社会各界力量服务、参与乡村振兴机制,汇聚多元主体协同推进"土瑶"聚居区乡村振兴的强大力量。

第七节 本章小结

协同推进乡村全面振兴高质量发展,是一项系统而长期的艰巨工程。既需要充分认识到全面推进乡村振兴,加快农业农村现代化的重大意义,提高科学领悟力,增强协同推进乡村全面振兴高质量发展的思想自觉,又需要立足中国国情,特别是要充分而科学把握乡村的差异性,提高决策执行力,增强协同推进乡村全面振兴高质量发展的行动自觉,还需要

---

[1]王亚华,苏毅清:乡村振兴——中国农村发展新战略[J].中央社会主义学院学报,2017年,第6期。

有效发挥中国共产党的政治优势、组织优势和制度优势，提高政治领导力，增强协同推进乡村全面振兴高质量发展的实践成效。不断提高科学认知全面推进乡村振兴、加快农业农村现代化的领悟力，切实强化协同联动推进乡村振兴战略的执行力、着力增强集成高效精准实施乡村振兴战略的领导力，三者互为影响、相互作用，不可偏废，需要同向发力、综合发力、精准发力，需要一抓到底，久久为功。只要我们广大党员干部始终与以习近平同志为核心的党中央保持同心同德、同力同行，坚持以习近平新时代中国特色社会主义思想为指导，以"乱云飞渡仍从容"的政治定力，以"任尔东西南北风，我自岿然不动"的政治意志，发扬坚持不懈的奋斗精神，必将会带领亿万农民群众走出中国特色社会主义乡村振兴道路，实现农业强、农村美、农民富的美好愿景，新时代乡村全面振兴指日可待。有中国共产党的坚强领导，有社会主义的制度优势，有国家强大的经济实力支撑，有亿万农民群众的创造精神，我们完全有信心、有条件、有能力谱写好新的征程上乡村全面振兴高质量发展的新篇章。

第三章
协同推进乡村全面振兴高质量发展的文化生态

随着人类社会现代化的不断纵深推进,人们越来越认识到文化在经济社会高质量发展的日益突出的重要作用。人类社会发展的客观规律表明,文化繁荣不仅是人类社会进步的重要标志,也是社会文明发展的高级阶段;文化追求不仅是人类社会高质量发展的重要动力,也是人类最有意义的重要追求。这同样对乡村文化发展是适用的。悠悠五千多年的中华文明告诉我们,乡村是中华文明特别是农耕文明的根脉所在,是中华民族精神的血脉所系,乡村文化是新征程中实现中国特色社会主义现代化强国的重要资源。民族要复兴,乡村必振兴;乡村要全面振兴,乡村文化必振兴。乡村是中华文明的基本载体,中华文明根植于农耕文化;乡村文化,承载着乡愁记忆,凝聚着人文之美,是中华优秀传统文化的根和魂。置于城乡融合发展、乡村全面振兴的时代语境中,需要我们深入挖掘、继承和创新优秀乡村文化,赋予乡村文化新的时代内涵,留住有形的乡村文化,让活态的乡土文化传下去,让历史悠久的农耕文明在新时代展现出永久魅力和时代风采。何为乡村文化?乡村文化有何现代价值,当下乡村文化发展处在何种现实状态呢?在乡村全面振兴的背景下,运用生态整体性视角的系统研究范式探究乡村文化建构和重塑的问题，以创新性思维回答这些反映了现实需要、具有针对性的问题，不仅对于回应传承发展提升农耕文化，走乡村文化兴盛之路，建设文化强国的诉求有着重要的理论与实践意义，更是对于以坚定的文化自信，强烈的文化自觉，坚持和发展中国特色社会主义有着重要的理论与实践意义。

第一节 研究缘起、现状述评、意义与方法

（一）研究缘由

党的十九大强调，推动中华优秀传统文化创造性转化、创新性发展。党的十九届五中全会指出，"全面实施乡村振兴战略，加快农业农村现代化"，"繁荣发展文化事业和文化产业，提高国家文化软实力"。《中共中央国务院关于实施乡村振兴战略的意见》强调，"深入挖掘农耕文化蕴含的优秀思想观念、人文精神、道德规范"；《乡村振兴战略规划（2018—2022年）》强调，弘扬中华优秀传统文化，重塑乡村文化生态，为增强文化自信提供优质载体。习近平同志指出，"乡村振兴，既要塑形，也要铸魂"[1]。这些重要论述表明，乡村文化振兴正当其时，刻不容缓。同时，也为以全新的研究视角来认识和把握乡村文化建设问题提供了重要遵循和根本指向。与此同时，必须正视的一个问题是，与我国改革开放以来，农村经济社会发展取得巨大的历史性成就相比，农村精神文化发展相对滞后，乡村文化生态差强人意，与经济社会高质量发展要求相差甚远，制约了乡村全面振兴。全面推进乡村振兴，文化振兴必先行。立体式认知乡村振兴背景下乡村文化生态重塑的多维度价值意蕴，全景式探究影响其深层根源，系统性构想其对策路径，是对繁荣兴盛乡村文化的热切关照，是对焕发乡风文明新气象的积极回应，具有

---

[1] 十九大以来重要文献选编（上）[M].北京：中央文献出版社，2019年版，第150页。

重要的现实意义和研究价值。

习近平同志反复指出,文化是民族的血脉,是人们的精神家园。文化自信,是更基础、更广泛、更深厚的自信[1],是更基本、更深沉、更持久的力量。以生态的视角考察置于乡村全面振兴背景下民族地区乡村文化生态的价值功能、现状与现代转型困境,以及重塑对策等问题,以探究全面建设社会主义现代化强国新征程中乡村文化建设的一般性规律,是在乡村全面振兴与乡村文化关联问题研究范式方面进行的拓展性尝试和探索。这种尝试,既是在对党和国家大力推进文化强国战略要求充分认知上,全面把握我国文化发展整体性现状的需要,也是通过深入探寻乡村文化发展的内在规律,切实促进乡村文化兴盛的需要,更是基于当前我国乡村文化发展的困难和挑战现实,努力强化主流文化建设的需要。同时也是面对广大农民群众日益增长的精神文化需求,不断促进乡村优秀文化产品的有效供给,切实满足广大农民群众文化需求的历史必然。

1. 立足文化强国的历史方位,对我国文化发展整体性全面把握的时代需要。中国共产党是一个具有强烈文化使命的马克思主义执政党。自成立之日起,中国共产党始终是中国先进文化的积极推进者和建设者,始终坚持以文化建设助推经济社会高质量发展。面对改革开放40多年来我国经济建设取得的伟大历史性成就,国民经济总收入跃居世界第二,人均收入接近中等发达国家水平的历史条件。2011年10月,党的十七届六中全会通过《中共中央关于深化文化体制改革、推动社会主义文化大发展大繁荣若干重大问题的决定》,提出了建设社会主义文化强国的战略方针,强调建设文化强国是在当今发展阶段国情下促进我国经济社会持续发展的必由之路。由此,建设社会主义文化强国成为全党全国全社会的共同愿景和行动。党的十八大报告专列"文化强国"专题,提出"扎实推进社会主义文化强国建设"的目标。2020年10月,党的十九届五中全会《中共中央关于制定国民经济和社会发展第十四个五年规划

---

[1] 十八大以来重要文献选编(下)[M].北京:中央文献出版社,2018年版,第349页。

和二〇三五年远景目标的建议》指出,到2035年要建成文化强国,从国家规划层面提出了完成文化强国目标的时间表。建设文化强国,集成概括了我国以往文化改革发展经验,是新时代我国国家文化战略的集中表达,彰显了新时代中国特色社会主义文化思想的丰富和发展。新的征程中,扎实推进文化强国战略的实施,这不仅是"十四五"时期繁荣发展文化事业和文化产业,提高国家文化软实力的内在需要和重要抓手,更是关乎"十四五"时期经济社会发展战略目标的实现,事关全面建设社会主义现代化国家的大局。

一个时代有一个时代的问题。立足于时代发展需要,提出相对应的路径,是解决好时代问题的必由之路。同理,解答好以什么样的理论视角,坚持什么样的发展原则,如何正确地把握当前我国的文化发展的实际状况等问题,是科学谋划文化强国战略实施发展举措的重要前提。党的十九届五中全会强调的"坚持系统观念"为此提供了科学的根本遵循和重要的根本指针。历史与实践证明,党的十八大以来,得益于党中央始终坚持系统谋划、统筹推进党和国家各项事业,形成了一系列新的战略布局和大政方略,中国共产党团结带领中国人民,创造了新时代中国特色社会主义的伟大成就。涵盖了文化强国战略在内的"十四五"时期经济社会发展应当遵循坚持系统观念的原则。基于生态的视角,利用生态的表述方式,对我国现今文化发展的实际状况进行客观扫描;形象表达,就是把系统观念运用到文化发展的具体展开,是对我国文化发展整体性全面把握的时代需要。这一方面有利于从宏观角度,相对客观、全面系统地看待文化发展的整体状况,深入系统地剖析带有倾向性的普遍问题,有助于在摸清家底的基础上,整体性把握文化发展的定位,进而提出具有针对性和建设性的对策建议;另一方面,可针对文化内容的包罗万象、文化认知的众说纷纭等文化现象的多元化、复杂性,提高对文化发展现状及其规律的把握,有助于更好地系统整体认识和全面客观把握文化强国战略推进的宏大时代背景,进而基于文化强国的客观历史条件,提出与时代发展需要相适应的战略举措和战略路径。

2. 基于文化繁荣的价值目标,对文化发展内在性规律积极探寻的时代要求。文化强国离不开文化的繁荣，全面建成社会主义现代化强国离不开文化的繁荣发展。推动文化事业全面繁荣和文化产业快速发展，不仅是扎实贯彻落实文化强国战略的重要内容，更是实现文化发展的价值追求；不仅仅是全面实现社会主义现代化强国的重要途径，更是夯实社会主义现代化强国的精神基石。进入新时代，农村经济社会发展有了极大的进步，农村社会面貌发生了巨大的改观，农民精神面貌呈现出了可喜的局面，但农村的文化文明程度依然还相对滞后，影响和制约着农业农村的发展。诚如《中共中央国务院关于全面推进乡村振兴加快农业农村现代化的意见》指出，"全面建设社会主义现代化国家，实现中华民族伟大复兴，最艰巨最繁重的任务依然在农村，最广泛最深厚的基础依然在农村"[1]。加强农村文化建设，推进乡村文化繁荣兴盛，是乡村全面振兴的重要领域，是新时代我国推进文化强国战略的重要战场。推动农村文化繁荣兴盛，关乎乡村全面振兴的进程和水平，关系到农业农村现代化进程。推进乡村文化繁荣兴盛，走乡村文化振兴之路，对于全面建设社会主义现代化强国显得格外重要，是全面建设社会主义现代化强国的必然选择。促进乡村文化发展繁荣，对于推进乡村全面振兴是至关重要的。基于文化繁荣的价值目标维度看，重塑乡村文化生态，运用生态的视角去优化乡村文化建设的实现路径，就是对乡村文化发展内在性规律积极探寻的时代要求。

  马克思主义告诉我们，任何事物的发展必然要受到其内在规律的规定和制约，必须遵循其内在的发展规律。促进乡村文化发展繁荣，理所当然要遵循乡村文化内在的发展规律。数千年来人类社会文明进步的发展历史反复证明，顺应时代发展要求，彰显时代特色的文化发展之路，是任何文化发展遵循的一般性规律。只要顺应这一规律，文化则荣；违背这一规律，文化则衰。文化发展内在规律，就是文化发生和发展的客观运动演变特征，是对文化的创造方式、构成因素、特色禀赋、样态形

---

[1] 中共中央国务院关于全面推进乡村振兴加快农业农村现代化的意见[N].人民日报，2021年2月22日，第1版。

貌、表达形式等的内在规定性，是决定文化建设路径的关键所在。科学把握文化发展内在规律，是促进文化繁荣兴盛的基本前提，是谋划文化建设路径的本质要求，必须以科学而正确的态度审视和把握文化发生、文化传承、文化交流互鉴等文化内在的发展规律。"运用生态学透视文化的运动和发展，可以看到就像任何一个生命体、任何一种生物离不开其特定的生存环境，总是与其他生命体、生物及各种生存环境相互影响、相互作用一样，人类所创造的每一种文化也是在与其他文化所处的社会环境交流互动中演变发展着，因而，完全可以把文化系统类比为生态系统进行分析研究，从生态的角度研究文化，是文化研究的新领域，有助于我们更好地把握文化的演变发展规律。"[1] 这种以生态的研究视角，凭借其研究范式中的整体性、关联性和持续性等基本特点，有利于全面考察文化的整体状况。坚持整体性观念，可以超越枝节、个别现象，而相对客观、全面把握主流，把准脉络、把住纲要，避免一叶障目。坚持关联性观念，可以强化文化现象间的互动、互补和共生，而减少彼此的扯皮、互撕、割裂等内耗行为，促进要素联动，增进共赢，形成叠加效应。坚持持续性观念，可以避免那种急功近利、急于求成的功利性等短视、短期行为的发生，强化文化建设的韧劲、耐性和毅力，保障乡村文化的有序良性发展、良好文化的健康可持续性发展。

3. 洞察文化现实的多元特征，是对文化面临严峻性挑战主动出击的时代必然。准确把握乡村文化发展现状，是探寻文化规律的前提条件。当今中国农村社会文化的现实到底是怎么样的呢？对现今中国乡村文化整体状况予以学术关照，文化生态理论的分析范式为此提供了有益的研究路径。"人类所创造的每一种文化都是一个动态的生命体，各种文化集聚在一起，形成各种不同的文化群落、文化圈甚至类似食物链的文化链。它们相互关联成一张动态的生命之网，其作为人类文化整体的有机体，都具有自身的价值，为维护整个人类文化的完整性而发挥着自己的

---

[1] 高建明：论生态文化与文化生态 [J]. 系统辩证法学报，2005 年，第 7 期。

作用。"[1]乡村文化体系作为类似于生态系统中的一个体系而存在，具有鲜明的生态特征，是与其相关联的自然环境、社会经济环境和社会制度环境紧密联系在一起的。看待乡村文化的现实域，需要从形成物质基础、主体基础和环境条件等层面去理解，才会有一个整体性的理性认识。

伴随着我国经济领域市场经济的不断推进、政治领域的民主化建设纵深发展，人们的个体意识、自主性等文化精神不断地被激发，为文化多元的形成提供了重要的社会基础，多样化文化产品的需求在不断增长。文化多元的现状，客观地反映了人类社会文明发展的必然趋势，也表征了当前我国社会文化发展的实景。对于这种必然趋势，是无可厚非的。但我们应当看到，伴随着新型工业化、信息化、城镇化和农业现代化进程的突飞猛进，乡村文化生态发生了嬗变，文化的多元已经和正在对乡村文化生态带来了严峻挑战，乡村文化式微，乡村文化生活陷入重重困境，主流文化陷入尴尬境地，原有的文化生态被打破，乡村文化呈现出了一个变化中的空洞状态。这种现实域的实际景象为：一是乡村文化生态的物质基础缺乏。村级集体经济收入低，一些村庄甚至没有集体收入，农业农村现代化建设水平偏低。二是乡村文化生态的主体基础缺失。乡村人口流失问题突出，乡村文化建设人才力量短缺，优秀乡村文化传统传承主体青黄不接，村民对乡村文化缺乏足够的文化自信，乡村文化的集体失落感强烈。三是乡村文化生态的环境条件欠优。乡村文化赖以生存和发展的生态遭到严重破坏，乡村文化认同危机严重，乡村文化内部凝心聚力的共同元素日渐流失，乡村文化发展的外部环境支撑不力。

正是乡村文化建设和发展存在着诸多突出的现实困境，乡村文化生态的失衡，使得乡村文化传统与现实、乡村文化供给与需求、乡村本土文化与现代化文化等之间的矛盾重重，接连不断，乡村文化在多元文化碰撞中竞争不力，显现出失意之态，一些地方乡村的主流文化被消解。"原本具有指导实践和规范约束人们行为的主流文化，越来越成为现实

---

[1] 方李莉：文化生态失衡问题的提出[J].北京大学学报，2001年，第3期。

社会生活中被束之高阁的东西……主流文化正前所未有地经历着被边缘化、被空泛化的尴尬无奈的境遇。"[1] 加强乡村文化建设，重塑乡村文化生态，推进乡村文化创新性和创造性发展，促进乡村文化振兴，就是针对文化多元的社会历史条件下，对文化面临着的严峻性挑战，主动出击的时代需要，就是不断优化乡村文化发展、建设的环境，让主流文化回归文化本质，顺应文化发展的内在规律，切实强化自身科学性和先进性，彰显主流文化科学先进优势的时代必然。

4. 顺应文化需求的增长趋势，破解乡村文化产品供给不足问题的时代抉择。根据实践条件和时代发展，通过纷繁复杂、相互交织的外部现象分析具体地了解事物矛盾，把握处于支配地位、发挥主导作用的主要矛盾，对这些矛盾科学解答不仅是新时代赋予的重大任务，也是推进中国特色社会主义伟大事业各项工作始终遵循的根本方法原则。党的十九大指出，"中国特色社会主义进入新时代，我国社会主要矛盾已经转化为人民日益增长的美好生活需要和不平衡不充分的发展之间的矛盾。"[2] 这一社会主要矛盾的变化，对社会主义文化发展提出了新的要求，决定着社会主义文化发展的价值取向，必须要着力解决好社会文化需求与文化供给不足的问题。现阶段，乡村文化领域的主要矛盾表现为人民日益增长的美好文化生活需要同供给不平衡不充分之间的矛盾，矛盾的主要方面是供给。

这要求必须清醒地认识到，经济社会的发展在促使民众的文化需求不断快速增长的同时，乡村社会文化产品和文化服务的提供与民众需求存在着一定差距，乡村文化建设在有效供给与满足人民群众需求上还存在着明显的矛盾。当前，随着我国经济发展的快速增长，全面建成小康社会，人们的精神文化需要呈现出了井喷式增长趋势，"物质性需求虽依然是基础、依然重要，但总体上看已不处于重心或重点突出的地位，

---

[1] 王桂兰：当代中国文化生态初探 [M]. 北京：人民出版社，2019 年版，第 8 页。
[2] 十九大以来重要文献选编（上）[M]. 北京：中央文献出版社，2019 年版，第 8 页。

而赋予物质以丰富意义的文化需求则变得更加突出、更为重要"[1]。乡村文化旅游、休闲旅游等文化性需求的逐步提高，且成为经济社会发展的一种走向和趋势，这是不可逆转的。

然而，受制于乡村文化建设理念、管理体制等多种因素的束缚，在乡村整个文化供给体系中，不管是乡村文化产品的丰富程度，还是乡村文化服务的有效供给，与老百姓的需求显得不相适应，乡村文化消费意愿与消费环境不相匹配，存在的文化消费缺口巨大，乡村文化消费的市场空间亟待拓展。对于贫困地区来说，这更为欠缺，不仅是经济贫困，更是文化贫困。据有关数据分析显示，"我国文化消费潜在规模为4.7万亿元，占居民消费总支出的30%，而当前实际文化消费规模为1.038万亿元，仅占居民消费总支出的6.6%，存在3.662万亿元的文化消费缺口"[2]。"尽管近年来国家对农村公共文化设施建设和公共文化服务建设给予支持力度不断加大，但农村文化市场仍然存在供给短缺问题，文化消费依然乏力"[3]；但消费一直被认为是文化产业的短板，消费缺口较大更是一度被认为是产业进一步发展的最大障碍[4]。从整体上把握，兼容多样性，对乡村文化生态进行客观评价，以生态的视角去明确和及时调整乡村文化产品生产、文化服务供给，从民众的多层次化需求出发，引导乡村文化市场不断丰富文化产品种类，协调好文化与经济社会发展、文化与不同需求主体间的相对平衡和稳定等关系，使之朝着有利于不断充分满足民众文化需求发展的方向迈进，进而保证乡村文化在高质量发展中实现可持续发展，而这恰恰与文化生态研究范式的特点和优势是完全相一致的，高度契合的。重塑乡村文化生态，谋求乡村文化产品供给、服务的有效对策，就是顺应文化需求的增长趋势，破解当下乡村文化产

---

[1] 陆益龙：乡村文化的再发现[J]. 中国人民大学学报，2020年，第4期。

[2] 苏丹丹：文化消费缺口巨大　消费能力有待释放[N]. 中国文化报，2013年11月27日，第5版。

[3] 罗能生；孟湘泓：经济发展新常态下的文化消费探析[N]. 光明日报，2018年12月20日，第16版。

[4] 曲晓燕：变潜力为动力　以文旅消费新生态助力稳增长、惠民生[N]. 中国文化报，2019年8月30日，第5版。

品供给不足问题的重要选择。

(二)国内外研究现状述评

关于乡村振兴、乡村文化、乡村文化振兴等问题研究的成果不可谓不丰硕,折射出此类问题受到了国内外学者的高度关注。但以"乡村文化生态"为篇名来检索中国知网,截至2021年3月28日可见的成果并不多,不足40篇,以"乡村文化生态重塑"的篇名的成果未见。关于乡村文化生态研究的主要代表性成果有:王冠、罗友平的《重塑乡村文化生态助力乡村振兴》(2020)、聂永江的《乡村文化生态的现代转型及重建之道》(2020)、嘉丹的《乡村旅游发展中乡村文化生态建设的实现路径》(2019)、刘彦的《文化生态保护与乡村文化振兴》(2018)、梁茵的《乡村文化生态现状与构建路径的思考——基于自然村历史文化资源普查的视角》(2018)、张晓琴的《乡村文化生态的历史变迁及现代治理转型》(2016)、郭星的《民族乡村文化生态建设机制探析——以寺村镇为例》(2016)、杭丽华的《乡村文化生态建设:对乡村儒学现象的思考》(2015)、梁茵的《乡村文化生态价值的现代性境遇与重建》(2014),等等。

成果侧重关注以下几方面的内容:(1)关于乡村文化生态的认识。学者们认为,乡村文化生态应该是一个包括自然、社会、人类、文化、经济等综合的复合有机整体;主要包括三个层面的含义,乡村文化振兴,必然体现为文化生态的重建(顾保国、林岩,2019);文化生态作为一种文化范式,具有明确的内在复合系统,它衍生于特定区域历史、特定民族生存的地理空间,是乡村社会可持续发展的动因(胡建华、周延飞2018)。(2)关于乡村文化生态重塑的必要性、紧迫性。学者们认为,为了更好地服务于乡村文化振兴战略,应寻求乡村公共文化服务与乡土文化的互补与创新,在外部生态支持系统的保障下,寻求重建乡村文化生态的融合发展之道;避免乡村记忆的消失、乡村文化个性的传播、乡村精神的文化创造,需要进行自觉的文化重塑(尹健,2020);传统乡村文化重构，是实现乡村文化振兴的路径选择（沈费伟，2020）；（3）关于乡村文化生态存在的问题。学者们认为，存在"乡村主体空壳化、乡村伦理价值空心化和乡村文化断层化"等问题；随着现代性的不断推进，传统乡村的文化生态价值陷入价值底线动摇、生态伦理缺失、价值重建等境遇；乡村文化生态发生了由传统向现代的历史变迁，但在这一转型过程中乡村文化却陷入了治理的错位，从而出现了外在的繁荣和内在的凋敝。（4）关于乡村文化生态重塑的路径。学者们认为，乡村文化的现代性重塑要按照明晰主体、确定目标、探寻路径的逻辑思路，首先要明确在乡村社会塑造什么样的价值导向；应合理发展乡村特色产业，重新构建乡村特色教育，重塑现代乡村文化空间；应从重塑农民的文化价值观、促进乡村文化发展、培育乡村文化建设者的主体意识、建立"四位一体"的乡村文化治理模式等方面着手（吕宾，2019）；要聚力乡贤，促进农村人才回归，加大投入，完善基础设施建设；政府主导，建立健全乡村文化发展机制，树立乡村文化自信（廖永周、叶兴艺，2020）。

　　学界对乡村文化生态重塑的研究，取得了可喜的成就，为本章的深入研究奠定了学术基础，积累了宝贵材料，提供了方法借鉴，但仍有亟待深入拓展的理论空间。其一，虽置于乡村振兴语境中，但理论深度仍有待提升，且相关研究尚未形成系统的理论。其二，进行了一些区域内乡村文化的个案分析，但涉及广西贺州的没有，可以说没有实质性"破题"，因而贺州乡村文化生态重塑的问题研究，在全面实施乡村振兴战略新发展阶段征程中，恰逢其时。其三，运用系统观念、文化生态理论为理论依据来分析的成果甚少，基于贺州地域特色的实证研究更加缺失，从方法论角度看，有一定的研究方法创新空间。近年来，作者对贺州的传统村落与全域旅游、瑶族文化重塑与乡村振兴等问题初步进行了探索，在《广西日报》《当代广西》等报刊上发表了一定数量的研究成果，在研究中发现对于"乡村振兴视域下乡村文化生态重塑"的研究迫切需要学术关照，服务市委市政府这方面工作的咨政建言更有待深入开展。本章以贺州为样本，意图深入探究以乡村文化生态重塑，助力乡村全面振兴、区域经济社会高质量发展的地方经验与可资借鉴的一般机理和做法。

(三) 研究意义、思路与方法

1. 研究意义。一是学理意义。以马克思主义理论中系统观念、关于文化与社会历史环境的有关论述为理论分析依据，探究新时代乡村文化生态重塑的基本理念、价值维度，并通过大量调研提出具体路径方案，把乡村文化生态重塑的学理性探讨和实证调查、对策研究统一起来，在乡村文化生态重塑问题的学理上进行创新，必将有助于丰富和发展乡村文化生态理论，拓展和延伸乡村文化发展的理论空间。二是实践意义。立足地域实际，以全球视野，阐释乡村文化生态发展面临的时代际遇和严峻挑战，阐述乡村文化生态的概念特征和构成要素，阐讨乡村文化生态重塑的问题根源和阻滞因素，阐明乡村文化生态重塑的基本目标和遵循原则，阐构乡村文化生态重塑的价值引领、政策保障、制度支撑、空间优化和主体塑造的"五大对策"，系统性构建富有前瞻性、全局性、战略性和整体性的乡村文化振兴之路，以解决乡村文化生态重塑的现实问题，服务于全面推进乡村振兴战略实践，有助于高质量地推进乡村文化发展，促进乡村文化繁荣兴盛。三是政策意义。坚持以贺州市三县二区乡村文化发展的现实困境为问题导向，针对乡村文化传统与现实、供给与需求、本土文化与现代文化、文化建设硬指标与软任务等之间的矛盾，系统而科学地谋求重塑乡村文化生态的长远之计和根本之策，精准而务实地为乡村文化繁荣走文化兴盛之路提供长远性的理论指导、可行性的操作建议，可为乡村全面振兴提供智力支持、政策支持和决策参考。

2. 研究思路。重塑乡村文化生态是中共中央国务院做出的重大战略决策，是全面推进乡村振兴战略实施的客观需要。研究"重塑乡村文化生态"是关乎乡村全面振兴的成色和质量的一项非常迫切而重大的实践课题。选取"乡村文化生态重塑"为研究对象，总体思路是：坚持以马克思主义理论中系统观念论述、生态文明论述、党的关于生态文明最新理论创新成果为指导，遵循从理论到实践的理论逻辑、从古到今的历史逻辑、从问题到对策的实践逻辑，全面梳理"乡村文化生态重塑"的思想观点、实践经验和借鉴启迪，结合对乡村文化生态的一些现实问题的深入调查和问题根源的深刻洞察，提出乡村文化生态重塑的对应性举措，尝试为乡村全面振兴提供智力支持、政策支持和决策参考。在全面深刻剖析良好的乡村文化生态的概念特征、构成要素、内在机理、价值意义和功能作用这一基本立足点上，经过对乡村文化生态的全方位分析，找准重塑乡村文化生态存在的深层次问题，把准乡村文化生态重塑的主要着力点，从全局维度出发，将研究重点落脚到提出乡村文化生态重塑的对策建议：价值引领、政策保障、制度支撑、空间优化和主体塑造。

3. 研究方法。一是文化生态理论方法：将乡村文化生态中的文化行为、文化现象、文化环境视为一个生态系统的有机整体，用系统的、联系的、非线性的、生态的观点来看待乡村文化生态系统中的种种文化现象，深入研究乡村文化形态中物态文化、制度文化、行为文化、精神文化之间的内在性和谐关系、应然性互动关系，乡村文化传统与文化现代化、多样化的调和性对话，以及乡村文化与其环境系统之间的实然性联动状态，进而深入探究乡村文化生态重塑的内在机理。二是田野考察方法。以问卷调查为基础，深入贺州市内外一些典型的文化生态保护区、田园综合体、文化场所，以及党委政府文化管理、旅游管理等职能部门，采取个体深度田野访谈、集体座谈等方式对基层文化管理干部、专家学者、文化工作者、村民进行调查、访谈，以获取第一手资料。设计以"乡村文化生态重塑"为主题的调查问卷，运用现代信息技术，针对基层文化管理干部、专家学者、文化工作者、村民发放调查问卷200份；围绕乡村文化生态重塑的认识、重要性、效果、存在的问题、对策建议等重点问题进行深度访谈，召开座谈会10次，访谈30人次。三是文献研究方法。查阅中国知网关于乡村文化生态重塑相关内容的学术研究成果、全国各地关于乡村文化振兴、乡村文化建设、文旅融合、乡村文化发展等内容的新闻报道，以及有关基层党委政府文化管理、旅游管理等职能部门的文件、工作总结材料。

第二节　乡村全面振兴视域下乡村文化生态重塑的学理分析

乡村文化生态，是指乡村文化生活现状、乡村文化各形态间的关系状态、乡村文化再生、创新与化合的土壤和环境，是乡村文化的大环境、大气候、大趋势的总体反映，是村民精神风貌的具体体现，是乡村文化生存发展状况的直接反映，是检测乡村文化与所处周围环境是否相适应，及其发展能力与外界条件是否相匹配的综合指标。乡村文化生态，是文化生态系统的重要组成部分，具备文化生态系统普遍性的基本特征，也具有自身的独特属性。良好的乡村文化生态，是指处于永恒运动变化之中的乡村文化各构成要素呈现出和谐有序、健康向上、充满生机且能与外界条件相适应的良好状态。

（一）乡村文化生态重塑的多维价值

习近平同志指出，要大力繁荣发展文化事业，必须以基层特别是农村为重点。2021年中央一号文件《中共中央国务院关于全面推进乡村振兴加快农业农村现代化的意见》强调，"把乡村建设摆在社会主义现代化建设的重要位置，全面推进乡村产业、人才、文化、生态、组织振兴，充分发挥农业产品供给、生态屏障、文化传承等功能"[1]。《中华人民共和国乡村振兴促进法》强调，乡村是指城市建成区以外具有自然、社会、经济特征和生产、生活、生态、文化等多重功能的地域综合体，包括乡镇和村庄等。实施乡村振兴战略，推进乡村全面振兴，就是要充分发挥好乡村的功能和作用。优良的、可持续发展的乡村文化生态，是一

---

[1] 中共中央国务院关于全面推进乡村振兴加快农业农村现代化的意见[N].人民日报，2021年2月22日，第1版。

个包括自然、社会、人类、文化、经济等综合的复合有机整体。正因如此，新时代重塑乡村文化生态，推进乡村文化振兴，繁荣发展乡村文化，不管从历史维度、现实维度，还是未来维度，必然凸显出多维度的价值意义。

1. 政治价值。浙江省衢州柯城区沟溪乡余东村深度挖掘地域特色文化，通过农民画"种文化"，着力做好文化价值转化文章，坚持以文兴业，实现了农民画文化产业生态"从无到有"的发展奇迹，走出了跨越式高质量发展之路，坚持以文化人、以文育人，实现了对生态环境和生活环境明显改善提升，文明法治程度提高，带动了周边乡村的共同富裕之路，成为文旅融合的典范村、生态文明的示范村和区域共富的引领村。平桂区鹅塘镇槽碓村是贺州6个"土瑶"聚居村之一，在当地政府的积极引导下充分发挥自然资源、民族文化这两个本土优势，在传承发扬及利用好传统"土瑶"文化的基础上做足"土瑶"风情文章，突出发展以瑶寨观光、民俗体验、山林休闲养生等为主导的乡村旅游业，摘掉了贫困帽子，实现了从破旧"土瑶"小山村到广西乡村振兴示范点的蜕变，演绎出了"一步跨千年"的精彩故事，找到了一条脱贫攻坚成果与乡村振兴有效衔接的好路子。由此可见，重塑乡村文化生态，促进乡村文化振兴，有助于夯实乡村振兴战略的基础，乡村振兴战略目标的实现，为乡村振兴实施提供了重要的动力和智慧之源，是乡村振兴战略实施的必然要求、必由之路和必然结果。置于前所未有的风险挑战宏大时代语境下，从具有许多新的历史特点的伟大斗争出发，重塑乡村文化生态的政治意义，不仅有利于更好地落实乡村振兴战略举措，巩固和扩大党在农村执政的政治基础，更为重要的是体现了政治意识形态的主导性和合法性，为实现中华民族伟大复兴贡献文化自信力量。正如中央党校教授范玉刚研究认为，"乡村有待文化的发现，乡村文化需要复兴，这是时代使然，更是中华民族复兴的使命担当"[1]。重塑乡村文化生态，充分释

---

[1] 范玉刚：乡村文化复兴与乡土文明价值重构[M].北京：中国大百科全书出版社,2020年版,第5页。

放乡村文化的现代价值,从政治维度看,就是建设社会主义现代化强国,实现中华民族伟大复兴的必然诉求。

2. 经济价值。对于文化的重要作用,美国学者塞缪尔·亨廷顿和劳伦斯·哈里森在《文化的重要作用 价值观如何影响人类进步》中认为,"工业社会的兴起是与文化脱离传统价值观体系的连贯的转变相联系的","文化传统是持久的,影响着今天各种社会的政治和经济行为"[1],这两种论点都是正确的。为此,他们在该书中写道,可以说经济发展是一个文化过程。这种观点,对于理解重塑乡村文化生态的经济功能和价值是大有裨益的。由此,可得出这样的认识:重塑乡村文化生态,促进乡村文化振兴,彰显了历史文化资源的经济价值和现代功用,有助于更好地激活乡村多价值功能培育新的经济增长点,助力产业振兴壮大乡村发展的经济基础。广西钟山县深入挖掘和充分利用中共广西省工委历史博物馆红色资源,注重内涵挖掘和价值阐释,着力推进"红色教育、打造红色产业、开发红色旅游、激活红色康养、建设红色乡村、发展红色经济"工程,依托英家村《红色英家》歌舞剧、红色英家艺术团等载体,把红色旅游资源与民俗节庆活动结合起来,带动了英家村周边 8 个行政村实现村集体经济"坐地生金"。2020 年英家村实现整村脱贫摘帽,村级集体经济收入 13.99 万元。无独有偶,广西昭平县依托黄姚省工委旧址、民主革命人士旧居等红色革命文化资源,精心打造建设昭平县乡村振兴党员干部培训基地,通过培训收益分红加保底分红的形式,有效推动 12 个村实现村级集体经济增收。近年来,贺州市将历史文化的开发利用作为乡村振兴的支点,大力开发历史文化名村、民俗体验等乡村旅游产品,文化旅游高质量发展,驶入发展快车道,乡村旅游成为产业发展新的增长极,文化软实力成为经济发展硬支撑。据统计,2021 年上半年,全市接待旅游人数 2389 万人次,同比增长 125%;全市

---

[1][美]塞缪尔·亨廷顿、劳伦斯·哈里森:文化的重要作用 价值观如何影响人类进步[M].北京:新华出版社,2010 年版,第 125 页。

旅游总消费达260亿元，同比增长119%。[1]重塑乡村文化生态，充分发挥乡村文化的资源效应，从经济维度看，就是增强经济创新力和竞争力，构建经济发展新格局的现实诉求。

3. 文化价值。不可否认，在现代化、城镇化的进程中，乡村是无可置疑地衰落了。乡村的衰落表征着经济社会文化发展的不平衡不协调。而这种衰落，从根本上看，就是乡村价值特别是乡村文化意义的被遮蔽、乡村文化的凋敝。乡村要振兴，要现代化，乡村文化必须要在现代性视域中获得新生，但这并不意味着乡村文化成为现代化进程中被凝视、被消费的对象，与现代城市文化对立起来，而应是以自身的尊严，独立的存在价值，与经济社会发展保持相对协调、适应或比较匹配的关系。只有这样，乡村文化才能够为经济社会的继续发展提供有力的精神支撑和智力保障。乡村文化，是中国传统文化的重要组成部分，其独特性在于蕴蓄了中华民族最深层的精神追求，能够增强民众对中华民族的文化心理认同，是中华民族伟大复兴不可或缺的精神支撑力量。重塑乡村文化生态，就是要通过乡村文化的再发现和乡土文明的价值重构，托举起中国的文明型崛起，为乡村振兴奠定其坚定的文化自信根基。近年来，广西富川县依托传统民俗节庆，以"瑶族盘王节"等民族传统佳节为载体，举办独具特色的"瑶族盘王节文化展演"等民俗文化展演活动，打造集民族文化、群众体育、风情旅游、民族政策法规宣传等于一体的民族文化嘉年华品牌，加大力度保护传承好瑶族长鼓舞和瑶族蝴蝶歌，组织群众参加国内外民歌大赛、民俗艺术节展演等活动，促进各民族交往交流交融，汇聚起了民族乡村振兴发展合力，有力促进了瑶族文化的繁荣发展，弘扬了瑶族文化魅力。重塑乡村文化生态，增强乡村文化的自信自强，反映了推进乡村高质量发展的文化诉求，有助于提供高质高效的公共文化服务和产品，保护和传承文化传统，提振精神风貌，实现乡村文化可持续发展，增进文化自信，强化民族复兴文化精神支撑。从文化维

---

[1] 龙丽萍：文化"软实力"成为经济发展"硬支撑"[N].贺州日报，2021年8月25日，第1版。

度看，这就是以乡村文化复兴，增进乡村文化认同，夯实乡村振兴精神根基的内在诉求。

（二）乡村文化生态现代转型的时代意义

顾名思义，乡村文化生态就是乡村文化生发和存在的状态，是指"在特定的地理环境、历史传统和经济发展水平等因素的基础上，文化诸要素之间相互关联、相互作用所呈现出来的具有明显区域和时代特征的整体文化状况"[1]。这种状况与整个国家和地域经济社会发展、乡村文化自身发展等内外环境紧密联系在一起。乡村文化与经济社会发展必须不断相适应，才能保持一种良性的生态，即社会经济发展为乡村文化发展奠定坚实的物质基础，充分的乡村文化发展能够为经济社会发展提供积极有效的精神引领和强大的智力支持。理解乡村文化与经济社会发展的关系，是准确把握乡村文化生态现代转型的时代价值的理论逻辑起点。乡村文化生态的现代转型及重塑，就是要建构起与时代发展大势大潮相适应的乡村文化发展新模式，其实质是通过文化生态整体性保护来促进乡村文化现代化发展。乡村文化生态的现代转型及重塑的时代必然性、必行性，不仅是乡村文化良性可持续发展的迫切需要，也是为推进乡村全面振兴提供思想引擎、提升乡村振兴文化效益的内在要求，更是夯实文化强国建设的乡土文化基石、坚定中华民族文化自信的乡土文化支撑、厚植中华民族伟大复兴的乡土文明底蕴的必然诉求。

第一，从立足中华文明特质，实现中华民族伟大复兴维度看，乡村文化生态现代转型是坚定中华民族文化自信的迫切需要。实现中华民族伟大复兴这一主题，是以坚定文化自信和社会主义文化繁荣兴盛为保障支撑的。习近平同志指出，"文化兴则国运兴，文化强则民族强。没有

---

[1] 管宁：文化生态——与现代文化理念之培育 [J]. 教育评论，2003 年第 3 期。

高度的文化自信，没有文化的繁荣兴盛，就没有中华民族伟大复兴。"[1] 历史表明，在漫长的历史发展过程中，中华文明彰显出了"多元一体"的特征，中华优秀传统文化包含的"多元一体"的多民族文化的精华，是中华民族突出优势的集中体现。中华文明延续着我们国家和中华民族的精神血脉，其特质显现于中华文化多样化中的普遍性价值诉求和不竭的生命力，是坚定文化自信的基石。乡村是我国传统文明的发源地，是中华文化特别是农耕文明的根脉所在；中华文明根植于农耕文明，乡村文明是中华民族文明史的主体，农耕文化是中华文化不可或缺的重要组成部分。必须清醒地看到，在推进城镇化和现代化的进程中，乡村文化的价值功能被忽视、被遮蔽了，承载农耕文明的诸多文化沦为了现代化进程中的边缘者和被凝视、被消费的对象。犹如著名文化学者李松所说的，"对乡土价值的低估和利益诉求的功利化、庸俗化、多元化，使得乡土文化保护表面化、碎片化、商业化成为常态化。"[2] 面对乡村文化传统延续被割断，文化认同凝聚力被弱化，遭受外来文化猛烈冲击，如何在保持乡村文化的灵魂、底蕴和特色中从根底上托举中华文明，以乡村文化生态现代转型促进乡村文化复兴，助力中华民族伟大复兴，其对现代化进程中人类文明的跃升意义在深刻理解中华文明特质与"百年未有之大变局"的双重视域中格外凸显，成为厚植中华民族伟大复兴乡土文明底蕴的应有之义。实现乡村文化生态的现代转型，以乡村传统文化的传承和创新筑牢建设社会主义现代化强国的文化自信根基，赓续中华文化的根脉，从立足中华文明特质，实现中华民族伟大复兴维度看，就是从根本上坚定中华民族文化自信根基的时代必然。

第二，从乡村文化本体地位，赋能乡村全面振兴维度看，乡村文化生态现代转型是提升乡村振兴战略文化效益的迫切需要。乡村全面振兴内蕴着乡村文化在内的振兴，涵盖了包括民族地区在内的中华大地上每

---

[1] 十九大以来重要文献选编（上）[M].北京：中央文献出版社，2019年版，第29页。

[2] 李松：乡土文化是如何在城乡二元结构下生存的[N]."文化产业评论"公众号第2131期。

一个乡村的振兴,是一个民族不能少的乡村振兴。文化力量是乡村振兴的重要力量,文化铸魂、文化弘志、文化扶智,是推进乡村全面振兴的重要途径和重要任务。发挥文化这种可持续发展的最深沉的力量作用,积聚更多参与力量,激发乡村建设主体内在动力,是乡村全面振兴的必由之路。在现实中,一些人二元对立的思维观念根深蒂固,习惯地认为乡村文化是传统的、落后的,简单地用城市文化标准对待乡村文化,用城市文化发展的方法推进乡村文化的发展,以致乡村文化成了被边缘化的对象,多样化的乡村文化中所蕴含的特定文明价值和价值功能被抛弃,乡村文化本体地位被贬低、被忽略。一种被视为"落后"的地方传统文化的消失,也许谁也不会注意,不会感到惋惜,但当一批文化群落消失的时候,文化的生态平衡就会遭到破坏。[1]这种破坏带来的直接损失,就是乡土文化资源和文化资本的流失,人们所依赖的乡土情感失去赖以寄托的灵魂。乡村衰败就是乡村文化底蕴的流失和乡土文化根脉的割裂,是乡村文化本体地位被人们鄙视、被历史抛弃等行动偏见的具体表征。来自南岭瑶族文化(贺州)生态保护区建设的实践证明,优秀传统乡土文化是乡村全面振兴永不过时的文化资源和文化资本,为乡村全面振兴注入了文化内涵,是实现乡村振兴的现实推动力。建构与现代文明相适应的乡村文化生态,促进乡村文化的现代化转型,不仅有现实的民生意义,促进乡村文化产业发展,培育乡村文化新业态,更有深远的文化内涵,在于对乡村文化本体地位的尊重,赋能乡村全面振兴,夯实乡村振兴的文化基础,打造乡村振兴的精神引擎,激发乡村振兴的内生动力,是提升乡村振兴战略文化效益的时代之必然。实现乡村文化生态的现代转型,从乡村文化本体地位,赋能乡村全面振兴维度看,就是提升乡村振兴战略文化效益的具体注解。

第三,从文化内生发展规律,繁荣兴盛乡村文化维度看,乡村文化生态现代转型是保持乡村文化良性持续发展的迫切需要。文化规律,就

---

[1] 王淼:以更高标准谋好文化生态保护新篇[N].中国文化报,2019年1月14日,第3版。

是文化发生和发展的内在规定性。文化主体与现实文化存在的互动关系、文化现状与文化发展走向的逻辑关系，是深刻认识文化生态内在规律性需要正确处理好的两对关系。基于文化存在的价值或者文化的生命在于能够保持与文化的主体，即人的良性互动，作为主体的人们为了精神生活需要进行文化创造，因而文化生态建设的重要内涵之一是，要以当今文化生态的优化，最大限度地保障文化自身良性而可持续的发展，并使之拥有健康而美好的未来。这是促进文化发展繁荣，理当遵循的文化生态内在发展规律之一。对于乡村文化生态来说，亦然如是，就是要保持乡村文化良性持续发展。但现实中，包括民族地区在内，当下的乡村文化发展面临着严重的生存危机这一普遍性的命运。随着市场经济的加快发展，城镇化的加速和乡村社会结构的深刻调整，乡村文化生态也在深刻变革，当然这种变革有的是向好，但整体而言没有达到促进乡村文化良性可持续发展的那种预期之效果。"呈现出日益解体的传统乡村伦理、空洞虚化的乡村文化精神、逐渐消失的乡村文化价值以及流失匮乏的乡村文化资源等衰败迹象"[1]；"传统乡村的文化生态价值陷入价值底线动摇、生态伦理缺失、价值重建等境遇。"[2] 这就要求，必须客观把握乡村文化发展与经济社会发展的关系，充分尊重乡村文化生态规律，更好地把握乡村文化的演变规律，找准乡村文化发展、乡村文化生态建设中存在的问题，依照乡村文化内在的本质联系，有针对性地提出行之有效的解决方案。在新的征程上，全面建设社会主义现代化强国赋予了推进乡村全面振兴、乡村文化生态现代转型的重大机遇和有利条件，也为其提出了高质量发展的新要求。遵循乡村文化生态规律发展要求，实现乡村文化生态的现代转型，从文化内生发展规律，繁荣兴盛乡村文化维度看，就是促进乡村文化高质量发展、持续发展的时代必需。

---

[1] 沈费伟：传统乡村文化重构——实现乡村文化振兴的路径选择[J].人文杂志，2020年，第4期。
[2] 梁茜：乡村文化生态价值的现代性境遇与重建[J].广西民族大学学报(哲学社会科学版)，2014年，第3期。

（三）乡村文化生态重塑的基本路向

乡村文化并不是一成不变的，会随着农业农村的发展，社会制度的变革呈现出动态的发展。作为一种文化形态，包含了社会制度、价值观念、科学水平、文化艺术等层面上的要素，呈现出多样性特点。也正是这样，乡村文化生态重塑是一个复杂的、有机的系统工程。乡村文化生态重塑系统是由其重塑主体、重塑理念、重塑环境、重塑技术等基本要素组成，其系统具有整体性、适应性等特征。明确重塑的基本目标，把握重塑的价值导向，确定重塑的基本原则，是重塑乡村文化生态的方向所系、取向所归、遵循所在。

1. 目标导向。乡村文化生态重塑，是基于乡村文化领域主要矛盾发了深刻变化而进行的一场自我革新、自我完善和自我提高。因此，其变革必须着眼于满足广大群众特别是农民多样化的文化需求，保障好他们的文化权益，进而为乡村全面振兴奠定坚实的文化基石。这要求，乡村文化生态重塑要在充分遵循乡村文化自身的发展规律的基础上，必须确保推进乡村文化生态体系各要素关系平衡、协同发展，乡村文化各形态功能作用得到有效发挥，乡村精神文明发展与物质文明同频共振，优秀传统文化得到有效保护、利用和创新性发展，乡村文化的吸引力、影响力、创造力、传播力全面增强，乡村文化发展的内生动力得到充分激发，有效释放出乡村文化的政治、经济、社会、生态等方面的多重价值效应，以乡村文化发展赋能乡村全面振兴，实现文化富民、文化乐民、文化育民、文化惠民和文化强民。

2. 价值导向。文化生态具有不可再生性，在当下乡村文化生态不断变迁的过程，积极培育与现代化相适应的，有助于促进经济社会发展的优秀乡村文化，这是乡村文化生态重塑的根本要求。重塑乡村文化生态，就是要将文化传承回归到民众的生活实践中，以富有活力和生命力的文化，建构起和谐协调、可持续良性的文化生态体系，以实现乡村文化生态体系与当下政治、经济、社会和文化实践的和谐统一。要促成满足人们日益增长的文化需求这一乡村文化生态重塑的发展目标，必须注重乡村文化生态重塑中的价值引领。坚持正确的价值导向，是保障乡村文化生态重塑沿着健康的发展道路前进的基础前提。这要求，必须坚持弘扬乡村邻里守望与人为善的道德秩序、提升乡村依法治理依法办事的契约意识、维护乡村诚信重礼和谐融洽的社会秩序、树立乡村道法自然天人合一的生态观念、力行乡村勤俭节约艰苦奋斗的作风习惯、培育乡村深度融合业态丰富的特色产业、激发乡村勇于开拓创业创新的生机活力等等方面的价值导向。

3. 原则导向。乡村文化生态重塑，是关乎乡村文化发展的战略调适，是关乎乡村经济社会发展全局的战略举措，是一项需要多元主体协同参与，且长期奋斗的历史任务。乡村文化生态的重塑，必然要按照乡村文化发展的本质要求，坚持正确的方向和原则。对于文化事业发展中坚持党的全面坚强领导，这一根本的政治原则，必须毫不动摇地加以坚持。其中，不忘本来，注重传统文化与现代文化的相融合；吸收外来，注重区域特色与先进文化的相结合；面向未来，注重当前发展与持续发展的相统一；以人为本，注重全面治理与产业发展的相促进；因地制宜，注重差异推进与内涵发展的相并进；科学规范，注重制度约束与文化浸润的相协调；统筹规划，注重整体谋划与前瞻布局的相衔接；协同治理，注重多方合力与农民主体的相耦合，是乡村文化生态重塑中应要牢牢把握的基本原则。

第三节　乡村全面振兴视域下乡村文化生态重塑的现实境遇

近年来，文化生态环境保护建设越来越受到了人们的重视。全国各地深入贯彻落实习近平生态文明思想、文化建设重要论述，以高度的政治责任感、现实紧迫感、历史使命感，切实增强文化生态整体性保护、文化生态区建设发展的思想行动意识，全方位、全地域、全过程推进文化生态环境保护建设，文化生态保护实践探索如火如荼，文化生态保护工作取得了可喜成效。在国家层面，文化和旅游部出台的《国家级文化生态保护区管理办法》于 2019 年 3 月 1 日起正式施行，21 个国家级文化生态保护实验区开展试点工作。南岭瑶族文化（贺州）生态保护区，是广西贺州市第一个全市级的民族文化生态保护区。自 2020 年 11 月设立以来，有力促进了贺州全市各个瑶族支系（盘瑶、平地瑶、土瑶）整体性保护和发展，以及各瑶族支系之间、瑶族与各民族之间的融合相处，对促进南岭民族走廊的民族团结起到了重要引领和推动作用，且为深入挖掘贺州乡村特色文化资源，盘活贺州地方和民族特色文化资源，走特色化、差异化发展之路起到了极大的助推作用。

从整体性宏观大视野来看，贺州乡村文化生态表现出了同全国各地乡村文化生态的普遍性特征，也显示出了强烈的地域特色。相对稳定的特定地域铸就了贺州独特和多样的乡村文化。地处湘、粤、桂三省（区）交界地的贺州，不仅享有湘、粤、桂"三省通衢"之美誉，而且地方方言有 29 种之多，被誉为我国天然的语言博物馆，成为潇湘文化、岭南文化、瑶族文化、客家文化等多样文化的集结地，多样文化的长期相互交融造就了开放包容、融合创新、和谐发展的贺州。深厚的历史文化底蕴，浓郁的民俗文化，优越的生态资源环境，为贺州探索农文旅融合发展奠定了良好基础，提供了得天独厚的条件。乘着建设广西东融先行示范区的东风，依托良好的生态资源，打造出了一批集休闲、运动、体验、康养、民宿、观赏等业态于一体的精品乡村旅游路线，将独特的历史文化资源转化为兴贺富民、助推转型发展的"富矿"。乡村文化生态的重塑，乡村文化的振兴，助力乡村全面振兴，取得了可喜成效。随着城镇化、工业化的不断推进和实施，乡村文化的变迁和转型已经悄然发生，呈现出不可逆转的趋势。在城乡融合发展的历史进程中，城乡间物质文明发展差距的不断缩小，走城乡文化包容共生之路成为时代的必然。在这种不可阻挡的历史必然中，乡村文化生态现代转型与重塑，既有难得的时代机遇，也面临着诸多发展困难和突出问题。

（一）乡村文化生态重塑的有利条件

文运同国运相牵，文脉同国脉相连。新的征程上，乡村文化生态的现代转型与重塑具有以下四个方面的有利条件优势。

其一，显著的政党制度优势。党的十九大以来，以习近平同志为核心的党中央对乡村全面振兴格外重视，格外关注，从顶层设计上进行了战略谋划和战略部署，强调了要"确保国家始终沿着社会主义方向前进""毫不动摇地坚持和加强党对农村工作的领导"，使得乡村文化生态的现代转型具有根本性的政党优势。坚持党对农村工作的坚强领导，可保证社会主义核心价值观在乡村文化生态现代转型中的引领、示范地位，有效保证乡村文化生态重塑中正确的政治性和方向性，从而为乡村文化生态的现代转型与重塑有序发展"把舵定航"。

其二，显著的组织动员优势。让乡亲们的生活越来越美好，促进农民富裕，这一乡村文化振兴的奋斗追求折射出中国共产党人为人民谋幸福的初心和使命。中国共产党作为我国最高的政治领导力量，坚持把解决好"三农"问题作为全党工作重中之重，在乡村全面振兴中始终发挥总揽全局、协调各方的作用，坚持五级书记抓乡村振兴，使得全国一盘棋、一致行动，上下一条心，劲往一处使，因而也促使乡村文化生态的现代转型与重塑具有强大的组织动员优势。历史事实表明，正是得益于这一组织动员优势，我国文化软实力大幅度提升，文化发展迈进了大繁荣、大发展的全新时代，群众文化生活日益丰富多彩。

其三，显著的政策发展优势。党中央从政策体系、工作体系、制度体系等方面，出台了一系列有利于促进乡村文化振兴的政策体系和制度体系，为乡村文化振兴架起了"四梁八柱"。农村公共文化建设的加强，农村优秀传统文化的保护和传承、乡土文化人才的培养等方面的力度加大，有力彰显了乡村优秀传统文化的价值和效用，为乡村文化生态的现代转型与重塑奠定了物质基础。在广西壮族自治区层面，自治区党委、人民政府印发了《关于加快文化旅游产业高质量发展的意见》（桂发〔2019〕34号），对促进文化建设和旅游发展做出了部署。在贺州层面，为把生态健康产业作为三个千亿元产业之一，集全市之力推动康养旅游产业发展，市委、市政府出台了《贺州市医养结合城市发展规划（2017—2030）》《关于加快文化旅游产业高质量发展的实施意见》等系列文件，为推动全市大健康旅游产业发展提供了良好的政策环境。

其四，显著的主体能动优势。在推进乡村全面振兴中始终坚持人民主体地位，"以人民为中心"的文化发展思想，切实保障了农村乡村文化振兴的基本权益，充分激活了广大人民群众的文化主体性，促进了乡村文化生态主体与地方经济社会发展的良性互动，进而为乡村文化生态的现代转型与重塑集聚了主体能动力量。

（二）重塑乡村文化生态，助力乡村全面振兴的经验做法

乡村文化承载着乡愁记忆，凝聚着人文之美，是维系和推进乡村社会良序运行的重要力量和价值规范。重塑乡村文化生态，振兴乡村文化，不仅为乡村全面振兴提供灵魂，更提供自信和力量。贺州市坚持以习近平同志关于"三农"工作重要论述，特别是乡村振兴的重要论述为指导，将历史文化的开发利用作为乡村振兴的支点，深入实施乡村文化振兴工程，以创建特色品牌、强化基础支撑、完善服务功能为路径，大力开发历史文化名村、民俗体验、民宿度假等乡村旅游产品，着力推进农业、文化和旅游融合发展，让乡村旅游成为全市产业发展新增长极的同时，更让广大群众捧起了"文化碗"，吃上了"旅游饭"，助力乡村全面振兴，谱写了乡村经济社会高质量转型发展新篇章。

1. 加强乡村文化遗产挖掘保护，为乡村振兴留根存脉。乡村独特的生产方式、风俗习惯、村落格局、民居建筑等，构成了传统文化资源。重塑乡村文化生态，振兴乡村文化，保护文化遗产是基础和前提。一是持续提升文物保护水平，保护和传承优秀农耕文化遗产。目前，全市全国重点文物保护单位有4处，分别是临贺故城、马殷庙、富川瑶族风雨

桥群和江氏客家围屋，它们已成为全市乡村著名旅游景点。从2018年开始，全市计划修建乡村博物馆28座，已建成13座。富川潇贺古道博物馆、八步区封阳文化博物馆、钟山县石龙镇史馆等6家特色博物馆、镇村史馆正式开馆，特色博物馆群初具规模。稳步推进传统村落整体性保护利用，近年来，入选中国历史文化名镇2个，中国历史文化名村9个，入选中国传统村落名录古村落43个。二是创新非遗保护模式。开展非遗保护体系建设，启动编制《贺州市非物质文化遗产保护规划》，制定《南岭瑶族文化（贺州）生态保护区总体规划》（2020—2035）编制，推进南岭瑶族文化（贺州）生态保护区的申报自治区级工作。目前，共发掘和整理完成了5350项非遗资源，其中国家级非遗名录4项，自治区级非遗名录51项，市级非遗名录60项，共有国家级非遗代表性传承人2人，自治区级非遗代表性传承人25人，市级非遗代表性传承人100人。开展丰富多彩的游学活动、非遗进校园活动，不断加大非遗文化的传承传播工作力度。三是大力加强文物安全工作。构建多部门联合、社会参与的文物安全齐抓共管工作机制。四是加强乡村化研究阐释。对全市乡村文化资源进行全面梳理，系统研究梳理贺州历史文脉，为打造地域文化夯实坚实基础。出版发行《瑶族文化生态保护研究》等丛书、瑶族民歌汇编《八都歌堂集》。

2. 加强乡村文化传播，为乡村振兴"沁心润肺"。丰富文化产品载体，通过多个新媒体平台、多种办法途径进行有效传播，使优秀文化入心入脑。一是抓好文艺精品创作。牢牢抓住客家山歌剧、少数民族文化两个本土特色文化项目，聚焦脱贫攻坚、乡村振兴、建党100周年等重大主题，100个优秀节目参加了各级系列文艺会演，打造出了客家山歌剧《连心店》《幸福有约》《大炮养鸡》等，电影《何物变》、电视剧《向往的生活》、桂剧《石鼓传奇》等一批具有重大影响力和标志性的文艺精品佳作。二是抓好农村公共文化服务。深度整合农村公共文化服务资源，丰富供给。截至2020年，建成677个行政村的村级公共服务中心，建成乡村博物馆20座，在少数民族乡村建成以民族记忆为主题的乡愁馆43个。"十三五"期间，实现全市301个行政村广电光纤全覆盖，完成智慧广电工程3.88万户，抓好708个农家书屋的书籍更换配送工作，每年放映8484场农村公益电影。加大文化资源向农村倾斜力度，年均送戏下乡1200场次、送书2万册次、送讲座展览400余场次、培训基层文化队伍500人次。全市69个公共文化基础设施场所全部对外免费开放。三是抓好乡村旅游发展。深入践行"绿水青山就是金山银山"的理念，以全域旅游为抓手，文化为魂、旅游为体，"点、线、面"结合，"城、镇、村"联动全域提升。在发展乡村旅游过程中，突出文旅、特色农业融合，积极将文化资源转化为旅游产品，将景区植入文化元素。截至目前，全国乡村旅游重点村有3个，广西星级乡村旅游区（农家乐）有63个，国家农村产业融合发展示范园有1个，广西休闲农业与乡村旅游示范点有20个。据贺州市文化广电和旅游局统计的数据显示，"十三五"期间，贺州市旅游接待人数14932.95万人次，旅游消费1828.17亿元，其中乡村文化旅游接待5226.53万人次，旅游消费274.23亿元，乡村文化旅游人数、消费年均增长15%以上，对农民就业增收致富产生了积极的推动作用。

3. 加强乡村精神文明呈现，推动乡村振兴春风化雨。农村现代化既包括物的现代化，也包括人的现代化，还包括乡村治理体系和治理能力的现代化。[1] 而现代化的本质是人的现代化。在社会主义现代化新征程上，贺州以乡村文化生态重塑为抓手，着力推进乡村文化振兴，加强乡村文化建设。一是培育弘扬社会主义核心价值观。以文化基因要素，丰富社会主义核心价值观内涵，以学生为重点，加强爱国主义、集体主义、社会主义教育，将社会主义核心价值观贯穿于国民教育的大中小幼一体化德育体系，融入法治贺州建设。如，结合党史学习教育活动，截至目前，农村放映红色电影3449场，覆盖行政村911个。二是大力提升公民文明素质。整合宣讲、资金、稳定、生态、项目、文化等乡村工作要素，深入推进"文明+方言宣讲""文明+诚实守信""文明+守法教

---

[1] 习近平关于"三农"工作论述摘编[M].北京：中央文献出版社，2019年版，第45页。

育""文明+生态和谐""文明+文化传承""文明+项目发展"等六大"文明+"创建活动,推动新时代文明实践工作在乡村落地生根。组织开展文明家宴颂家风、文明晚会淳民风、游园活动祛旧俗、清洁行动养习惯、敬老活动传孝道等"文明实践·节日嘉年华"系列活动,大力弘扬时代新风。三是打造"寿城"文明实践品牌活动,文明实践精准惠民。围绕群众生产生活方式和习惯,围绕脱贫攻坚、疫情防控、"两纲要一条例"[1]、扫黑除恶、乡村振兴等主题组建文明实践方言宣讲服务队,用活本土特色语言,唱响文明实践方言宣讲大舞台。利用圩日开展文明宣传、志愿服务、群众团建、文艺演出等活动,在人流集中的地方为群众提供文明实践志愿服务,向群众进行农业知识、普法、科学普及等培训。据统计,2020年以来,全市各乡镇开展形式多样的文明实践活动100多场次,服务群众10万多人次。

4. 加强领导和要素保障,为乡村文化振兴保驾护航。贺州提出坚定不移塑造乡村"形实魂","聚焦风貌塑形推进乡村建设,彰显长寿文化和民族特色,保护与开发好传统村落和民族特色村寨";"突出文化铸魂提升乡村治理水平,大力传承和发展农耕文化,办好少数民族、地方民俗特色节庆活动,深入挖掘开发瑶族文化、客家文化、长寿文化等优秀传统文化。"[2]各级党委、政府把乡村文化振兴工作摆在更加突出的位置,围绕"有和谐民风",推进乡村治理体系及乡风文明建设,铸牢乡村文明之"魂"。一是完善政策保障。制定完善的推动乡村文化改革发展的财政支持、金融支持、土地使用等配套政策。出台了《贺州市级非物质文化遗产代表性传承人认定与管理实施办法》《关于进一步加强贺州市非物质文化遗产保护工作的意见》,建立完善了协调有效的非物质文化遗产保护工作领导机制。编制《贺州市乡村旅游发展规划》《贺

---

[1] 两纲要一条例:是指《新时代公民道德建设实施纲要》《新时代爱国主义教育实施纲要》《广西壮族自治区文明行为促进条例》。
[2] 高水平建成广西东融先行示范区 奋力谱写新时代中国特色社会主义壮美广西贺州篇章[N].贺州日报,2021年9月7日,第1版。

州市创建国家全域示范区扶持政策及补助奖励办法》《贺州市城郊特色乡村旅游实施方案》等制度，强化以"文旅+特色农业"产业融合发展机制支撑的顶层设计。二是加强人才队伍建设。大力扶持乡村基层文化人才发展，重点加强农村地区文艺人才的培训力度，积极探索乡镇（街道）文艺团队建设，切实培养民间文艺能人。着力提高乡村文旅能人的发展理念、专业技能和服务管理水平，组织各县（区）的村"两委"干部、农家乐、生态农庄等乡村旅游从业者开展乡村旅游经营专题培训。三是激发创新活力。制定出台促进文化旅游业振兴发展的若干奖励政策，助推文化旅游产业高质量发展和"全力东融"[1]；全面推进基本公共文化服务标准化建设，推动"放管服"改革向公共文化和旅游服务各相关场所、领域延伸扩面，促进公共场所服务能力和水平大提升；完善乡村创新创业政策，优化乡村文化发展环境，提高乡村文化建设人才政策福利待遇。

（三）乡村文化生态重塑的现实困境

自党的十九大提出实施乡村振兴战略，明确以"产业兴旺、生态宜居、乡风文明、治理有效、生活富裕"为乡村振兴20字总要求以来，全国各地围绕乡风文明要求，坚持以社会主义核心价值观为引领，坚持物质文明和精神文明同频共振，大力推进中华优秀传统文化传承发展，强化新时代农村公共文化服务体系建设，坚定不移地繁荣兴盛乡村文化，走乡村文化振兴之路，助力乡村全面振兴，以文化振兴满足人民群众日益增长的文化精神需求，乡村文化建设取得了可喜成效，乡村文化生态在和谐稳定中实现了健康持续良性发展。乡村文化生态重塑，是一项需要政府、市场、社会等多元主体协同参与，久久为功的系统性工程。乡村文化生态重塑的成效是有目共睹的，令人满意的，乡村文化生态主流

---

[1] 全力东融：全力向东融入粤港澳大湾区。

是好的，是良性健康、持续向前发展的，但乡村文化生态重塑仍缺乏科学的认识理念、有力的组织引领、厚实的保障条件以及良好的制度支撑，存在着价值认知不足、主体参与缺失、保障支撑不力、建设效力不佳等现实困境。从乡村文化建设面临的文化秩序衰落、文化价值发挥效应不佳等种种文化失衡、文化失调的诸多困境层面看，重塑乡村文化生态对于实现乡村文化现代化、补齐乡村文化发展滞后短板等实践意义不言而喻。

1. 缺乏科学的认识理念。第一，重塑理念上，简单地对标城市，没有很好地体现乡土特色。众所周知，我国乡村是十里不同风，百里不同俗；千姿百态、万种风韵是我国乡村的生动写照。注重村庄特色和乡土风情，遵循乡村自身发展规律，是乡村文化生态重塑必须把握的着力点。但从现实来看，一些地方的乡村文化建设，乡土风情缺失，在认识上有误区，重塑理念上简单对标城市，以城市文化建设那套思维模式搞所谓的规模化、集中化，未走出"就文化建设建设文化"的僵化思维。以"推倒一切，向城市看齐"的思维主导乡村建设，对乡村原有文化底蕴的忽视，现代与传统融合发展的思维缺失。如，一些地方在推进乡村整治中建大亭子、大牌坊、大公园、大广场等，偏离村庄整治的初衷，不能很好地彰显村庄的个性和特色，陷入"跟着人家走"的模式。农文旅融合不够紧密，局限于传统休闲观光模式，乡村文化资源优势转化为经济优势思维没有真正树立起来，文化带动作用没能体现出来，大量的文化资源，有待挖掘和利用。

第二，政策制定上，停留在"理念性"重视，乡村文化建设与乡村经济社会协同发展的认识有待提高。没有充分认识到乡村文化建设对地方经济社会发展的价值作用，忽视乡村文化对经济社会发展所起到的智力支持、保障支撑、道德滋养等多方面的功能效用，没有将乡村文化建设纳入乡村发展规划，将乡村文化建设同乡村产业发展、基础设施、公共服务、资源开发、环境整治等结合起来，予以通盘考虑，统筹谋划。一些地方仍停留在过去那种刷白墙搞乡村建设的那套，只注重乡村外貌面子上的一致性，忽视乡村里子的文化内涵发展，造成乡村景观城市化、同质化，给人"千篇一律"的感觉。一些地方田园景观格局、乡村空间打造，对农耕文化、民间技能、乡风民俗、乡规民约等挖掘、保护、传承和利用的意识不够强，盲目跟风，没能把民风、民俗和生态环境等因素融合进去，乡村文化失去本土真实性，乡村文化建设认同感不强、认可度不高。

第三，政策实施上，不重视"多元性"参与，忽视人和组织的关键作用。在乡村文化建设政策的实施上，采取"一刀切"方式、"项目化"思维，对政策实施中地区间村庄的差异性考虑不够周全。一些地方在乡村农文旅发展上，缺乏自然、环境、文化三者和谐共生的融合发展理念，为迎合城市消费群体的喜好，追求更高的经济收益，忽视乡村原始空间肌理，盲目建设未能体现乡村人文风貌的建筑，开发与乡村文化毫无关联的商业化项目，有的甚至刻意塑造牵强附会、无中生有的内容，搞一些庸俗化、世俗化、低俗化的农文旅发展项目。农文旅融合项目的规划、设计、建设和运营等环节，有的过于依赖"市场化"的项目化思维推进，有的政府过于大包大揽，忽视农民主体的参与，不能很好地发挥村民的主体参与作用，存在"建管分离"两张皮现象，未能把村民的利益联结起来，惠民效益不佳。

2. 缺乏有力的建设主体。基层组织，特别是各级地方党组织、政府的主导、协调和管理的主体责任担当，对于乡村文化生态重塑、乡村文化建设来说，是至关重要的，决定着乡村文化生态重塑、乡村文化建设、乡村文化振兴进程就要顺利开展，影响着乡村文化振兴实现的成色、质量和效果。但从乡村文化发展的实践来看，由于缺乏坚强有力的组织引领，农民建设主体缺失，乡村文化发展、乡村文化生态重塑的效果不尽如人意，未能取得预期的理想愿景。

一是乡村文化生态重塑的责任主体缺失，乡村文化建设的领导能力不足。一些基层党员干部由于对乡村文化建设的认识存在偏见，对乡村文化建设在乡村发展中的地位、作用和价值缺乏足够的理性认识，以为乡村发展就是乡村经济建设，在乡村发展中将重心过于向乡村经济发展倾斜，对乡村文化的建设和管理置之不理，缺乏主动加强乡村文化建设的意识，对乡村文化发展不够上心、不够用心、用情、用力，甚至慢作为、少作为、不作为，以致乡村文化建设处于消极被动状态。一些村支两委干部对党的乡村全面振兴政策学习领悟不够深入，掌握不够透彻，对本村屯的文化特色把握不够精准，在以文化振兴促进乡村全面振兴上理解还不够到位，积极性不高，拿不出有效举措，放弃组织村民开展乡风文明、移风易俗等乡村文化建设活动。一些村支两委干部领导胜任力弱，遇到发展困难就缩手缩脚，撂挑子，不敢勇往直前，在乡村文化建设中缺乏动员技巧和足够的耐心，开展群众工作方式方法存在不足，一些地方乡村文化建设的政治责任压得不够扎实，对文化队伍建设抓得不够实、不够紧，导致难以调动村民们参与文化建设的积极性。

二是政策制定忽略农民的参与，对农民主体组织动员不力，农民主体性被弱化、被边缘化，农民建设主体缺失。农民是乡村文化遗产重要的持有者、传承者，是乡村文化建设的参与者、直接受益者，是乡村文化遗产保护、乡村文化建设的主体力量。由于在农村不少村民流动在城乡间，过着"两栖人"的生活，绝大部分时间在城市、城镇打工定居，逢年过节时才回到农村小住，农村的家是用来"度假"的，使得乡村文化发展主体的缺失。近年来，在国家的大力投入下，乡村文化建设取得了不少成绩，但当前农民参与程度和有效度不高等问题仍然较为突出。在一些地方，行政行为干预过多，农民主体力量无法发挥，以致"民俗"变成了"官俗"，一些地方的文化节庆活动农民群众参与不多，使得文化活动的民族性、地域性、生活性大打折扣。以昭平某乡民族团结进步创建工作为例，就存在着相关部门推进积极与群众参与度不高的矛盾。该乡党委、政府积极建设区域整体、打造亮点，通过项目建设、完善基础设施等途径，推进民族团结进步创建工作。但是这样的建设模式，不够贴近群众既有的生产生活现状，无法激活现有的民族团结元素，群众的日常活动与党委、政府的设计意图难以做到完美地无缝对接、融为一体，导致群众在一定程度上参与度和积极性不高。文化建设主体的缺失，再加之农民主体性的被弱化、被边缘化，乡村文化生态重塑面临的挑战更为严峻。

三是农村文化组织机构发育不足，专业社会组织缺乏支持，社会动员力量有限。乡村文化生态重塑，就是要促进农村传统文化与现代化文化的对接，实现乡村文化由传统向现代转型升级，是一项专业性强、技术性高的文化建设活动，农民参与的知识和能力往往不足，迫切需要专业社会组织的支持，需要充分发挥专业社会组织、社会力量在乡村文化生态重塑、乡风文明建设中独特的功能和作用。实践中，越来越多的社会组织、社会力量参与到乡村文化生态重塑、乡村文化振兴中来。近年来，贺州组织开展"农村扶贫济困"志愿服务系列活动和"新时代文明实践进社区、移民搬迁小区"新时代文明实践志愿服务活动，同时推进贺州市新时代文明实践圩日、文明实践·节日嘉年华、"文明+"等文明实践品牌活动，有效提升了乡风文明程度，为乡村振兴提供了强大的精神力量。目前政府对农村社会组织的培育仍不足，支持还相当不够，引导多元主体参与乡村文化建设的力度还不够。据相关部门统计，目前贺州乡镇社会工作持证的社工人才只有60多名，其中三分之二以上为各级民政、团委、妇联、卫生等机关、事业单位、人民团体的在编干部职工，社工机构仅有6家，且服务能力水平不高，难以适应新时期社工服务发展的需要。

3. 缺乏厚实的保障条件。以乡村文化生态重塑促进乡村全面振兴，以乡村文化振兴引导乡村全面振兴，离不开厚实的保障条件。乡村文化生态重塑、乡村文化振兴是一个长期的、系统的过程，需要方方面面的保障措施。其中涉及乡村文化生态重塑所需的经济基础保障、基础设施保障和环境条件保障，等等。

一是乡村经济薄弱，乡村文化建设缺乏经济基础。文化发展是与一定的社会经济基础紧密相连的，繁荣的经济基础是文化繁荣发展的重要依托和基础。乡村文化的发展也是如此。经济基础问题，是乡村文化生态重塑中不得不考虑的问题。为打赢脱贫攻坚战，贺州采取超常规的举措，深化改革，创新机制，积极探索村级集体经济发展新模式，不断增强了村级集体经济收入总量和效益，但还存在一些突出问题。比如，村级集体经济总收入体量还不够大，截至2021年9月30日，全市2021年村级集体经济收入合计为8474.55万元，集体经济收入在10万元以上的行政村为212个，占比28.41%，20万元以上的62个，50万元以上的17个，5万元以下的还有63个。一些村发展集体经济的思路不够清晰，动力不足，发展后劲不强，发展路径单一，与乡村战略实施结合不够紧密。乡村经济薄弱，使得乡村文化发展的底气不足，发展资金短缺，严重制约着乡村文化的可持续发展。正是这样，在一些经济欠发达，尤其是村集体经济薄弱的边缘乡村，由于经济发展水平还不高，乡村文化建设经费投入力度不够，文化活动场所、图书报刊、文化宣传专门人才等供给不足问题，相比于乡镇更为突出，文化基础设施更为落后，公共文化机构运作更为艰难，文化产品、文化服务供给更为短缺。

二是文化基础设施建管用失衡，文化发展生命力不强。文化发展必须依赖一定文化载体、文化阵地，依托一定的文化基础设施为支撑。当前，乡村建设如火如荼，文化惠民项目落地生根，公共文化设施覆盖面有所提升。目前，贺州721个行政村村级公共服务中心覆盖率达100%。据调查，当前，乡村文化的基础设施"建"的问题得到了较好程度的解决，但"管"和"用"的问题还相当突出。一些村级公共文化设施如农家书屋、文化广场等或因无人监管，有名无实，或管理得不好，被挪用、被挤占，名不副实，文化功能体现不出来，利用率不高，惠不了民，被群众嗤笑。在一些乡村，因乡村精英资源流失不断加剧，导致了乡村人的"空心化"、文化"空心化"。这使得文化产品、活动的输入困难，没人的参与，或参与的人在场，只是用来凑凑数，图个热闹，乡村文化活动走过场，浓郁氛围难以形成。一些偏远山村，文化活动无法自产，只能靠"送"，而被当成是"盛事"，而不是常态。乡村公共文化设施"建管用"的失衡，文化活动断断续续地开展在一些乡村成为常态，以致乡村文化发展的生命力不足。

三是文化市场秩序规范有待加强，文化发展环境有待优化。据了解，贺州有各类文化市场经营单位425家，其中地处农村的仅有94家，这些经营单位分布在全市57个乡镇中。在这些乡村市场经营单位中，有的经营业主为追求经济利益，时常违规接纳未成年人进入；无证经营行为突出,一些游商地摊、文具店、便利店在没有取得出版物经营许可证的情况下,低价兜售"六合彩"资料、含有低俗内容的非法出版物、侵权盗版出版物、宣扬封建迷信的非法出版物。一些村民将自家的自建房用来从事歌舞娱乐场所经营活动,而这些场所受硬件条件限制,根本无法取得从事娱乐场所经营活动的相关证照。一些村民的文化消费观念不够科学,存在只讲究"价廉物美"而不问"英雄出处"的消费传统和习惯,法律意识淡薄,给农村文化市场违法违规经营行为提供了繁衍的"温床"。文化垃圾侵蚀污染农村文化市场,一些"草台"演出团体、外地组织的演出队常开着大篷车流窜在相对偏僻的城郊接合部或是乡镇聚集区,非法从事演出活动,甚至搞低俗、色情表演。文化市场监管力量单一,随着乡村文化市场义务监督员淡出农村文化市场监管队伍,农村文化市场的监管主要依靠市、县文化和旅游部门执法人员,且执法人员的文化水平、业务能力、执法效能等方面有待提高。

4. 缺乏良好的制度支撑。第一,乡村文化建设的领导工作机制运行不够顺畅。重视和加强对农村的文化建设的领导,历来得到了党和国家的高度重视。但现有的乡村文化建设领导工作机制在一些基层组织中的运行还不够通畅,对乡村文化资源的整合统筹有待加强。以推进新时代文明实践中心(所、站)建设工作为例,一些县区文明委主要负责人对此重视不够,认识不够到位,未能切实做到统筹谋划、靠前指挥,对文明实践工作专题研究,对工作定位把握不够准,将一些常规工作等同于文明实践活动;一些实践中心(所、站)没有常态化开展文明实践活动,存在统筹不够、资源分散、合力不足、制度不规范、活动不多等问题;过于依靠行政力量推动,机关和村干部兼职开展文明实践活动,没有充分发挥志愿服务组织和志愿者的重要作用。因政策机制和规划引领还不到位,《贺州市长寿产业发展规划》还没有编制,摸着石头过河的现状影响着贺州康养旅游产业发展的速度与质量。

第二,乡村文化发展的激励和约束机制欠缺。文化建设没有很好地同经济发展有机结合起来,没有与农民的利益紧密联系在一起,农民参与乡村文化发展的物质激励不足。文化建设中简单照搬城市文化建设的思路，对于农民来说，缺乏短期可见的收益，抑制了农民参与文化建设的需求。加之农村基层组织掌握的资源有限，难以给予农民一定的实质激励，对不当的文化消费行为，如豪华婚葬的庸俗化乱象，难以形成有效的约束。随着乡村共同体的式微，一些村民对村庄公共事务漠不关心，对人居环境治理中"脏、乱、差"的现象熟视无睹，或者"搭便车"，不愿付出更多努力。对此，在一些村子虽然推行"积分制""红黑榜"等管理措施，取得了一定的成效，但依然存在可持续性和可操作性差等难题。在一些地方乡村文化建设项目没能很好地结合产业发展，或者完全与村民的利益脱节，农民从项目中获取的物质利益不多，参与项目的热情不高、关注力度不大。

第三，乡村文化发展主体动力培育和能力提升机制欠缺。乡村文化的发展需要人的参与，必须把广大农民群众有效组织起来。但是，当前乡村文化建设中农民群众主体性建设现状令人担忧。发动群众、宣传群众、组织群众还不够到位，农民文化接受文化较为被动，文化介入不够。公共文化服务内容吸引力不强，与群众需求脱节，农民参与度低。引导农民参与文化建设方式单一，灌入式的单向引导为主，缺乏有效的与农民融合机制，缺乏有效的与市场对接机制，没有形成一套实施有效的动力培育和能力提升机制，迫切需要改善提高农民文化素质的文化教育方式。以农民为主体的文化生产者的队伍建设期待进一步加强，基层文化专职干部队伍需要进一步充实壮大，基层文化专职干部队伍的能力素质提升、待遇补偿、考核奖惩等相关制度机制需要进一步完善。

第四，乡村文化发展环境优化的支撑保障机制欠缺。推进乡村文化建设的力度持续不断加大，但与此相配套的制度建设还相对比较滞缓。如，乡村文化与产业振兴融合发展机制、文化产业发展中"村企民"的利益联结机制、常态化的文化生态评价制度体系、文化生态保护巡查制度、文化环保约谈制度尚未构建起来，利益联结机制、文化建设机制还不够健全完善、多元主体协同参与乡村文化生态重塑、公共文化服务、公共文化空间治理等体制机制不够顺畅。乡村文化生态系统重塑离不开一定的环境基础。重塑具有与现代社会相适应的乡村文化生态系统，必须要把握乡村的现实图景和文化背景，在立足乡村的资源禀赋、文化传统、人情关系等的基础上，充分考虑乡村文化发展的实际与需要，通过不断的创新、适应和融合，才会构建起良好持续发展的乡村文化生态环境。对此，优化乡村文化发展环境，强化乡村文化发展环境优化的支撑保障机制建设是十分必要的。

（四）乡村文化生态重塑困境的形成原因

从南岭瑶族文化（贺州）生态保护区内建设存在的问题，贺州乡村文化生态的现代转型及重塑面临的困境可以看出，贺州乡村文化生态的环境保护、转型成效不容乐观，而造成这种现状的原因是多方面的。影响贺州乡村文化生态重塑的因素，总体上分析有：社会转型带来的冲击、市场经济消极的侵蚀、陈规陋习顽固的抗争、组织引领力量的薄弱、制度执行落实的不力、现代技术运用的缺失、主体内生动力的不足，等等。贺州乡村文化生态面临诸多困境原因的形成体现在四个方面。

第一，从政治方面上看，理念有偏差，传承、保护的管理能力水平亟待提高。有的领导干部对乡村全面振兴中的乡村文化建设重视不够，对本土传统优秀文化缺少科学认知、清醒认识，有的甚至对西方强势文化具有盲目认同倾向，传承保护的理念有偏差；有的村干部认为经济建设才是"实"，文化建设是"虚"的，对乡村文化建设置若罔闻，存在不想管、不敢管、不会管的失职现象，存在着相关部门推进积极与群众参与度不高的矛盾。有的工作方式不对头，乡村建设的整体推进，搞"一刀切"，一概照搬外地民居建筑模式，使得曾经引以为自豪的具有人文品质的瑶家山寨、村堡即将消失。从调查分析看，文化生态重塑中领导工作体制还不够顺畅，瑶族文化整体性、长效性保护传承机制还不健全，缺乏完整系统的保护利用总体规划，经费保障和技术支持还不适应保护传承工作需要。各部门经常性协调机制不够健全，齐抓共管的有效格局没有真正形成。旅游、"三农"工作部门更多注重的是经济发展指标，对民族文化传承保护的关注度并不高，那种重开发利用、轻传承保护的现象十分普遍。强有力的政策支持和法律保障缺乏，没有形成统一的保护标准和管理规范。如，中国瑶族盘王节至今仍是个半黑不白的"户口"，没有纳入国务院或南岭走廊区域内的各省（区）、市法定节庆中。

第二，从经济方面上看，乡村文化建设财政投入不足，区域经济基础底子薄，基础设施薄弱。文化设施供给不足，文化载体少，文化服务体系配套跟不上，文化公共空间管理不善。位居深山腹地，地处偏远，交通极不便。如，八步区南乡镇旺黎村旺村寨、钟山县两安瑶族乡沙坪村、富川瑶族自治县新华乡虎马岭村等，交通、饮水等基础设施问题还困扰着当地群众。资源单一，特色产业较少，市场竞争力不强。缺乏少数民族特色村寨专项保护资金扶持，投入资金远远不能满足保护和开发的需要，导致乡土文化传承和保护有心无力，乡村文化资源在乡村全面振兴的价值作用没有得到充分开发和有效利用，农文旅融合深度不够，范围较窄，难以取得以文塑旅、以旅彰文的效果。民俗文化发展，存在单一性，主要体现在旅游项目单一、环境单一、设施单一、受众单一，造成了丰富的民族文化资源尚未转化为经济优势，没有形成真正意义上的民族旅游产品，对旅游业的带动效应不够明显。一些村落对瑶族传统文化资源的稀缺性和不可再生性认识不足、专业人才储备匮乏、资金不足等因素，以致"瑶族文化资源开发利用力度不大、层次低，瑶族文化传承保护与乡村全面振兴难以深度、有机融合，瑶族文化再建构与乡村振兴协同发展的叠加、倍增效应难以充分释放。[1]"如，网红村岔山村的村史馆除了建馆时陈列了一些生产生活用品外，基本空置，没有将村史馆与乡村旅游很好地结合起来，助力本村发展。资金投入力度不够，社会资金投入来源有限，非物质文化遗产展示体系尚待健全，缺乏能够利用现代技术进行规模化、常态化等展示平台。如，平桂区沙田镇瑶族文化展示馆是依托国家级非遗名录《瑶族服饰》建立的非遗保护工作平台，由于专项经费的不可持续，导致该馆难以开展更多的瑶族文化保护

---

[1] 龚晨：以瑶族文化重塑助推瑶族地区乡村振兴探析[J].江苏省社会主义学院学报,2020年,第3期。

传承活动。

第三，从文化方面上看，人才、管理要素短缺。民俗风情传承后继无人，民俗文化创新理念缺失，文化建设缺乏科学管理，文化建设队伍薄弱。随着城镇化建设的不断推进，年轻一代对固有的本民族传统文化观念日趋淡漠，固有的口口相传、师徒传习的传统文化传承方式逐渐消失，造成少数民族工匠人才短缺。富川葛坡镇深坡村想恢复古戏台建设，除了需要资金投入外，就是找不到仿古建筑工班。对外交流较少，缺少少数民族文化传承工作的学习交流机会。人才流失，是制约地方优秀传统文化振兴的一大难题，是束缚乡村文化重塑与乡村全面振兴协同发展的重要因素。在南岭瑶族文化（贺州）生态保护区内，瑶族习俗、瑶族文化及与瑶族文化密切相关的非物质文化遗产的保护都遇到了传承后继乏人的局面，专职工作人员、专业文化技术人员及专业的文化保护传承队伍缺乏也很严重。平桂区机构合并后，民宗局并入统战部设为民宗股，只有两名工作人员负责民族宗教事务，文旅局非遗保护与传承组织也面临机构不健全、专职工作人员匮乏的问题。钟山两安非物质文化遗产"门唻歌""羊角长鼓舞"传承人主要集中在沙坪村，村内年轻人大部分外出务工，现有的传承人员年龄偏大，缺少传承人后备人选，面临青黄不接的不利局面。

第四，从社会生活方面上看，陈规陋习束缚，移风易俗形势仍然很严峻，社会风气亟待改善。不少瑶族民众认为乡村文化如非物质文化遗产对乡村振兴有价值，但很难有较好的金钱物质回报，传统文化制造物化商品实现货币收入比较困难，对自身发展没有带来好处，没有兴趣去发展本民族传统文化。有的瑶族群众尤其是青壮年认为那是落后的东西，不加区分地自我矮化，进而放弃传统文化，缺乏自信，有自卑心理，思想上行动上有抵触，以至于民族文化特色被淡化。南岭瑶族文化（贺州）生态保护区内，已建成并开放的乡村博物馆20座，由于重视不够，没有充分体现出乡村历史文化和民族特色，它们在建筑样式、展品陈列都千篇一律，存在展品雷同且档次低，缺乏本乡村"镇馆之宝"和特色，以致成为可有可无的附属品。村民生活习惯不健康，社会行为模式不和谐，婚丧嫁娶、人情世事不堪重负，移风易俗难，乡风建设举步维艰。以平桂土瑶聚居区为例，近年来，尽管土瑶地区群众观念有所改变，逐步形成与时俱进的精神面貌，但仍有一些不适应现今社会经济发展的陋俗需要革除。如，习惯于靠山吃山的生活，不注重家庭及个人卫生，内部环境脏乱差；早孕早育风气浓厚；不少村民缺乏奋进精神，尤其是一些低收入者，存在安贫、守贫、争贫现象，普遍抱着有得吃就吃、没得吃做点山工够吃就行的心态。市场中的非理性行为侵入社会，一些传统文化的组织功能失去对乡村治理的价值。

第四节　乡村全面振兴视域下乡村文化生态重塑的对策建议

新的征程上，要繁荣发展文化事业和文化产业，提高国家文化软实力，必须传承弘扬中华优秀传统文化，深入挖掘、继承、创新优秀传统乡土文化，使之在新时代展现魅力和风采，在于它们"都是中华文化的鲜明标签，都承载着华夏文明生生不息的基因密码，彰显着中华民族的思想智慧和精神追求。[1]"加快欠发达地区、民族地区的乡村文化生态的现代转型，重塑乡村文化生态，建设乡风文明，实现乡村文化振兴，既是推进乡村全面振兴的重要任务，又是筑牢中华民族共同体意识的重要举措，既是促进乡村持续发展繁荣的内生动力，又是实现民族地区共同富裕的核心保障。重塑乡村文化生态体系是一个复杂的、有机的系统工程，需要着眼长远，做好战略谋划，社会各界共同努力、多元主体协同发力，久久为功。应从以下几方面去进行战略构想，把握重塑之道。

（一）运用科学思维，把握乡村文化生态重塑的目标导向

乡村文化生态的现代转型和重塑，是一项长期性与复杂性、历史性、

---

[1] 十九大以来重要文献选编（上）[M]. 北京：中央文献出版社，2019年版，第151页。

时代性相交融的过程。科学的思维，正确的导向，是乡村文化生态重塑的认识前提和思想基础。这要求，必须坚持运用战略思维、系统思维和底线思维，坚持目标导向、效果导向和问题导向，以更好地释放乡村文化在乡村经济社会发展的作用。

一是要树立战略思维，坚持服务服从于乡村经济社会高质量发展这一目标。乡村文化生态重塑是新时代推进乡村全面振兴的重要内容和基本保障，必须放在同乡村的物质文明、政治文明、精神文明、社会文明和生态文明一起抓的战略高度来认知，必须围绕为乡村经济社会高质量发展服务这一目标来展开，把重塑的着力点放在服务农民群众生产生活的实际活动中去，集中到为激发农民参与乡村经济社会高质量发展、参与到农业农村现代化、参与农业农村改革发展的积极性和创造性上来，以助力乡村振兴战略的预期目标达成。

二是要树立系统思维，坚持把提高农民综合素质，促进农民的现代化作为根本任务。农业农村的现代化，归根结底是人的现代化。乡村文化生态重塑要坚持以文化人、以文育人，把提高农民的思想道德素质和科学文化素质视为基础性、根本性工作任务来抓，注重加强与农村的政治建设、经济建设、党的建设等各方建设的协同性、关联性，做到全局性谋划、整体性布局、系统性推进，进而以人的现代化带动农村治理的现代化，实现农业农村的全面现代化。

三是要树立底线思维，坚持把有助于破解"三农"工作中尤其是乡村文化建设的问题作为重要抓手。实施乡村振兴战略，就是解决"三农"工作的问题的重要部署。重塑乡村文化生态，就是要从发展理念和历史规律中找到解决乡村衰落问题的根本之策，发挥文化聚心凝魂积聚人气作用，引领乡村未来，在文化繁荣兴盛中守护精神家园。要坚守乡村文化生态重塑的底线，坚持问题导向，消除阻滞乡村文化振兴的体制机制障碍、利益固化藩篱，要敬终如始地保持对乡土文明的敬畏，弘扬中国乡土文明，为守护好乡村的灵魂、底蕴和特色，筑牢抵御外来不良文化侵蚀的铜墙铁壁。

（二）遵循内在规律，恪守乡村文化生态重塑的原则要求

发挥文化振兴对乡村组织、生态、产业、人才的振兴引领、推动和保障作用，基本前提是乡村文化本身是良性可持续的。实现乡村文化良性可持续发展，为乡村全面振兴提供持久的文化动能，必须按照乡村文化生态的内在规定性，坚持因地制宜、科学规范、创新性发展等原则要求，着力构建和谐稳定、富有特色、可持续发展的乡村文化生态体系。

一是要坚持不忘本来，因地制宜整合利用好本土文化资源。乡土文化是一方水土独特的精神创造和审美创造，是乡土情感、亲和力和自豪感的集中体现，因产生于不同的自然地理条件、习俗文化、历史发展等，具有个性化、多样化表征。丰富多样的文化资源是乡村全面振兴宝贵的精神财富。重塑乡村文化生态，必须突出文化的原真性、差异性，因地制宜挖掘、整合，利用好本土文化资源，积极探索体现出差异性、本土性的文化品质乡村文化振兴之路。

二是要坚持吸收外来，科学规范释放乡村文化的价值功能。乡村文化是区域内人民群众在长期共同生产生活实践中形成的思想理念、传统美德和人文精神的集合，贯穿于民族的历史、文化、政治、经济发展进程，具有宝贵的历史、社会、艺术和经济价值。重塑乡村文化生态，就是科学规范地释放乡村文化的多功能价值。为让其价值功能充分凸显出来，更好地满足乡村文化高质量发展的需要，必须坚持把乡村文化与社会主义核心价值观相融合，以开放包容心态，突出区域特色与先进文化的相结合，对之进行创造性转化和创新性发展。

三是要坚持面向未来，切实有效激发乡村文化的内在活力。乡村文化振兴作为乡村振兴战略的铸魂工程，绝非一日之功就可一劳永逸。要在保护好今日文化生态的基础上，坚持面向未来，以当今文化生态的优化，最大限度地保持可持续发展，才能不断满足农民群众日益增长的多元化文化需求。重塑乡村文化生态，必须注重传统文化与现代文化的相

融合，注重乡村文化的当前发展与持续发展的相统一，推陈出新，开拓创新，赋予乡村优秀传统文化新的时代价值与内涵，使之基本文化基因与当代文化相适应、与现代社会相协调，以充分激发乡村文化的内在活力。

（三）加强规范引领，夯实乡村文化生态重塑的保障支撑

社会价值观念、组织体制，乡村文化赖以生存的自然环境、社会环境，是乡村文化生态重塑的保障支撑。重塑乡村文化生态，必须强化价值引领、党建引领、人才引领，为其提供坚强有力的思想保障、政治保障和组织保障，使之在党的全面领导下，沿着中国特色社会主义文化道路前行。

1. 强化价值引领，提供重塑的思想保障。当下，在文化多元化的浪潮中，面临城市文化、外来文化等多元异质文化给乡村文化建设带来的挑战，面对乡村社会里经济成分多元、组织结构复杂、利益调整深刻变革以及生产方式多样给乡村文化发展带来的冲击，农民群众思想文化观念非主流化、价值选择的分散化和碎片化之情形，要保持乡村文化发展方向的正确性、乡村文化生态重塑的原则性，必须注重强化乡村文化生态重塑的价值前引、价值指引和价值规引，坚定不移坚持用社会主义意识形态引领乡村文化建设，推动乡村文化生态重塑。

一是要坚定不移坚持以社会主义意识形态引领乡村文化建设和生态重塑，充分发挥社会主义意识形态对乡村文化生态重塑的主导作用。党的十八大以来，以习近平同志为核心的党中央就新形势下意识形态工作的根本作用、目标任务、基本要求和主体责任等进行了深刻阐述，为新时代文化强国建设提供了根本遵循。要自觉地将这些最新的理论创新成果运用到乡村文化生态重塑的全过程中去，推动乡村文化守正创新、固本培元，进一步增强社会主义意识形态对广大农民群众的凝聚力和引领力。要加强乡村网络空间治理，着力强化县级融媒体中心建设，进一步推进媒体深度融合发展，提升其对乡村文化的网络宣传引导力。

二是要坚定不移坚持社会主义核心价值观引领乡村文化建设和生态重塑，扎实推动新时代文明实践中心建设和文明实践活动常态化开展。充分运用各类新闻宣传媒体，进一步强化对农民群众的社会主义核心价值观教育。培育弘扬社会主义核心价值观，使之贯穿国民教育的德育体系、融入法治乡村建设；因地制宜深化推进好家风建设，开展"传家训、立家规、扬家风"行动，多层次、多渠道、常态化地深入实施公民道德建设工程，积极开展"最美家庭""最美行业""最美创业"等选树活动，组织开展移风易俗、弘扬时代新风行动，大力提升公民文明素质，增强民众践行新风正气的主动性和有效性。充分发挥市、县文明实践中心枢纽的作用，强化统筹整合、优化配置、共享使用，切实提高县乡村三级公共服务资源的综合使用效益，助推形成全覆盖、菜单式的文明实践活动服务网络，深入推进新时代文明实践活动，增强新时代文明实践活动广泛性和实效性。

三是要坚定不移坚持用社会主义先进文化引领乡村文化建设和重塑，充分发挥先进思想对广大农民的精神激励砥砺奋进作用。教育引导广大农民从中华优秀传统文化汲取先进思想的同时，以改革创新精神赋予乡村文化以新的时代内涵，帮助他们摒弃那种与现代化发展要求不相适应的依附、保守、封闭观念，运用好传统节日、各种文化活动等载体和手段，将先进文化融入农民群众的日常生产生活实践中，以春风化雨般浸润式方式方法引领他们逐步树立起自立自强、奋强不息、独立平等、开放创新的现代思想意识。加强乡村文化传播，抓好文艺精品创作、农村公共文化服务工作。加强生态文化宣传教育，加大乡村人居环境整治，重塑人文环境和居住环境，以乡村文化元素提升乡村风貌，让乡村振兴更具魅力。

2. 强化党建引领，提供重塑的组织保障。坚持党管农村工作，始终是我们党的优良传统和重要经验。在新的征程上，重塑乡村文化生态，促进乡村文化振兴，坚持党对乡村文化振兴工作的全面领导，深入推进抓党建促乡村文化振兴，是深入贯彻落实习近平同志关于党建引领乡村振兴重要论述、坚决做到"两个维护"的具体行动。习近平同志强调，

"办好农村的事情，实现乡村振兴，关键在党"。2018年的中央1号文件《中共中央国务院关于实施乡村振兴战略的意见》指出，"扎实推进抓党建促乡村振兴，突出政治功能，提升组织力，抓乡促村，把农村基层党组织建设成坚强战斗堡垒。"[1]坚持抓党建促乡村文化振兴，聚合乡村文化建设主体力量，提升乡村文化生态重塑效能，必须牢牢把握好三个着力点。

一要建立完善党建引领乡村文化生态重塑效能提升的政治保障机制。针对乡村文化建设主体农民表现出的自发性、分散性等特征，要强化基层党组织建设，提升组织力。充分发挥党组织权威力量和组织资源优势作用，加强对乡村文化建设参与者、主体的规约和动员，积极引导社会力量参与乡村文化建设中来，形成党组织"秩序"与社会"活力"的良性共生共存的政治保障机制，促进党建引领与乡村文化生态重塑的紧密结合，形成强大的党建引领效应。牢固树立"抓好党建促发展"理念，科学合理调整村党组织设置，强化党的组织覆盖和工作覆盖；创新党建阵地载体，充分发挥党群阵地、线上"互联网＋党建"等阵地作用，更为广泛有效地把群众组织起来参与到乡村文化建设、文化振兴中来，使党建工作与乡村文化振兴工作融合发展进而助推乡村文化生态的重塑。

二要建立完善党建引领乡村文化生态重塑效能提升的保障支持机制。着力提升乡村基层组织力，充分发挥党组织在乡村文化建设中主导规划指引、群众凝聚、发展推动等作用，加强重塑乡村文化生态的领导和要素保障。一方面，要通过制定完善推进乡村文化改革发展的财政支持、金融支持、土地使用等配套政策，加大公共财政对乡村文化生态重塑的投入力度，健全政府投入与社会投入相结合的多元资金投入机制等得力举措，强化乡村文化生态重塑的投入保障。另一方面，要通过完善乡村文化治理法治体系和乡村公共文化服务治理体系，提升乡村公共文化服务的精准化供给能力，推进基本公共服务标准化，完善"一乡一品、一

---

[1] 十九大以来重要文献选编（上）[M]. 北京：中央文献出版社，2019年版，第167页。

村一策"发展规划，优化乡村文化创意产业发展政策，促进乡村文化与城乡经济实现多业态、多渠道的跨界融合，不断丰富乡村文化业态等有效行为，创设乡村文化生态重塑的有利条件。

三要建立完善党建引领乡村文化生态重塑效能提升的头雁示范机制。实践证明，基层党组织书记尤其是村党组织书记是否重视乡村文化振兴工作，直接关系所辖区域内文化建设的成效。习近平在浙江任省委书记的5年，"是浙江文化建设经费大幅度增长的5年，是浙江文化发展状况发生转折性变化的5年，也是文化大省建设取得丰硕成果的5年"[1]，使浙江省的文化建设走在全国前列，这得益于习近平对文化建设工作的高度重视。乡村文化振兴工作，必须高度重视基层党组织书记尤其是村党组织书记抓乡村文化建设的作用。一方面，强化基层党组织书记尤其是村党组织书记抓乡村文化振兴工作的思想意识，压实乡村文化建设主体责任，另一方面，要切实增强基层党组织书记头雁的文化素质、文化振兴工作的能力和文化政策执行力，进而使基层党组织书记尤其是村党组织书记拥有抓好乡村文化振兴工作的本领。

3. 强化人才引领，提供重塑的人才保障。千秋基业，人才为本；致治之要，以育才为先。重塑乡村文化生态，推进乡村文化振兴，加强乡村文化建设，关键靠人才。乡村文化振兴为的是乡村的现代化，为的是农民的现代化，靠的是人的现代化。然而，受制于人文环境欠佳、发展平台不足、薪酬待遇偏低等因素，高素质的乡村文化人才流失严重、招引困难，乡村文化振兴、乡村文化生态重塑难以有效推进，需要解决"人才短板"。推进乡村文化高质量发展，夯实乡村全面振兴的精神基础，筑牢农业农村现代化的文化基石，必须从根本上树立"人才是第一资源"的理念，充分认识农民在乡村文化生态重塑的主体地位，强化人才引领，为有效推进乡村文化建设提供坚实人才队伍保障。

一要建立健全乡村文化生态重塑的人才队伍壮大机制。着眼于打造

---

[1] 田玉珏、薛伟江、路也：习书记主政那五年是浙江文化建设大步跨越迈入前列的五年——习近平在浙江（十八）[N].学习时报，2021年3月24日，第3版。

一支规模宏大、结构合理、素质较高、适应现代乡村文化发展要求的乡村文化建设人才队伍，必须坚持以人为核心的乡村文化生态体系建设，重构以人才体系为基础的乡村主体，创新多元主体协同参与乡村文化生态重塑的制度。一方面，要在掌握乡村文化振兴的人才需求基础上，做好乡村文化振兴人才引进的总体设计，统筹整合各方面的资源与政策，增强人才引进的系统性。另一方面，要畅通各类文化人才下乡通道，构建促进人才向乡村流动的激励机制，强化多元主体协同参与乡村文化生态重塑的组织动员，吸引更多的社会各界人才流向乡村。要妥善处理好刚性引进和柔性引进的关系，促进人才资源与乡村文化发展需求的良性互动。

二要建立健全乡村文化生态重塑的人才素质提升机制。善于从脚下的土地上发现各类人才，将本土的乡村工匠、非遗传承人和传统文化人才识别出来，并加以保护，延续乡土人脉。在此基础上要从体系化和制度创新层面，不断完善乡村文化振兴人才的培训机制，提升多元主体协同参与乡村文化生态重塑的能力素质，激发多元主体协同参与乡村文化生态重塑的内生动力，形成良性自我发展机制。积极探索以党建为引领、以问题为导向的、全方位协同式多层次多样化的乡村文化振兴人才培训方式，丰富和拓展培训内容和视野，增强培训教育的针对性、规范性和有效性，切实提升其质量和效益，着力提高乡村文化建设人才队伍的政治素质和业务水平。聚焦乡村人才振兴，围绕建设一支"一懂二爱"工作队伍，优化乡村产业文化发展的人才环境、政策环境，围绕培养新型职业农民，大力培育提升农民文明素质和专业技能。

三要建立健全乡村文化生态重塑的人才使用创新机制。围绕充分发挥各类人才在乡村文化生态重塑、乡村文化建设中的积极推动作用之基本原则，构建人尽其才的人才使用创新机制，多措并举激发人才创新活力，使之更高效率、更高效益地服务好乡村文化发展。要在机构编制、职称职务、福利待遇等层面创新用人机制，构建人才服务乡村全面振兴的分类激励机制，优化乡村文化振兴人才队伍的激励政策。以更加开放的态度、更加灵活的政策、更为精细的服务，做足文化氛围构建、人文关怀文章，进一步改善乡村振兴文化人才队伍的创新创业环境，增强他们推进乡村文化建设的主动性，使之创新活力得到激情迸发，汇聚起推进乡村文化高质量发展的强大合力。

（四）注重突出特色，优化乡村文化生态重塑的架构布局

重塑乡村文化生态，说到底就是要解决好新的历史方位下城乡文化发展不平衡和乡村文化发展不充分的问题。乡村文化供给与需求的"悬浮"，供需的错位，使得乡村文化建设的成效满意度和认可度不高。其原因，是没有因地制宜，突出特色。重塑乡村文化生态，必须从建设主体需求的迫切性出发，优化乡村文化空间布局，体现乡土特色、乡土气息，赋予乡土文化新的时代空间。

一是要坚持走特色化、差异化发展之路。乡村文化生态的现代转型，需要在文化设施的建立、文化资源的保护、文化产业的发展等的转型，彰显出文化内涵、体现文化意义，更需要乡村建设的各个领域、各个环节应与新时代语境下现代文明的要求相吻合、相适应。必须紧密结合乡村振兴的20字总要求，立足文化资源与现代消费需求有效对接，坚持乡村文化、乡村旅游与其他产业深度融合、创新发展，挖掘乡村特色文化符号，盘活地方和民族特色文化资源，打造乡村文化生态重塑的特色化、差异化发展之路。

二是要着力服务乡村特色产业发展。结合地域特征、民族特点、历史背景和发展水平，充分利用市场机制，坚持以民生为本，使村民直接受益的原则，探索不同的保护和开发利用模式，大力打造"乡村文化+"新业态，将有条件的乡土文化资源转化成为文化生产力，着力服务乡村特色产业发展。资源开发要取其精华、扬长避短，在保留优秀传统文化"原汁原味"的基础上，融入现代文明，推陈出新，使每个开发项目都具有鲜明的地方特色，形成区域优势。对于南岭瑶族文化（贺州）生态保护区来说，应加强乡土文化教育，大力发展瑶族特色工艺品加工业、瑶族特色旅游业，大力扶持瑶族医药事业发展。

三是要充分利用好现有的乡村文化平台载体。分门别类制定乡村公共文化空间形态的制度规范，构建现代基层民主政治文化公共空间；加强乡村各类型的新型社会组织建设及相应的文化活动方案管理，加强对传统公共空间的保护、传承和多元利用；积极创建乡村公共文化空间多元化形态，建好、管好、用好村史馆或农村博物馆、文化广场、文化墙、农家书屋等公共文化服务设施；推进乡村信息化建设，加强虚拟型公共文化空间治理。

（五）完善体制机制，加强乡村文化生态重塑的制度创新

乡村文化生态由传统向现代的转型，就是乡村文化通过体制机制创新强化其生命力的过程，就是乡村文化建设主体在改革创新中不断自我完善、自我提高的过程。这一过程，体制机制是管长远的、管根本的，起着全局性、根本性的决定作用。重塑乡村文化生态，归根结底就是要不断完善乡村文化治理体制，提升治理能力，需要加强乡村文化发展的制度建设，为保持乡村文化长盛不衰提供制度支撑。

一是要建构乡村文化生态重塑的多元主体协同参与机制。注重乡村文化生态重塑的整体性、系统性和协同性，坚持党委领导、政府主导、社会力量参与、农民主体的多元主体协同参与乡村文化生态重塑、公共文化服务、公共文化空间治理等体制机制。建立健全党委统筹协调传承保护乡村优秀传统文化工作机制，确保形成齐抓共管、协调推进的乡村文化传承保护大格局。创新乡村文化遗产挖掘保护、乡村文化培育、乡村文化建设激励、乡村文化市场治理、乡村文化研究阐释、乡村文化信用以及建设考核等机制。

二是要建构乡村文化生态重塑的多元支持机制。强化规划支持，将乡村优秀传统文化传承保护纳入城镇规划、城乡统筹、文化发展总体规划中，按照高标准、高起点、有特色、规范化的要求，科学编制乡村文化保护发展规划，有针对性地制订保护措施和方案。强化文化产业发展支持，积极引进具有创新思维和现代科技素质的文化经营人才，探索建

立合法的投融资主体和科学的投融资机制,为民族文化产业招商引资提供便利条件。强化人才支持,完善乡村文化人才的发现引进、培养培训和使用等政策,壮大乡土文化传承保护人才队伍。强化法治支持,制定更加符合区域实际、地方特色的传统文化保护法律法规,使乡土文化传承保护工作有法可依、有章可循。

三是要建构乡村文化环境保护评价机制。将文化生态保护纳入领导干部"离任审计",实行领导干部文化生态资源资产离任审计,建立文化生态环境损害责任终身追究制。推行"文化环保约谈"制度,对那些毁弃或流失境外、随意滥用、过度开发的,要问责有关地方政府或主管部门、保护责任单位;建立常态化的文化生态保护"巡查制度",运用巡查督促不作为、慢作为等问题的解决。认真贯彻落实非遗项目保护责任单位及非遗传承人退出机制,探索开展文化生态保护实验区"网格化管理"。

第五节　乡村全面振兴的根本遵循与乡村振兴实践的地方样本

高度重视民族工作,对少数民族群众和民族地区格外关注、关心、关爱,让各族人民过上美好生活,历来是中国共产党的一贯主张与优良传统。党的十八大以来,习近平同志多次深入民族地区调研,体察少数民族群众冷暖,对民族地区脱贫攻坚、乡村全面振兴进行亲自部署,并提出了一系列民族地区乡村振兴的新论断、新思想和新要求。在党的十九大上,习近平同志提出"实施乡村振兴战略",要求"鼓励引导人才向边远贫困地区、边疆民族地区、革命老区和基层一线流动"[1]。习近平同志关于乡村振兴的重要论述深刻回答了实施乡村振兴战略的重大

---

[1] 十九大以来重要文献选编(上)[M].北京:中央文献出版社,2019年版,第46页。

意义，全面阐述了乡村振兴的目标要求、战略路径、实施保障等重大理论和实践问题，是当前和今后全国各地实施乡村振兴战略的根本依据和科学指南，对民族地区乡村振兴实践发展有着重要的指导作用，是民族地区推进乡村振兴战略实施的重要遵循、实践遵循和根本遵循。

近年来，广西贺州昭平县仙回瑶族乡在乡村全面振兴中坚持以习近平同志关于乡村振兴重要论述为指导，立足乡镇资源禀赋，把握乡镇发展实际，乘国家实施乡村振兴战略的东风，扎实推进乡村振兴战略实施，有力促进了地方经济社会高质量发展，为地方文化保护奠定了坚实的物质基础。同时，把民族文化保护传承与发展工作列入乡村全面振兴特别是乡村文化振兴的重要议事日程，积极探索文化传承与发展的新路子，不断促进各族人民像石榴籽一样紧紧凝聚在一起。但由于特殊的民族结构、历史文化以及经济社会发展情况，乡村文化建设面临诸多难题和挑战，文化发展落后于发达地区。补齐乡村文化建设短板，充分挖掘丰富多彩的民族文化资源，全方位探索内生动力，发挥其在乡村振兴中的作用，对促进少数民族地区可持续发展具有重大的现实意义。

一、习近平关于乡村振兴重要论述为民族地区乡村振兴实践提供根本遵循

（一）深刻把握习近平同志关于乡村振兴重要论述的精神实质

习近平同志关于乡村振兴重要论述应破解新时代新矛盾新问题而生，是在对"三农"问题、"三大规律"认识不断深化的基础上发展起来的。习近平同志在党的十九大上首次提出"乡村振兴"，指出人才是实现民族振兴的战略资源。在2017年的中央农村工作会议上，他就乡村振兴战略的实施提出了"三步走"的目标任务、"七个坚持"的基本原则、走好中国特色社会主义乡村振兴的"七个道路"和八个"要"。2018年，习近平同志在中共中央政治局集体学习、全国"两会"、四川、湖北、山东等地考察等多种场合，从不同层面要求把乡村振兴这盘大棋走好。

随着中共中央国务院正式发布《关于实施乡村振兴战略的意见》，印发《乡村振兴战略规划（2018—2022年）》，习近平关于乡村振兴的"四梁八柱"搭建起来。此后，习近平同志在多种场合不断丰富发展和拓展升华。从论述时间和理论逻辑上看，习近平同志关于乡村振兴的重要论述体系完整，内容丰富，思想深刻，彰显了理论的连续性、层次的递进性、问题的指向性、体系的完备性等理论特质，其精神实质体现如下。

一是思想目标上，要实现农业农村现代化。习近平同志关于乡村振兴的重要论述，始终围绕社会主义本质要求、人民根本利益、中华民族伟大复兴、国家现代化进行阐述与实践的。习近平同志指出，"农业农村现代化是实施乡村振兴战略的总目标"，这就强烈反映出乡村振兴论述的核心要义，坚守了以人民为中心的思想、以及共享发展、共同富裕的理念，践行了党的宗旨，遵循了社会主义本质要求。

二是战略重点上，要通过"五大振兴"，实现"二十字"总目标。在习近平同志看来，乡村振兴，产业兴旺是重点，要坚持质量兴农、绿色兴农；生态宜居是关键，要实现百姓富、生态美的统一；乡风文明是保障，要坚持物质文明和精神文明一起抓，繁荣兴盛农村文化，不断提高乡村社会文明程度；治理有效是基础，构建自治、法治、德治相结合的乡村治理新体系；生活富裕是根本，要提高村民民生保障水平，塑造美丽乡村新风貌。在习近平同志看来，乡村振兴是全面的振兴，要实现乡村产业振兴、人才振兴、文化振兴、生态振兴、组织振兴。这对乡村振兴的着力点、关键点、核心点等问题进行了战略部署，体现了乡村振兴的质量导向、人本导向、目标导向和效果导向。

三是运用方法上，要坚持科学规划，按规律办事，因地制宜、循序渐进，坚持走中国特色乡村振兴之路。习近平同志强调，"乡村振兴，摆脱贫困是前提"，"打好脱贫攻坚战是实施乡村振兴战略的优先任务"，要把加强解决相对贫困问题顶层设计，纳入实施乡村振兴战略统筹安排，做好脱贫攻坚与实施乡村振兴战略有机衔接。要按"三个阶段性目标"稳妥推进，正确处理好"四大关系"，即长期目标和短期目标的关系、顶层设计和基层探索的关系、充分发挥市场决定性作用和更好发挥政府作用的关系、增强群众获得感和适应发展阶段的关系。这体现了习近平同志乡村振兴重要论述的战略思维、辩证思维、底线思维的统一，折射出其深厚的哲学意蕴、浓厚的乡土情怀、高超的政治智慧和卓越的执政能力。

四是成效保障上，要坚持党管农村工作，强化乡村全面振兴体制机制创新、制度建设和制度供给。在习近平同志看来，党的全面领导是乡村振兴的坚强保证，要把农村基层党组织建成坚强战斗堡垒，充分发挥好乡村党组织的作用；"建立健全城乡融合发展体制机制和政策体系是制度保障"，要创新乡村振兴的人才工作、投入保障、投融资机制制度。这就对乡村振兴实施所需的制度、法治、投入、政策和组织保证等方面进行了战略性谋划，凸显了乡村全面振兴党政主导与机制创新的重要。

（二）习近平乡村振兴重要论述对乡村振兴实践发展的价值作用

习近平同志关于乡村振兴的重要论述，是当前全国各地实施乡村振兴战略的根本依据和科学指南，对少数民族地区乡村振兴实践发展有着重要的指导价值作用。一是为民族地区乡村振兴实践奠定了理论基石。习近平同志对民族地区实施乡村振兴战略实践的重要指示和论述，对于如何理解新时代少数民族地区的"三农"工作问题，如何科学认识加快推进少数民族地区的农业农村现代化、实现农民生活富裕、推动民族地区与全国一道进入全面小康社会的政治意义、时代意义，如何推进乡村治理能力和治理水平现代化等问题都具有重要的理论指引与现实指导意义。二是为民族地区乡村振兴实践指明了根本路径。习近平同志关于乡村振兴的重要论述，是基于"三农"工作实践基础上形成的，是对我国工农关系、城乡关系的科学把握，为正确处理好这些关系，顺利推进社会主义现代化进程，为民族地区一道全面建成小康社会提供了方法指引，还对通过更为有效的制度安排让贫困人口、贫困地区共享改革发展成果提供了具体方案，诸如《中国共产党农村工作条例》等一些针对性强、涵盖面广的政策文件和机制制度，是少数民族地区开展乡村振兴的重要依据。三是为民族地区乡村振兴实践指明了方法要求。习近平同志关于乡村振兴重要论述中的精准扶贫脱贫攻坚与乡村振兴有机结合、实施好边远贫困地区、边疆民族地区和革命老区人才支持计划、强化东西部扶贫协作对口支援工作、保护民族文化特色风貌,等等,蕴含着的方法体系,既为民族地区打赢脱贫攻坚战作出了精准安排,也为民族地区提升脱贫攻坚、乡村振兴质量提供了具体而明确的方法。脱贫攻坚战的实践表明,民族的脱贫攻坚成效为乡村振兴奠定了良好的物质基础,也充分凸显了习近平同志关于乡村振兴重要论述中方法论的针对性、科学性和生命力。

(三)民族地区实施乡村振兴战略的时代意义

民族地区在推进乡村振兴实践发展中,必须把习近平同志关于乡村振兴重要论述的精神要求融入实践工作的全过程。基于发展中国特色社会主义看,民族地区是短板,也是重点和难点所在。少数民族地区实施乡村振兴战略,需要创新理论成果指导,有着重大的时代意义。一是有助于加快民族地区全面建成小康社会进程,推动民族地区与全国同步全面建成小康社会,共享中华民族伟大复兴光荣和梦想,是中国共产党民族政策的根本立场,但总的来看,包括民族地区在内的城乡发展二元格局,城乡要素合理流动机制还不够完善,农业农村"短腿""短板"问题仍还存在。推进民族地区实施乡村振兴,加快城乡融合发展、区域协调发展,是全面建成小康社会、践行社会主义本质要求的必然选择。二是有助于坚持以人民为中心,破解新时代民族地区社会主要矛盾。由于民族地区历史欠账多,社会发育程度低,经济发展滞后,基础设施基本公共服务与人民需求不匹配,倘若任其发展,持续拉大趋势得不到根本扭转,如同邓小平所说的"就可能出乱子"[1]。实施乡村振兴战略,破

---

[1] 邓小平文选(第三卷)[M].北京:人民出版社,1993年版,第364页。

解社会主要矛盾，提升人民群众的获得感、幸福感、安全感，筑牢民族地区团结进步事业的发展基石、经济基础，是维护民族团结、促进国家和谐稳定安全的重要保障，是践行"以人民为中心"执政理念的务实行动。三是有助于促进民族地区治理体系和治理能力现代化，为全面建成社会主义现代化强国提供重要保障。社会主义现代化是整体意义上的现代化，地理空间上的全域现代化，涵盖国家内所有的物、人的现代化，及民族地区的乡村治理体系和治理能力的现代化。民族地区的现代化，直接关系着整个社会主义现代化的成色和成败。实施乡村振兴战略，补齐民族地区农业农村短板，促进民族地区政治建设、经济建设、社会建设、文化建设、生态文明建设和党的建设六大建设一体化发展向着深度和广度迈进，进而为全面建成社会主义现代化强国提供有力支撑。

二、贯彻习近平同志关于乡村振兴重要论述的实践探索

（一）实施乡村振兴战略取得的成效彰显了乡村振兴战略的科学性

据调查，昭平县仙回瑶族乡实施乡村战略的主要做法有：一是调整产业结构，培育特色产业。在做优做强传统优势产业的同时，积极推进茶叶产业升级，全面做好"稻耳轮作"种植产业示范基地建设工作，加快水果种植，从产业结构单一向特色农业转型。利用贫困村发展集体经济项目的契机，打造高质高产的油茶种植基地，积极发展甜茶、中草药、辣木种植，逐步呈现山顶林木成面、山腰油茶甜茶成林、坡地茶园果园连片的立体农业发展态势。二是抓实项目建设，完善基础设施。积极争取昭平至仙回道路提级改造等项目的落地，通过"一事一议"、扶贫等途径多方争取项目，进一步实施各村组与组、屯与屯之间的道路硬化，完善农村道路网络，全力推进住房保障工作，扶贫移民易地搬迁项目全面建成，成为瑶乡第一个集中住宅小区，完善球场、桥梁等附属设施，集镇面貌焕然一新，全力做好公立幼儿园项目建设工作及中心校等学校改扩建工程，促进全乡教育事业均衡发展。三是搭建活动平台，弘扬民

族文化。坚持在经济发展过程中实行民族文化保护与弘扬，成立少数民族文化的传承与发展工作领导小组，组建调马队、彩调队、舞狮队等多支农村业余文艺队伍，对调马、彩调剧、捉龟舞、舞龙等具有民族特色的文化活动进行深入挖掘，利用盘王节、美食节、龙舟赛等平台，将该项民俗活动开展常态化，切实做好民族文化保护与传承工作。建立民族展览室及贺州市首个村一级的民俗展览馆——"乡愁馆"，充分地展示着瑶乡的人文风情和历史情怀。发展瑶乡土猪、瑶乡茶叶、瑶乡木耳等一系列特色产品，打响瑶族品牌，把提高经济效益与传承民族文化相结合。利用茶叶开采仪式、国庆升旗仪式及参加市、县、乡等重要会议活动，鼓励穿着少数民族服装，积极展示瑶族服饰文化，该乡先后荣获第二批全区民族团结进步创建活动示范单位、自治区级生态乡镇、自治区第八次民族团结进步模范集体等荣誉称号。四是筑牢生态底线，改善人居环境。坚持生态优先绿色发展，积极打造宜居乡村示范点建设，重点打造茶山村大岭屯市级精品示范点，该屯被自治区评为"绿色村屯"。坚持集中治理和日常保洁相结合，实行乡干部包村联系负责，加大宜居乡村和乡村振兴战略宣传力度，不断增强群众环境保护责任感。加大改厨工作力度，不断改善人民新生活；全力推进河长制，建立河库日常保洁制度和河长巡河制度，对辖区流域漂浮物等进行持续清理；严格落实中央环保督察整改要求，坚持问题导向，认真开展环境问题"大排查、大整治"集中攻坚行动，围绕"看得见山、望得见水、记得住乡愁"的要求，狠抓环境治理，进一步改善村容村貌，大力提升农村人居环境。五是狠抓工作措施，推进脱贫攻坚。通过采取压紧压实脱贫责任，围绕"两不愁、三保障"抓重点、补短板，实行网格化管理，积极助推"一帮一联"工作，全乡812户贫困户落实小网格员网格化管理，实现了贫困户由帮扶联系人个人管理，网格员分片进行管理的双重管理模式实现了脱贫摘帽，摆脱了贫困。

（二）推进乡村全面振兴实施需要补齐的几个短板

昭平县仙回瑶族乡通过上述五大得力举措，推进乡村振兴战略实施，取得了令人满意的成效，但据调查反映，当前乡村振兴工作面临不少问题和考验，亟需补齐几个短板。一是基础设施有待完善，公共服务供给短缺。该乡地处昭平西北面，地理位置和自然条件欠佳，经济欠发达，社会发展形态低下，农业技术落后，与现代化要求还不相吻合。特别是交通闭塞，无高速路和二级路，只有三级路，造成交通运输成本高，外商投资落户少，社会经济发展受到严重制约，乡村振兴的公共服务基础有待大幅改观。二是产业发展相对落后，科技应用水平不高。小农生产仍占主体，特色农业发展刚起步，发展程度不高，种植多以茶叶、沙糖橘为主，深加工产业链不完善和市场交易体系不健全。虽有一些龙头企业引领，但起点低、底子薄，资金欠雄厚、技术、信息等基础发展薄弱，辐射效应、品牌效应不强，产业调整举步维艰。三是专业人才资源匮乏，乡村发展要素短缺。人口总量偏少，整体素质还不高，人才外流严重，大量文化水平高、能力强、思维开阔和懂技术的乡贤离开乡村，致使乡村治理人才资源日益匮乏；产业能人和基层党组织带头人年龄普遍偏大，带动能力不强，人才振兴已成为制约实施乡村振兴战略的主要瓶颈。四是生态环境问题突出，人居环境有待改善。所辖6个行政村，仅配备34名保洁员，1辆垃圾清运车，且垃圾处理设备陈旧，大多以人力清洁为主，无法实现自动化的清洁，导致垃圾处理存在一定困难；部分群众环保意识不强，不爱惜环境资源的现象突出；无规范垃圾处理设施，未建立公厕，保障机制尚未健全。五是受自身地域因素影响，乡村振兴帮扶任务繁重。昭平县属于国家贫困县，作为昭平县唯一的少数民族乡镇，地处偏远地区，贫困户受教育程度相对较低，"等靠要"思想比较严重，发展内生动力不足，扶智与扶志难度更大，乡村振兴帮扶任务仍然十分艰巨。

（三）实施乡村全面振兴的实践向度

通过梳理习近平关于乡村振兴的重要论述，不难发现，乡村振兴战略的内涵外延丰富广泛，指向清晰明确。为此，建议民族地区实施乡村振兴战略在实践上从以下几个方面着重考量：

1. 坚持规划先行，高位推动，强化顶层设计。习近平同志指出，"实施乡村振兴战略是一篇大文章，要统筹谋划，科学推进"，科学规划。切实树立规划先行意识，把少数民族地区实施乡村振兴战略这项工作真正纳入地方经济社会发展规划，不断提升规划的战略思维；在尊重自然、传统、民意的基础上，注重突出地域、瑶族民族特色，遵循乡村建设规律，分门别类地实施富有前瞻性的、有梯度的瑶乡乡村全面振兴规划，着力提升规划质量；建立新型瑶乡城乡融合发展机制，强化乡村振兴战略规划的统筹，着力提升乡村振兴的整体性、协同性、关联性，使之更具有前瞻性、开放性和包容性。

2. 坚持绿色发展，加强保护，夯实生态根基。良好生态资源环境，是少数民族地区的优势。"人与自然是生命共同体，人类必须尊重自然、顺应自然、保护自然"[1]。对于民族地区来说，实施乡村振兴战略，要立足生态优势，坚持绿色发展主线，生态建设与资源合理开发利用并重，实施好"绿色+"发展战略，加强绿色生态建设，守住生态红线，筑牢生态空间。加强乡村环境问题综合治理、资源环境保护，大力推进人居环境整治行动，和垃圾、粪污、污水、村容村貌、厕所"五大革命"，着力改善水电路气房讯等基础设施，让良好生态成为美丽瑶乡建设支撑点。建立健全乡村环境保护机制，实施乡村建设生态责任追究制和一票否决制，依靠规章制度来保护生态环境。充分发挥乡规民约的自治、规

---

[1] 十九大以来重要文献选编[M].北京：中央文献出版社，2019年，第35页。

范、约束作用，加强生态文明宣传，教育引导农民树立绿色发展观、良好生态文明行为，养成生态环境保护的绿色低碳生产生活习惯。

3. 坚持因地制宜，抓住根本，发展特色产业。培育特色优势产业，提高产业结构层次，是民族地区可持续发展的根本所在。当前一些民族乡镇出现"空心化"趋势，除了受城市"虹吸效应"等外部因素影响外，归根结底还是地方产业没有发展好。只有把产业发展起来，才能留住青壮年农民，才能吸引外出务工人员返乡，才能吸引投资者来投资。要深化农村土地制度改革，促进新型产业化联合体和农业产业相融合，建立以规模经营为依托，以利益联结为纽带的一体化农业经营组织联盟，探索灵活多样的、适合瑶乡产业发展的经营模式，着力发展壮大新型农村集体经济。积极培育和引进一批实力强、技术好、引领作用突出的龙头品牌企业，壮大特色优势农业产业，拓展农民可持续增收空间。立足民族特色，遵循特色、品牌、绿色优先原则，以市场需求为导向，以优势资源为依托，以瑶乡茗茶为引领，打造绿色化、优质化、特色化茶叶品牌，用特色支柱产业推动地方特色乡村振兴之路。

4. 坚持传承创新，文化铸魂，凝聚文化血脉。乡村文明复兴，文化振兴，是乡村全面振兴的重要内容。瑶族文化是瑶乡几千年发展历史的深厚沉淀，应围绕留住瑶族文化的根、守住瑶族的魂来建设瑶乡的共有精神家园。做好传统民族村落的规划和保护，充分利用好瑶族文化特色，让农村"亮"起来、"活"起来、"动"起来。如，通过社会赞助、捐赠等形式建立保护专项资金，保护好传统瑶族村落茅坪村；强化对少数民族服饰制作工艺、民歌、传统技艺、传统节日、民间文学、典籍、艺术品以及濒临失传的非物质文化遗产的重点保护和传承发展，使之保护与培育文化产业相结合，让少数民族群众从中享受带来的实惠，进而让正在消失或濒临消失的传统民族文化得以挖掘和培育。建立非物质文化遗产传承机制，大力培育民族文化传承人，鼓励和支持少数民族文化民间艺人、文化传承人，搭建活动平台，给予津贴资助，通过授徒传艺、举办培训班等方式培养民族文化传承人才，延续民族文化血脉。充分利用各种网络舆论、新闻媒体工具，加强民族文化宣传，打好"乡土气息""原始生态""民族风俗"三张特色牌，通过组织相关人员拍摄宣传纪录片、现场直播等各类创意宣传方式，不断推动民族文化与旅游产业融合发展，走出一条优势产业"塑形"，民族文化"铸魂"的特色乡村振兴之路。

5. 坚持人才为要，突出主体，激活内生动力。乡村振兴，人才是关键，人才振兴是实施乡村振兴战略的基础保障。农民是乡村振兴的重要参与主体，也是直接受益者，要发挥亿万农民的主体作用和首创精神，激活乡村振兴内生动力。坚持人才为要，尊重农民主体地位，激活乡村振兴参与主体的内生动力。大力培养造就新型职业农民队伍，完善职业培训政策，加大农业职业教育和技术培训力度，推进实施新生代农民工职业技能提升活动，提高农民职业教育培训质量。加强"一懂两爱""三农"工作队伍建设，大力培养乡村本土人才，打造乡村振兴的中坚力量。加大民族地区人才支持和引进力度，采取优惠政策引导农林牧专业大学生毕业后直接充实乡村农技队伍，构建少数民族地区农业技术服务体系。大力培育新乡贤文化，坚持以乡愁为基因，以乡情为纽带，创设农民工、企业家等回乡创业良好环境，提升新乡贤参与服务乡村振兴效能，充分发挥好新乡贤作用。

6. 坚持党建引领，凝聚力量，建强战斗堡垒。乡村全面振兴关键在党，靠好的带头人，靠一个好的基层党组织。要坚定不移地坚持党的全面领导，加强党建引领，切实发挥好乡村基层党组织的战斗堡垒作用、政治优势和组织优势，以及党员干部的先锋模范作用。落实好《中国共产党农村工作条例》，严格执行实施乡村振兴领导责任制、推进乡村振兴战略实绩考核制度，创新党管农村工作领导责任、推进机制。强化学习培训，提升党员干部领导"三农"工作的能力和水平；选优配强乡村振兴领导干部队伍，强化乡村振兴组织保障；建立乡村全面振兴激励表彰机制，充分释放"明白人""带头人"以及乡土人才的引领示范带动功效，激发多元主体协同参与内在动力，提升多元主体协同治理效应。发扬好党管农村工作的传统，突出基层组织政治功能。把好乡村振兴战略的政治方向，加强对农村基层干部队伍的监督管理力度，强化基层"微腐败"、扶贫领域专项治理，严惩农村黑恶势力，廓清农村基层政治生态，着力打造风清气正的农村基层政治生态。

三、乡村全面振兴背景下地方文化建设的实践探索

（一）地方文化保护与发展的基本情况及成效

仙回瑶族乡是昭平县唯一的一个少数民族乡镇。全乡总面积185平方千米，辖6个村民委员会，总人口1.53万，其中瑶族人口8547人，占总人口的55.5%。在推进乡村全面振兴进程中，要采取得力措施，切实加强了地方文化建设与保护，取得可喜成效。该乡荣获第二批广西壮族自治区民族团结进步创建活动示范单位、自治区级生态乡镇、自治区第八次民族团结进步模范集体等荣誉称号。

1. 不断完善管理机制，筑牢民族文化保护与发展基石。成立少数民族文化的传承与发展工作领导小组，由乡主要领导担任组长，切实做好民族文化保护与传承工作，做到了"有机构、有人员、有成果"。不断完善相关机制，摸清瑶乡文化遗产底数，为进一步的保护与更好的发展奠定基础。该乡的"调马"于2012年被广西壮族自治区评为区级非物质文化遗产，近年来也重点针对瑶乡"调马"这个少数民族文化瑰宝进行保护和发展。

2. 加大基础设施建设，创建并不断创新发展民族展馆。为充分挖掘瑶乡民俗文化，加强对调马等少数民族特色文化保护和发展，筹建了民族展览室及民俗展览馆——"乡愁馆"。2019年争取到自治区本级文化产业发展专项资金60万元，用于该乡大中村瑶族调马传承基地基础设施建设。目前，该项目的河堤护栏、非遗传承中心楼等基础设施已建成，"乡愁馆"已搬迁至非遗传承中心楼，调马传承基地得到进一步完善，瑶乡调马民族特色文化将得到进一步保护和传承。近年来，调马更是经常受邀参加县、市、区内外表演，更好地促进了瑶乡民族文化的传承与发展，让调马这一文化瑰宝熠熠生辉。创建民族展览室，通过展示非物质文化遗产道

具和少数民族服饰及生产用具,充分展示仙回瑶族乡的人文风情和历史民俗,进一步加强了少数民族文化保护传承与发展。

3. 加强民族文化宣扬,挖掘与发展少数民族音乐舞蹈。组建调马队、彩调队、舞狮队等多支农村业余文艺队伍,对调马、彩调剧、捉龟舞、舞龙等具有民族特色文化的活动进行深入挖掘。在每年的重大节日和祭祀活动中,村民们都会以调马、舞狮、舞龙等形式,对民俗活动进行展演。不断加强资金保障硬件道具等设施建设,搭建少数民族文化的传承与发展交流平台,做好传统文化的"传帮带",激活了村民的文化自信自觉,使得农村文化生活丰富多彩,对于积极构建民族地区乡村文化振兴内生动力机制具有重要意义。借助盘王节、农民丰收节等重大节庆,通过茶叶开采仪式、国庆升旗仪式及参加市、县、乡等重要会议活动,鼓励身着少数民族服装,充分展现少数民族文化特有风采、瑶族服饰文化。

(二)地方文化保护与发展面临的问题和挑战

1. 缺乏对保护工作的责任感。在实际的工作中,往往为了追求经济发展、产业发展,无暇顾及优秀传统文化的保护和弘扬。尚未完全建立健全科学的普查、评审、认证、保护、管理体系和机制,尚未进一步构建强有力、综合素质高、业务技术能力较好的工作团队,尚未进一步形成对本地区非物质文化环境保护的正确融资途径和渠道。这些存在的问题导致民族传统文化保护传承的人才流失速度加快,许多传统手工艺濒临灭绝,大量具有悠久历史、文化价值的宝贵实物与信息资源遭到破坏,甚至被毁弃。

2. 民族文化专业人才紧缺,参与保护的社会氛围不浓。现在从事民族文化工作的部分人员不具备相关的理论知识,有的连最基本的本民族语言都不懂,更没有经过本民族传统文化的熏陶,缺乏民族文化情感,造成了工作技能与工作岗位的严重错位,为民族文化的保护增加了一定的困难。全球文化交流和文化碰撞,使得本就处于脆弱状态的民族传统文化更趋于濒危状态，尤其是民族语言危机日益加剧。与20世纪80年代相比，境内瑶族语言的使用率急剧下降，90%以上的年轻人已经不会使用瑶语，只有少数的老一辈在日常生活中使用瑶语。外部文化逐渐进入瑶乡，传统观念认识不断更新，再加之参与保护的社会氛围不浓，导致很多年轻人缺乏对传统文化的浓厚兴趣，自愿学习和弘扬瑶族的语言、歌舞、舞蹈和传统礼仪的人越来越少。

3. 经费投入严重不足，民居古建筑和特色民居濒临灭绝。经费紧缺，造成民族文化工作"基层有热情，艺人有真情，专家有感情，认识有位子，财政无盘子"的局面，民族传统文化保护传承和开发利用工作举步维艰。乡村建设的整体推进，绝大部分民族地区没有根据民族、地域、文化、传统、气候、自然等特点，一概照搬外地民居建筑模式，使得曾经引以为豪的具有人文特征的瑶家山寨、村堡淡出人们视野甚至消失。民居样式新了，特色没了；建筑换了，传统丢了，未能较好地体现人与自然的和谐共生。

（三）做好地方文化保护与发展工作的思路对策

一要把民族文化元素融入产业发展，助推经济结构转型升级。深入挖掘少数民族传统文化元素，将民族传统文化融入农产品包装中，提升农产品的附加值。如，针对传统产业茶叶，起步较晚，规模不够大，尚未形成"产加销"的产业链条的情况，在对当地农产品的包装进行设计时，可运用少数民族服饰图案、调马文化等元素进行设计，使其不仅实用，而且凸显出地域特色、独特的民族文化内涵。以民族文化旅游为切入点，不断打造大氹山示范点生态旅游，采用民族特色农家乐、民族风情体验游等形式，推进现代农业与艺术创意、休闲旅游等产业的融合发展，拓宽特色产品的产业链，进而提高群众对本土民族传统工艺保护与开发的积极性。

二要以民族文化资源引领乡村振兴，有序推进村容村貌改善。强化民族文化特色村寨规划建设，打造乡村民族特色文化景观。要进一步保护好少数民族古村落与少数民族特色村寨，合理开发和利用，注重少数民族传统文化的保护和传承，把民族特色、民俗风情等元素融入民族建筑的设计中，以弘扬民族文化的形式来丰富当地的建筑景观内涵，构筑少数民族特色村寨品牌形象，提高少数民族地区特色村寨旅游的核心竞争优势，保持其旅游业发展的原生态活力。把经济发展与少数民族特色民居建造、民族文化传承、生态环境保护、居民幸福系数有机结合起来，切实改善基础设施条件，加强乡村人居环境整治，突出加强村寨的水渠、道路等基础设施的建设，着力改善人居环境。

三要以民族文化资源丰富教育体系，促进教育高质量发展。依托丰富的民族文化资源，赋予学校建筑浓郁的民族文化特色，将各种民族元素融入校园的建设，打造具有本土特色的校园文化氛围。突出民族特色，充分利用和深入挖掘民族文化教育资源，将少数民族文化资源有选择性地融入教学活动中。如，在语文课上补充瑶族语言文化，进行比较互补式学习。把少数民族传统体育运动纳入体育课程中，有针对性地进行培训指导，努力打造一支有特色有实力有代表性的少数民族传统体育运动队伍。同时，将少数民族民俗、建筑特色等传统民族文化拓展到学校的多元文化教育中，充分发挥学校在传承发展民族文化中的基础作用。

四要植根民族文化传统，加强传承人队伍建设。注重少数民族传统文化和民族特质文化的传承、发展与创新，打造对外宣传的文化名片，增强乡村优秀传统文化和特色民族文化的影响力，提升知名度。注重对村民的教育和培训，加强传承人队伍建设，着力培养一批能够扎根基层的乡土文化能人和非物质文化遗产传承人队伍。注重本民族文化和现代文明融合发展，创建民族特色课程试点学校，把传承民族文化、少数民族传统体育运动、传统戏曲作为教育的重要内容，组织开展"民族文化进校园"活动，营造浓厚的民族文化和民族团结氛围，提高教师和学生的文化素养和审美素养，增强他们的文化自觉和文化自信。

五要激活文化市场活力，激发村民参与文化振兴内在动力。充分发挥社会和市场的积极性，把民族传统文化激活。针对民族文艺精品演出展示不够、文化设施利用率不高、有效民族文化服务供给不足等问题，

借鉴其他地区成功经验，推出"民族文化舞台"活动。用好现有的文化阵地，积极开展"教你露一手"群众文艺活动，让优秀民族节目演起来、文化场地用起来、文艺工作者动起来、老百姓乐起来、核心价值观活起来。组织开展广大文艺工作者走进基层活动，通过传授群众喜闻乐见、便于参与、乐于展示的民族文艺"小招式""小技巧"，吸引群众学招数、秀才艺、比技能，形成民族文化惠民新模式。

六要发挥民族文化的教化涵育功能，着力推进文明乡风重塑。乡村文化公共设施，是满足农民精神文化生活的基础平台，也是传播先进文化的物质载体和乡风文明建设的硬件保证。要利用好丰富的民族文化资源，将其整合进村民的日常文化休闲生活。充分发挥各类文化阵地的作用，鼓励村民以当地民俗文化为载体，积极开展各种富有乡村特色、喜闻乐见的群众性文化活动，丰富村民基层文化生活，大力培育良好乡风。

七要注重加强法治建设，提升乡村法治水平。充分挖掘本地文化中与法治建设相关的内容，将优秀的道德教育内容和积极奋进的民族民间传说、故事等各种资源纳入乡村法治宣传、执法实践的进程中，用民族文化资源补充现代法治体系，引领民族地区法治化、现代化，不断提升乡村法治水平；着力培养农民群众建立法律观念和自觉学法、守法的意识，使农民充分认识到本民族文化的价值，重拾文化自信，强化文化认知，增进文化认同，推动乡村文化繁荣兴盛。

第六节　本章小结

乡村振兴是一篇大文章。乡村文化生态重塑也是一篇大文章，更是值得深入研究的大文章。本章从生态整体性的视角对贺州乡村文化生态只是进行了宏观上且还不够深入、不够精细的研究，对乡村文化某一方面，比如传统古村落、民俗文化、瑶族文化、潇贺古道文化、长寿康养文化、茶文化等等方面的研究都关照得不够，没有进行微观上深入的把握和考究。在新的征程上，对于欠发达地区来说，需要什么样的文化生态，为什么需要这样的文化生态，如何成就这样的生态等问题，研究的力度还不够，回答得比较宽泛。从乡村文化的某一方面或撷取一个比较典型的村屯，探究乡村文化生态演变的规律，具体分析文化生态与政治生态、经济生态、社会生态的关系，需要进行一场接地气的调查研究。而本研究在这方面是不够的。对于乡村文化生态重塑的对策建议，相形之下也是比较宏观的，有待结合贺州的实际，提出一些富有针对性和可操作性的政策建议。尤其是，如何重塑体现地方特色优势的乡村文化生态，进而更好地助推乡村全面振兴，还需要进一步深入研究，比较分析，对于借鉴其他地区乡村文化生态重塑的经验也有待进一步加强研究。这些研究的不足，仍需今后努力探究，也是进一步深化乡村文化生态重塑问题研究所要把握的重点和方向。

第四章
红色文化资源利用与乡村全面振兴高质量发展

用心用情用力保护好、管理好、运用好红色资源,忠实赓续红色血脉,努力创造不负革命先辈期望、无愧于历史和人民的新业绩,是中国共产党人的光荣传统,是中国共产党人始终不渝践行初心和使命的铮铮誓言和具体行动。红色既是中国共产党,又是中华人民共和国的最鲜亮的底色,红色资源在我国 960 多万平方公里的广袤大地上星罗棋布。习近平同志曾强调:"共和国是红色的,不能淡化这个颜色。无数的先烈鲜血染红了我们的旗帜,我们不建好他们所盼望向往、为之奋斗、为之牺牲的共和国,是绝对不行的。"[1] 回顾党的百年奋斗历程,"在革命战争年代,勤劳朴实的老区人民养育了我们党和人民军队,竭尽所能提供人力、物力、财力,为壮大革命力量、夺取革命胜利付出了巨大牺牲,作出了极大贡献。"[2] 革命老区是新中国的摇篮,是社会主义大厦的基石,要让老区人民过上更加幸福美好的生活。新的征程上,加强红色文

---

[1] 两会现场观察:"共和国是红色的"[N].人民日报,2019 年 3 月 5 日,第 1 版。
[2] 中国老区建设促进会:让革命老区人民过上更加幸福美好的新生活[N].光明日报,2015 年 1 月 24 日,第 7 版。

化资源的开发与利用，发挥红色文化优势，是助推乡村全面振兴高质量发展的精神支撑，是提升乡村全面振兴实践效能的一项紧迫而重大的课题。置于实现中华民族伟大复兴的时代语义下，忠实传承红色基因，大力弘扬革命传统，充分依托红色文化资源，赋能乡村全面振兴，促进乡村经济社会高质量发展，对于实现基层党建与乡村经济社会高质量发展互融互促、双向共赢，推动红色文化资源开发利用与乡村全面振兴的融合发展，助力农业农村现代化，都具有重要的现实意义。回答好红色文化资源利用与乡村全面振兴高质量发展的问题，必须着力深入把握红色文化资源开发利用与乡村全面振兴的辩证关系与契合机理，全面考察红色文化资源助推乡村全面振兴的时代价值与实现逻辑，科学把握红色文化资源、红色基因融入乡村全面振兴的现实困境和实践路径。

第一节　红色文化资源开发利用对乡村全面振兴高质量发展的独特价值

毛泽东指出，"一定的文化是一定社会的政治和经济的反映，又给予伟大影响和作用于一定的政治和经济。"[1]红色文化，是中国共产党人团结带领中国人民在革命、建设、改革中创造和形成的理论、精神、经验、传统，以及由此凝结而成的独特文化现象。对于红色文化丰富内涵的认识，我们要把握好三点：第一，红色文化是以中国化马克思主义为核心的先进文化，内蕴着丰富的革命精神和厚重的历史文化；第二，要放在实现中华民族伟大复兴的宏大主题下理解其形成的历史背景、概念、特征与时代价值；第三，谈论红色文化资源的开发利用必须在遵循地域差异性的基础上，坚持系统观念统筹推进其大发展大繁荣。

探讨红色文化资源开发利用与乡村全面振兴的关系问题，逻辑起点

---

[1] 毛泽东选集（第二卷）[M].北京：人民出版社，1991年版，第663页。

是要把握好红色文化资源开发利用与乡村全面振兴高质量发展的内在机理。所谓机理，是指为了实现某一特定功能，在一定的系统机构中各要素的内在工作方式以及诸要素在一定环境条件下相互联系、相互作用的运行规则和原理。依此可知，红色资源开发利用与乡村全面振兴统一于中国特色社会主义建设伟大实践，彼此具有密不可分的内在关联，是双向互动的。红色文化资源的开发利用为乡村全面振兴提供了有力的支撑，乡村全面振兴的推进为红色资源开发利用带来难得的历史战略机遇，两者在物质形态、精神形态、制度形态的契合，实现了双方的有机结合，对于两者来说，是大有裨益的，互利互惠的。

红色文化资源是中国共产党在长期的社会革命实践中积累沉淀而成的宝贵精神财富，是中华优秀传统文化资源不可或缺的重要组成部分。红色文化资源的独特价值，对乡村全面振兴高质量发展具有独特而重要价值意义，红色文化资源的开发和运用，不仅仅是推进乡村全面振兴高质量发展的内在需要和必然要求，更是其重要的动力源泉和精神支撑。2019年9月，习近平同志在河南考察时就指出，"依托丰富的红色文化资源和绿色发展生态资源发展乡村旅游，搞活了农村经济，是振兴乡村的好做法"。[1]2021年4月，习近平同志在广西考察时再一次指出，"全面推进乡村振兴，要立足特色资源，坚持科技兴农，因地制宜发展乡村旅游、休闲农业等新产业新业态，贯通产加销，融合农文旅，推动乡村产业发展壮大，让农民更多分享产业增值收益。"[2]2021年的中央一号文件就全面推进乡村振兴，加快农业农村现代化强调指出，要"依托乡村特色优势资源"。红色文化资源之所以是乡村全面振兴中的特色优势资源，对于推进乡村全面振兴具有不可替代的独特功能作用，在于其深厚历史文化底蕴和民族精神内涵，以及其具有的先进性特殊性质和

---

[1] 坚定信心埋头苦干奋勇争先　谱写新时代中原更加出彩的绚丽篇章[N].人民日报，2019年9月19日，第1版。

[2] 解放思想深化改革凝心聚力担当实干　建设新时代中国特色社会主义壮美广西[N].人民日报，2021年4月28日，第1版。

指导性地位价值。新的征程上，随着乡村振兴战略推进的力度、深度持续加大，红色文化资源开发利用在乡村全面振兴高质量发展的地位和作用日益凸显，在推动全面实现"产业兴旺、生态宜居、乡风文明、治理有效、生活富裕"这一乡村振兴战略总要求上彰显出独特优势价值，具有经济、政治、文化、生态等多重维度时代价值。

（一）红色文化资源的开发利用有助于乡村产业兴旺

产业兴旺，既是全面推进乡村振兴的重要手段，又是乡村全面振兴的重要物质基础，也是衡量乡村全面振兴的重要评判标尺。如何做大做强乡村产业，实现乡村产业振兴，是推进乡村全面振兴工作必须把握的一项重点工作。红色文化资源的开发利用对于促进乡村全面振兴高质量发展有着重要的助推作用，有助于丰富乡村产业内涵，延伸产业链，提升经济效益。发展与红色文化相关的手工艺品创意产业，不仅有利于提升手工艺品的文化内涵，还可以延长与手工艺品相关联的制造业产业链。立足区域内红色文化资源，顺应产业发展规律，发展红色旅游，有助于推动乡村观光休闲产业的发展壮大，优化乡村产业布局，可促进农村一、二、三产业的深度融合，让乡村产业兴旺。全国各地的红色文化资源，推动红色文化旅游产业的发展，红色文化资源的开发利用，不仅使红色文化资源成为产业，红色旅游成为拉动当地经济增长的新引擎，带动乡村就业率的提升，而且以红色旅游引领了文旅康养产业的发展，实现了产业转型升级，成为带动经济发展的新生力量。苏区精神重要发祥地江西安远县，通过深入挖掘和包装红色文化资源，促进地方的人流、物流和信息流发展，带动了服务、住宿等产业发展，培育出了集休闲旅游、餐饮住宿等于一体的农村新型产业，助推了地方产业的兴旺，产生了极为可观的经济效益。据新闻报道，湖南汝城县沙洲瑶族村在"红色旅游+扶贫"模式下，焕活了资源优势，推动了产业振兴，实现 350 多名群众在家门口创业就业，2020 年人均可支配收入达 15 000 元，比 2014 年增加了近万元。

（二）红色文化资源的开发利用有助于让乡村生态宜居美起来，助力生态振兴

生态宜居是乡村全面振兴的关键。对生态宜居的深刻内涵，我们绝不能仅仅从人民群众居住的环境来理解，更需从乡村生态文明、人与自然和谐相处、人类可持续发展的高度来看待。就乡村全面振兴的生态层面来看，必须从生态良好、宜于居住、宜于就业创业等层面把握生态振兴的实质要求。一方面，要推进产业兴旺，夯实经济社会高质量发展的物质基础条件；另一方面，必须忠实践行绿水青山就是金山银山的理念，以绿色发展引领乡村全面振兴。也就是说，要让产业振兴与生态振兴紧密结合起来，而不能使之成为两张皮，顾此失彼，偏废某一方面；产业振兴不以牺牲生态环境为代价，不能竭泽而渔，以牺牲人类可持续发展换取短时、短见的发展。加强对红色文化资源的开发和利用，保护是前提。因此，在加强保护的基础上，加大对农村基础设施和公共服务的投入，优化乡村人居环境，引导群众树立可持续发展理念，用绿色发展理念引领推进农村生产方式、生活方式和消费方式的绿色化、生态化，对于发展绿色产业、培育"美丽经济"，助力生态振兴，促进乡土文化发展延续、自然风貌、文化保护和生态宜居等融合在一起，实现人与自然的和谐共生，是大有裨益的。"生态经济学认为，经济社会的生态发展需要文化尤其是红色基因的支撑。"[1] 在传承红色基因中加强乡村人居环境的整治，促进生态和人居环境的双向美化，让乡村生态宜居美起来，构建起适合人类居住的自然生态环境、良好的文化生态环境，必将有助于推动乡村生态振兴和文化生态重塑，有利于开发出美好的自然环境、安居乐业增收的生活环境，实现生产、生态、生活的和谐发展。

---

[1] 冷波：红色旅游是激活红色基因的重要方式 [J]. 党史文苑，2015 年，第 2 期。

（三）红色文化资源的开发利用有助于乡村乡风文明"塑"起来，助力文化振兴

　　文化振兴是乡村全面振兴的重要支撑。古人云：仓廪实而知礼节，衣食足而知荣辱。乡村自古就是中华传统文化的发源地，农耕文明的依托和载体。乡村全面振兴，必然是物质文明与精神文明协同发展的结果，必然要在注重物质文明建设的同时，也要注重乡村精神文明的建设，注重对村民精神风貌的提振，着力发展文化，让乡风"淳"起来。不断释放红色文化资源内蕴的追求真理、艰苦奋斗、为人民服务等时代价值，充分发挥红色文化中包含着的优良的革命传统、优秀的文化底蕴，及其无私奉献、开拓创新、勤俭节约、吃苦耐劳等精神力量作用，不仅能借此丰富村民的文化娱乐生活，培育良好的社会风气、优秀的家风，促进树立积极进取、艰苦朴素的精神意识，促成村民精神风貌焕然一新，让乡村乡风文明"塑"起来，而且能从革命先辈艰苦创业、敢于拼搏等行为中，汲取建设美好家园的智慧和力量，寻找乡村全面振兴的精神力量。红色文化资源所蕴含的社会主义核心价值观，可教育引导人们树立起积极健康的人生观、价值观和生态观，有利于加强乡村社会文化建设，发展"绿色、和谐、可持续"的生态文化、产业文化。来自全国各地抓住红色文化这一主线，通过开设红色文化课程、举办红色文化高端论坛、开展红色文化主题活动、建设红色文化旅游基地等形式，对红色文化资源的开发和利用的实践表明，坚持将有形的物质资本与无形的文化资源相耦合，形成物质与精神相匹配的生态维度，在促进红色基因传承的同时，让人体验到了红色文化的神奇魅力，感悟到革命先烈那种为人民谋利益、为中华民族谋复兴而执着追求的顽强意志、坚定毅力，有助于增强文化自信、文化认同，促进乡村文化复兴，助力乡村文化振兴。

（四）红色文化资源的开发利用有助于乡村治理，助力社会和谐

和谐稳定的乡村社会，不仅是乡村全面振兴的重要保障，也是乡村全面振兴追求的重要要求，是实现乡村繁荣昌盛的重要基础。强化基层治理建设，不断提升乡村治理水平，为乡村全面振兴创设良好、和谐稳定的乡村社会，对于夯实党在乡村的执政基石，促进国家兴盛安定的重要作用是显而易见的。回顾中国共产党百年奋斗的历程可知，中国共产党治理乡村社会是积累了丰富的实践经验。注重加强乡村社会建设，既是中国共产党的一贯要求，也是一条宝贵经验。在陕甘宁边区，中国共产党通过实行普选制度和"三三制"政权、"发展经济、保障供给"的财政方针，发动大生产运动等开展了全面的社会建设，由此边区社会面貌发生了翻天覆地的变化，呈现出政治清明，经济自足，文化进步，社会和谐等可喜景象。各个时期中国共产党领导团结带领人民开展社会建设的实践，在加强党的基层建设、实施政府治理和开展群众动员等方面积累的丰富经验，构成了红色文化资源的重要内容，是新时代乡村治理文化根基之渊、文化资源之源和文化素材之库。汲取红色文化资源中社会治理实践之先进经验，深入挖掘红色文化资源中社会治理之内在价值，充分发挥其导向、创新、整合、教化等功能，可为乡村治理提供精神动力、智力支持和方法指导，对于今天推进乡村社会治理具有重要的借鉴意义和重要的参考价值，有助于让乡村治理有效"活"起来，增进乡村社会和谐稳定，助推乡村治理现代化。比如，充分发挥红色文化资源之鲜明的政治立场、为民的价值取向、深厚的群众基础、不懈的奋斗精神等导向功能，可为乡村治理提供正确的政治导向；充分发挥其因地制宜、因时而变之创新性推进乡村治理思想内涵，可为差异性推进乡村治理提供有益启迪。

（五）红色文化资源的开发利用有助于乡村生活富裕"实"起来，助力共同富裕

生活富裕是乡村全面振兴的根本。实现共同富裕，是乡村全面振兴的终极取向，这是由中国共产党的本质属性、宗旨所规定的。新时代人民对美好生活的向往，对生活富裕提出了更为多样、更高层面的新要求。所以，理解共同富裕，绝不能仅仅从物质生活这个层面去片面认识，还需要从精神文明、政治文明和生态文明等更为宽泛的、更高层次的角度去把握。乡村全面振兴下的共同富裕，既要村民们钱袋子鼓起来，过上安康的美好物质生活，更要让村民的脑袋富裕起来，心理上积极健康、心平气和，心理生态富裕。红色文化资源的开发和利用，对于这两种富裕的融合，可起到重要的助推作用，有助于实现乡村生活富足的总目标。加强对红色文化资源的开发和利用，将红色文化资源转化为集体资产，转化为经济发展优势，是创新村级集体经济增收模式的重要选择。通过构建红色产业体系、建设红色村镇、开展红色教育等途径，可壮大村级集体经济，由此可拓展农民就业创业途径，夯实农民增收致富的基础，促进农业增效、农民增收。来自长征国家文化公园建设的实践表明，整合长征沿线15个省（区、市）文物和文化资源，有利于充分发挥爱国主义教育作用，做到文旅融合，带动百姓致富，实现了经济效益和社会效益的双赢。通过实施革命精神研究传承、红色文化遗存保护展示、红色教育基地打造等形式，加强红色故事传播，发挥红色文化育人、教化功能作用，可丰富人们的精神世界。据新闻报道，浙江省松阳县充分挖掘、整合红色文化资源，着力打好红色资源整合牌、红色文化特色牌，大幅度地提升了村庄文化品质，给乡村带来了经济收入，实现了革命老区村增收，深入推动了革命老区振兴发展，助推了共同富裕发展。

第二节　深入挖掘红色文化资源助推乡村全面振兴高质量发展的实践探索

全国各地深入挖掘红色文化资源助推乡村全面振兴高质量发展的实践探索有力表明，红色文化资源的有效保护和科学开发利用，对于实现乡村振兴战略规定的五个方面 20 字总要求是有着良好的助推作用，有利于促进乡村政治、经济、社会、文化和生态各方面的建设，促进实现乡村物质文明、精神文明、社会文明和生态文明，在拓展乡村振兴的力度和质量上发挥了重要作用。如，河南省新县田铺镇大湾利用红色文化资源推进乡村全面振兴进行了实践探索，《人民日报》等主流媒体对该村进行了报道，其做法为利用红色文化资源促进乡村全面振兴提供了典型样本、有益借鉴。在此，结合广西钟山县以"红色古镇英家"建设为依托，助力乡村全面振兴的事例，阐述深入挖掘红色文化资源助推乡村全面振兴高质量发展的主要做法，阐析其存在的问题。

（一）主要做法

素有"八桂红色故里，广西革命摇篮"之誉的钟山县英家村位于钟山县西南部的清塘镇，国道 323 和省道 207 穿境而过，交通区位优势较为优越。在这里，以钱兴、吴赞之等为代表的革命前辈相继发动和领导了震惊广西的英家起义，打响了广西在中国共产党领导下武装反对国民党反动派的第一枪，揭开了解放战争广西各地革命武装斗争的序幕，为中国革命取得胜利做出了积极贡献。辖区内有广西省工委历史博物馆、英家粤东会馆、英家起义旧址等传统革命教育景点和广西十大党性教育基地——英家党性教育中心，以及广西壮族自治区级文物保护单位 4 个。2020 年，被中央组织部、财政部列为全国红色美丽村庄试点村。钟山县抓住"推动红色村组织振兴建设红色美丽村庄"试点契机,坚持把红色文化资源开发利用与基层组织建设融合发展,以乡村振兴示范村建设助力乡村全面振兴,取得一定成效。

1. 抓"红色文化资源开发利用+干部教育",强化乡村全面振兴的政治引领。充分发挥英家党性教育中心的作用,加强党员干部的理想信仰教育,让党员干部接受红色文化的洗礼,用红色文化激励党员干部在乡村振兴前沿阵地与民同甘共苦,着力用红色文化为乡村全面振兴提供源源不断的精神动力,丰富红色美丽村庄建设内涵。建成广西省工委历史博物馆、省工委旧址纪念亭、省工委旧址招待所、英家起义旧址(粤东会馆)、英家起义游击道、革命故址牛垌牌楼、张赞周故居等多个党性教育场地,积极探索专题教学、现场教学、互动教学、情境教学、体验教学等教学模式,打造党性教育精品课20多门,深入开展红色教育。2021年,接待各类培训111期,培训教育党员干部6000多人次。依托红色故事教育引导党员干部增强带领群众建设美丽村庄、乡村社会的文化自信,让党员干部在深刻领会红色文化的精髓基础上,传承红色基因,用党员干部带头传承红色精神示范引领群众建设家园,进而不断激发广大群众创造美好幸福生活的磅礴力量。

2. 抓"红色文化资源开发利用+组织建设",夯实乡村全面振兴的政治基础。红色文化是中国共产党领导下发展起来的。将红色文化资源开发利用与基层党组织建设融合起来,推动组织强起来,强化基层党组织的联系群众、发动群众、组织群众的政治功能,着力夯实建设美丽乡村、全面振兴的政治基础和群众根基。结合村(社区)"两委"班子换届选举,抓好"头雁"队伍建设,选优配齐富有能力、开拓进取、群众基础较好的村"两委"干部。充分利用红色文化资源,加强业务培训,扎实做好换届选举"后半篇文章",着力把党组织打造成党建强和发展强的"双强"基层党组织。深入挖掘红色文化中组织动员群众资源内涵,深入实施"一组双联"制度,强化党小组"上接下联"的桥梁作用,推动"红色古镇英家"建设任务自上而下落实,党员群众意见建议自下而上征集解决。在推进"红色古镇英家"核心区三清三拆工作时,党员带头宣传政策，得到了群众的大力支持和拥护，不到一个月拆除所有旧房，有力保障了核心区建设工作有序推进。

3. 抓"红色文化资源开发利用+风貌塑造"，优化乡村全面振兴的人居环境。将红色文化资源开发利用与乡村人居环境整治有机结合起来，汲取红色文化资源之社会治理经验，充分发挥党员干部、党组织的作用，教育引导党员干部强化乡村人居环境整治，以狠抓党的建设，促风貌改善，着力创设宜居宜业的人居环境，推动村子"靓"起来。创新推进"双会两书"党群理事会、村民理事会、村民承诺书和党员请战书制度，引导村党员、村民主动投身"三清三拆"、民事工作、土地流转等"红色古镇英家"建设。结合"村事村办、党员揭榜""我为群众办实事"等活动，在"红色古镇英家"建设一线发挥党员先锋模范作用，带头捐献土地、筹资筹款、投工投劳，引导群众将"红色古镇英家"建设"政府事"成为"自家事"，"自家事"变成"大家事"，有力推进了"红色古镇英家"建设。据初步统计，截至目前，已整合资金3000多万元，对480栋民房进行风貌塑造，42栋危旧房2400余平方米进行拆除。通过党员示范带动，村民无偿贡献土地3050平方米，筹资15万多元，投工1500人次，200多起矛盾纠纷得到有效化解。

4. 抓"红色文化资源开发利用+产业发展"，壮大乡村全面振兴的经济基础。将红色文化资源开发利用与村级集体经济发展壮大、旅游产业发展等紧密结合起来，注重资源优势向发展优势、发展效能转变，使之成为产业振兴、村民富起来的重要牵引，切实壮大乡村全面振兴的经济基础。通过"党员先锋岗""党员示范户"等创评活动，大力培育党员致富先锋，引导党员在产业链各环节上发挥作用，强化对乡土人才的培育示范作用。按照"党支部+合作社+企业"有效经营模式，鼓励和引导45名革命后代、有志青年成立广西英家文旅发展公司。为"红色古镇英家"试点创建运营主体及本土化、市场化运作，采取入股特色产业、盘活资源出租、整合资源项目下放等模式，大力发展壮大村级集体经济。围绕壮大红色旅游产业，充分发挥村乡贤理事会、村民理事会、红色英家艺术团、广西英家文旅发展公司、美丽英家保洁队等"五支"

党员群众队伍的作用，着力推动红色旅游与生态旅游、民俗文化旅游、乡村旅游、休闲度假旅游等融合发展。2021年里，红色英家艺术团组织的党员、群众排演的大型舞台情景剧《红色英家》，演出100多场次，每位参与演出的群众增加收入1万多元。

（二）存在的突出问题

整体而言，当前，各地深入挖掘红色文化资源助推乡村全面振兴高质量发展，取得了显著的成效，但是由于受各种因素的制约，红色文化资源开发利用助推乡村全面振兴的效能、效果还不十分令人满意，仍然有一些突出问题亟须解决，主要表现在以下几方面：

1. 宣传传播的力度不大，利用红色文化资源助推乡村全面振兴的意识还不够。红色文化的宣传形式、手段、方式单一，力度不够大，特色不够明显；红色文化的传播技术时代性、针对性和创新性缺乏，吸引力不足；宣传经费支持来源单一，主要依靠政府的资金发放和支持，社会力量、市场力量参与宣传的资本投入不足。宣传过于教条化和形式化，对红色文化如何作为文化基因融入地方经济社会发展、乡村全面振兴、民众日常生活等方面宣传考虑不周，以致利用红色文化资源助推乡村全面振兴的意识在一些群众中并没有真正树立起来。如，"红色古镇英家"建设中，一部分人认为这是政府的工作，与自己的关系不大，没有积极主动参与，甚至有推诿的现象。

2. 基础设施不够完善，持续推动乡村全面振兴的能力不足。相对来说，中国革命阶段形成的红色文化资源较为丰富的乡村地区，大多由于经济发展水平普遍还较低、地理位置相对僻远、远离中心城市，特别是那些艰苦边远地区，长期以来基础设施投入相对要少，道路、教育、卫生、文化等基础相对滞后，使得基础设施不够完善，持续推动乡村全面振兴的能力不足。如，"红色古镇英家"建设中的游客中心、停车场、厕所、标示牌等基础设施仍在建设，未能真正投入使用。相关配套基础设施的不完善，限制了红色文化资源的开发和利用。

3.开发利用红色文化资源涉及责任部门较多,组织协调难度大。红色文化资源开发利用涉及的领域广、范围大、行业多,涉及的责任单位也很多,这在一定程度上增加了利用红色文化资源助推乡村全面振兴的组织协调难度。在一些地方,对红色文化资源的开发利用,一些责任单位之间未树立"一盘棋"思想,责任没有压实、沟通欠缺,尚未形成工作合力。如,"红色古镇英家"建设中,存在着工作职责不够清晰、分工不够细化,对项目建设不能做到统一安排部署、统筹推进,以致项目间对接不合理产生工作摩擦。

4.开发利用红色文化资源的建设资金筹措困难,助推乡村全面振兴的项目推进缓慢。调研发现,开发利用红色文化资源助推乡村振兴的项目建设资金绝大部分主要是依靠财政拨款和资金筹措,通过招商引资、社会帮扶、村民自筹等方式吸引社会投入参与的资金较少,资金来源渠道比较单一。如,"红色古镇英家"建设中,由于大部分责任单位在年初财政预算的时候没有安排项目资金在英家村,以致财政年度剩余备用资金未能完全支付,导致该项目建设实施出现了较大的资金缺口,进而制约了项目的推进。

5.产业底子薄,开发利用红色文化资源助推乡村全面振兴的后劲不力。产业发展结构单一,缺乏可持续发展的支柱性产业,特别是村级集体经济底子不够厚实,发展方式不够科学,以致红色文化资源开发利用与产业发展难以紧密融合发展,红色文化资源难以成为产品,产生直接的经济效益。如,"红色古镇英家"建设中,英家村村级集体经济主要以企业入股分红、房租土地租赁等为主,没能很好地将红色文化资源开发利用有机结合起来,以致难以起到很好的"造血"作用,带动群众增收致富。

6.专业化人才和团队缺失,红色文化整合力度不够。开发利用红色文化资源,赋能乡村全面振兴,是需要专业化的人才和团队。但由于经济较为落后,对人才的吸引力不足,以致开发利用红色文化资源助推乡村全面振兴面临专业化人才和团队供给不足这一关键性问题。也正是如此,开发和利用缺乏创意和远见性以及统筹性和整体性,再加之一些地方红色文化资源的分布较散、规模小、影响小,导致红色文化资源整合起来困难重重,开发利用红色文化资源的规划不够合理,手段、形式单一,甚至有的红色文化资源还被破坏,红色文化品牌打造艰难。

7. 红色文化传承与地方发展未能有机结合,乡村长远发展的红色文化底蕴缺失,红色文化拉动产业发展动力缺乏。红色文化传承氛围不够浓厚,村民红色文化教育缺失,一些村民对红色文化当代价值认识不足,甚至有的乱用、乱占,以致红色文化融入地方发展、基础设施建设、乡村产业、乡风文明建设等缺乏内生动力。如,"红色古镇英家"建设中,一些村民房子达不到乡村风貌提升建设工程项目标准,不在改造范围内,导致部分村民因为没有从该工程中获得直接利益从而产生不平衡心理,出现在其他项目建设不够配合的现象。

第三节　依托红色文化资源助力推进乡村全面振兴高质量发展的路径优化

《乡村振兴战略规划(2018—2022年)》指出,深入挖掘乡村特色文化符号,盘活地方和民族特色文化资源,走特色化、差异化发展之路。依托丰富的红色资源,发挥红色资源优势,是助推乡村全面振兴的有效载体和重要手段。但鉴于红色文化资源助力乡村全面振兴方面存在着宣传落地不够、载体形式不多、配套设施跟不上等问题,必须采取有效措施,优化红色文化资源助力推进乡村全面振兴高质量发展的路径。

(一)坚持以文化人,以红色文化资源为引领,打造用红色文化资源助力乡村全面振兴的精神高地

红色文化有着重要的育人功能,给人以正能量的引领,是在中国社会不断发展尤其是社会转型中必须着重用来引领社会发展的精神性支柱文化,其包含着共产主义理想信念、爱国主义精神、人民至上思想对坚定推进乡村全面振兴的意志、激励推进乡村全面振兴的斗志、稳固推进乡村全面振兴的民心作用是不可小觑的。在乡村意识形态面临各种风险挑战、乡村文化式微的情况下，挖掘利用红色文化，筑牢乡村意识形态安全，提振村民的精神风貌，更显得尤为必要。对此，必须坚持以文化人，充分发挥好红色文化的育人作用，锻造用红色文化资源助力乡村全面振兴的精神高地。要立足地域红色文化资源的禀赋，整合各部门资源，将红色文化教育纳入中小学教育、党员干部教育培训之中，使红色文化资源转化为育人的生动教材。以红色古镇英家建设为例，应当着眼于将英家建设成为集党员教育、干部教育、革命教育、青少年教育、乡村振兴培训教育、就业培训教育等多元教育为一体的红色教育基地，强化红色文化在培养培育理想信念、坚定政治方向正确、坚守人民立场的乡村振兴人才队伍的作用。要深挖红色元素、历史底蕴，对革命遗址和历史性建筑进行重建或修缮，使之成为接受革命传统教育的重要基地，教育引导广大党员干部群众、学生从红色基因中汲取推进乡村全面振兴的信仰力量。要充分利用好现有的教育教学资源，建立多层级、全科型的师资团队，积极探索让人易于接受的"红色+"特色教育模式，不断提高革命传统教育实效。在这点上，红色古镇英家建设，应进一步丰富教育教学资源，壮大革命传统教育师资队伍，改革完善教学模式，以不断扩大办学能力和影响力，切实推进红色教育产业高质量发展。此外，要充分运用现代信息技术，提升红色文化传播技术的时代性、针对性与创新性，积极开展弘扬红色文化的各种文艺活动，打造红色文艺产品，加强红色文化的宣传传播，增强党员干部、群众的文化认同感、自豪感。

（二）坚持规划为先，强化红色文化资源整合，改善用红色文化资源助力乡村全面振兴的服务条件

针对红色文化资源不够集中，难以形成合力的现状，应坚持规划为先，遵循"近期有限有序开发，远期深度综合开发"的基本原则，本着经济效益与社会效益相统一目的，着力加强红色文化资源的整合，将红

色文化资源纳入地域内的统筹开发，使之能综合利用，实现地域内红色文化资源优势互补，点线联合。挖掘红色文化资源，助力乡村全面振兴，离不开一定的基础设施条件。良好的基础设施，是实现红色文化资源助力乡村全面振兴之作用的重要保障。要立足长远，科学规划运用红色文化资源助力乡村全面振兴的战略布局，着眼于红色文化资源各区域的协同发展、多要素的系统开发，强化基础设施服务建设，促进红色文化由资源优势向资本优势转化，使之能得到深度开发，进而最大限度地发挥其聚焦连带的作用。以红色古镇英家建设为例，应在坚持保护和利用好红色纪念设施的基础上，基于将传承红色基因转化为村级党组织带领村民改善农村生产生活设施、打造安居乐业美丽家园，建设以红色为主、绿色为辅、古色相映的特色村庄，来改善用红色文化资源助力乡村全面振兴的服务环境、条件，实现组织振兴和生态振兴两促进、双提升。要充分利用好乡村风貌改造、"三清三拆"和土地"增减挂"等项目，加强村庄的总体规划。发挥党员干部、群众的主体作用，围绕改善人居环境、提升村容村貌，不断完善供水排水系统、电路设施、网络通信，改善游客饮食、住宿等基本接待设施，着力打造好以英家村委、英家党性教育中心、英家卫生院、博物馆、粤东会馆、英家明清古街等为中心的红色核心区。由此可根据红色主题、交通、区域特色文化资源、农业发展条件和地貌，精心谋划延展周边地区的相关服务产业的链条，着力提升公共服务能力和水平，进而确保消费者安心进得来、舒心留下来、开心玩起来。

（三）坚持多元发展，打造红色文化特色品牌，提高用红色文化资源助力乡村全面振兴的服务效能

提高用红色文化资源助力乡村全面振兴的服务效能，既要紧扣地域特征，充分利用好现有的农业发展条件、交通便利等优势，坚持多元发展，着力创建特色品牌，引领红色产业持续壮大，又要坚持全面融合共建，促进"红色+"蓬勃发展，还要充分整合资金项目，盘活集体资源

资产，把丰富的红色生态资源优势转化为农民致富的绿色产业优势，助推地方经济社会发展提质增效。以红色古镇英家建设为例，在创建特色品牌上，应当组织引导村民立足特色资源优势，开发建设农产品交易中心和红色工艺品作坊，延长产业深度，形成产、供、销的完整产业链，进而带动红色特色产业发展；开发盘活红色古商业街，充分挖掘英家大头菜、英家豆腐等英家传统工业产品，制作"红色"菜谱，打造头菜宴、红色主题美食节等具有英家特色的红色美食文化，将六甲街打造成集红色土特产、红色餐饮、红色文创产品于一体的红色古街，从而实现红色产业的持续壮大。在全面融合共建上，应当深入挖掘英家村红色旅游品牌特色，提质升级红色旧址、场馆红色主题功能、红色旅游组团项目，开发特色游览线路、开发特色旅游产品，形成"红色＋绿色"乡村特色旅游模式，充分将红色文化资源与民俗节庆活动相结合，打造集红色体验、红色演绎等为一体的红色乡村旅游示范点。与此同时，探索"红色党建引领＋旅游康养"发展模式，打造"红色＋绿色"特色康养产业，推动红色文化传承和旅游康养医养的深度融合发展。在助推地方经济社会发展提质增效上，应当发挥党组织的组织优势、组织功能和组织力量，探索建立更加有效、更加长效的利益联结机制，强化党建引领，发展以旅游业为主要的红色教育、旅游产业，引进和培育有实力、有经验的组织，统一谋划开发、经营管理好红色资源资产，着力盘活集体资源资产，使之转化为农民致富的资本优势，实现村级集体经济不断发展壮大，确保集体资产保值增值，群众持续受益。

第四节　乡村全面振兴视角下地方特色统一战线资源开发利用的路径审视

习近平同志在党史学习教育大会上的讲话中强调，"要教育引导全党大力发扬红色传统、传承红色基因，赓续共产党人精神血脉，始终保持革命者的大无畏奋斗精神，鼓起迈进新征程、奋进新时代的精气神"；

"用好党的红色资源，让干部群众切身感受艰辛历程、巨大变化、辉煌成就"；"着力讲好党的故事、革命的故事、英雄的故事，厚植爱党、爱国、爱社会主义的情感，让红色基因、革命薪火代代传承"。[1]这为在新发展阶段和新征程中充分挖掘和利用好地方革命传统文化资源、统一战线资源提供了前进指南、科学指针和根本遵循。"中国历史文化名镇"黄姚有着丰厚的革命历史文化底蕴、独具特色的统一战线资源，被广西壮族自治区人民政府列为"革命传统教育基地""自治区爱国主义教育基地"。在抗日战争后期和解放战争初期，黄姚一度成为广西革命斗争的指挥中心、文化名人和爱国民主人士的避难之所。黄姚古镇在广西乃至全国革命史、多党合作史和统一战线史上有着深远的影响和特殊的贡献，被认为是广西民盟的发祥地，中共广西党组织与民主党派亲密合作的敌后现场，各民主党派"政治交接教育实践活动"的起源地。在2021年"建党百年"的特殊历史节点上，基于乡村全面振兴视角加强对抗战时期黄姚统一战线资源的挖掘和利用，不仅是充分开发和利用黄姚统一战线资源的内在需要，更是创新党史学习教育方法，增强党史学习教育实效性和针对性，增强文化自信的积极行动，对于教育引导党员干部始终坚持理想信念、初心使命和光荣革命传统具有重要的现实意义。

一、研究缘起

对于如何保护好、管理好、运用好红色资源，习近平同志在十九届中央政治局第三十一次集体学习时的讲话中提出了四个方面要求，所强调的要求之一就是，"要开展系统研究"，"积极开展革命史料的抢救、征集和研究工作，加强革命历史研究"[2]。聚焦抗战时期黄姚统一战线资源，研究黄姚地方历史文化、人文自然资源在促进黄姚的经济社会高

---

[1] 习近平：在党史学习教育动员大会上的讲话[J].求是，2021年，第7期。

[2] 习近平：用好红色资源 赓续红色血脉 努力创造无愧于历史和人民的新业绩[J].求是，2021年，第19期。

质量发展，受到了学术界的关注。研究的侧重主要放在黄姚的文化与旅游的融合发展上，对如何利用黄姚的历史文化资源促进黄姚的旅游业高质量发展、可持续发展的研究相对来说要多，而对黄姚抗战时期黄姚统一战线资源的研究成果极少，检索中国知网，搜索到的资料不足10多篇。相关的主要成果及其主要内容是：《对建设黄姚古镇政治交接教育实践基地的思考》认为，黄姚古镇丰富的革命历史资源，为其建设"政治交接教育实践基地"提供了得天独厚的条件，把黄姚古镇建设成为"广西各民主党派政治交接教育实践基地"[1]。唐荣荣、罗宁昌的《快速城镇化下的古镇保护与发展探析——以黄姚国家历史文化名镇保护规划为例》认为，应注重传统民族文化的传承以及历史人文资源的开发利用，直接把资源优势转化为产业优势和经济优势，为黄姚古镇的保护与发展注入新的生机和灵魂。[2]程洪、潘豪的《广西黄姚古镇历史文化资源的保护与开发》认为，抗战时期，曾有大批文化民主人士迁至黄姚，在古镇遗留了大量抗战历史文物旧址，形成了具有特殊政治背景的抗战历史文化。[3]龚晨、吴涌的《开发贺州统一战线文化资源》认为，应当将贺州黄姚古镇打造成广西乃至全国统战精品教育基地为载体，释放何香凝文化政治、社会效应。[4]这些研究成果肯定了黄姚拥有丰富的革命历史文化资源，但对这些资源的整体特征分析缺失；认为这些资源具有重要价值，但对这些资源的价值具体内涵深度分析不足；认为要充分利用好这些资源，但对这些资源应结合时代特征来充分运用的路径阐述不够、不力、不深。本文以黄姚统一战线资源的开发和利用为样本，试图就加强地方特色统一战线资源利用的可行路径进行探析，以期为运用好地方

---

[1] 韦丽萍、黎学良、黄颂凯：对建设黄姚古镇政治交接教育实践基地的思考 [J]. 广西社会主义学院学报，2009年，第20期。

[2] 唐荣荣、罗宁昌：快速城镇化下的古镇保护与发展探析——以黄姚国家历史文化名镇保护规划为例 [J]. 广西城镇建设，2010年，第5期。

[3] 程洪、潘豪：广西黄姚古镇历史文化资源的保护与开发 [J]. 决策与信息，2018年，第4期。

[4] 龚晨、吴涌：开发贺州统一战线文化资源 [N]. 团结报，2018年11月20日，第6版。

红色资源，助推地方经济社会高质量发展贡献智慧力量。

二、抗战时期黄姚地方特色统一战线资源的概况与特征

（一）基本概况

黄姚地方特色统一战线资源的形成主要集中在抗战时期。1938年，中国抗击日本侵略的民族战争从防御阶段转向相持阶段，以郭沫若、茅盾、巴金、柳亚子、何香凝、田汉、夏衍、艾青、欧阳予倩、高士其、梁漱溟、马君武等为代表的一大批民主党派和进步文化人士相继转移到桂林。1944年4月，日寇悍然发动豫湘桂战役，8月8日，衡阳失守，广西从原来的抗日后方转变成为对日作战的前线，华南地区抗战局势进入最艰难的时刻。中共南方局根据中共中央开辟抗日新战场的指示，对聚集在桂林的民主进步力量作了疏散的战略部署，安排他们兵分两路，有序撤退，一路从水路向桂东撤退，沿桂江水路撤往桂东地区的平乐县、昭平县、贺县和苍梧县。1944年至1945年间，中共广西省工委在全国抗日民族统一战线总方针的指引下，以黄姚为中心，昭平县城、贺县八步镇为重要据点，与从桂林疏散而来的以中国民主政团同盟、救国会为代表的民主党团组织，以文化供应社、工合组织、广西建设研究会为代表的社团组织，以及以何香凝、李济深、陈劭先为代表的民主进步人士，携手合作，建立起桂东地区的抗日民族统一战线，开展抗日救亡运动。刚来昭平县城不久，面对重重的生活磨难，疏散而来的文化民主人士在以坚强的意志创业自救的同时，着手联合以昭平县县长韦瑞霖为代表的桂东爱国进步力量，以何世庸为代表的中共地下党员，广泛开展抗日民族运动。他们共同组织成立了桂东地区第一个抗日武装领导机构——昭平县民众抗日自卫工作委员会，组织青年教导队，宣讲新三民主义，进行国情教育和军事技术培训，组建"工合组织"昭平联营处发展敌后生产，创办《广西日报》（昭平版），创办诗社鼓励民众表达和宣传爱国主义，积极营救飞虎队坠机飞行员。1945年1月，蒙山县城失守，昭平

县城危急，汇聚在昭平的广大爱国民主人士和大量民众从昭平县城转移到相对安全的古镇黄姚。1945年夏，广西省工委将工委机关由钟山县英家乡迁到黄姚镇，在这里建立全省党组织指挥中心，指导全省党的活动。由此形成了中国共产党领导下的以黄姚为中心的桂东地区抗日民族统一战线，共产党领导下的统战力量在桂东地区的抗战活动轰轰烈烈开展。

（二）基本特征

概括而言，黄姚地方特色统一战线资源特征有四：一是资源丰富多样。既有爱国进步人士的艰难自救，又有爱国进步人士与桂东地区爱国力量联合开展抗日民族运动；既以报刊图书为阵地传播革命民主和科学思想，如出版发行《广西日报》（昭平版），又以学校为阵地，广泛开展民族抗日活动，如建立黄姚中学；既有中共广西省工委机关旧址、《广西日报》（昭平版）报社黄姚旧址、郭家大院识字班旧址、何香凝故居等一大批遗址遗迹，又有中共放手发动群众组织抗日武装、结交社会名流开展统战工作等一系列活动，还有纪念堂馆、寓所故居、烈士陵墓、碑林石刻、文艺作品等。二是多党合作，政治性强。既有中共广西省工委领导黄姚乃至全省的民族抗日力量开展的抗日活动，又有中共广东省党组织转移至黄姚与中共广西省工委协同作战；既有桂东抗日民族统一战线同国民党顽固派开展的坚决斗争，又有桂东抗日民族统一战线积极开展的敌后抗日救亡工作，以经济生产为阵地扩展工合组织，扩大敌后生产。三是文化名人多，底蕴丰厚。柳亚子、欧阳予倩、梁漱溟、陈此生、胡仲持、千家驹、莫乃群、马师曾等一大批文化名人来到黄姚，他们或者组织演出为抗战鼓呼，或者以文化展馆为阵地开展历史文化和艺术鉴赏活动，提振民族文化自信心，或者率广西艺术馆演出团深入基层开展文艺会演。四是开发利用的基础条件比较好。黄姚具有特色的区位优势和旅游文化资源，加上广西东融先行示范区建设全力推进、黄姚两岸青年农业论坛定期举办、两岸青年农业创业园区建设加速推进等，为进一步挖掘和利用黄姚统一战线资源奠定了物质基础。贺州市级层面制定的《贺州市黄姚古镇保护条例》，为黄姚地方特色资源的保护和利用提供了法律支撑。

三、抗战时期黄姚地方特色统一战线资源的价值功能

抗战时期黄姚的统一战线资源是中国共产党红色文化资源的重要组成部分，承载着中国共产党人波澜壮阔的革命斗争历程、艰苦奋斗的开拓历程和各族人民团结合作的爱国精神，是党史学习教育、理想信念教育、革命精神教育等主题教育的鲜活教材。充分发挥红色文化资源助推地方经济社会的作用，无论从理论维度，还是从实践维度，以及未来发展维度看，都是可行的，必要的。深入挖掘和利用黄姚地方特色统一战线资源，释放其政治、经济和文化等维度的价值、功能与作用，对于传承发展革命文化、赓续红色血脉，促进地方经济社会发展，做好新时代统一战线工作，增强中华儿女大团结的重要价值和意义不言而喻。

（一）政治维度价值——提升干部教育培训实效性的本源性优质资源

统一战线是中国革命取得胜利的三大重要法宝之一。统一战线资源是中国共产党革命文化的重要组成部分，是革命传统教育、"不忘初心、牢记使命"主题教育、党史学习教育的生动教材。2020年7月，习近平同志在吉林省考察时强调："要把红色资源作为坚定理想信念、加强党性修养的生动教材，教育引导广大党员、干部永葆初心、永担使命。"[1] 2021年4月，习近平同志在广西考察时指出："广西红色资源丰富，在党史学习教育中要用好这些红色资源。"[2] 这一系列重要论述，

---

[1] 坚持新发展理念深入实施东北振兴战略　加快推动新时代吉林全面振兴全方位振兴[N]. 人民日报，2020年7月25日，第1版。

[2] 解放思想　深化改革凝心聚力担当实干　建设新时代中国特色社会主义壮美广西[N]. 人民日报，2021年4月28日，第1版。

不仅表明作为红色资源重要组成之一的统一战线资源在干部教育培训的重要作用，也为深入挖掘和利用地方特色统一战线资源提供了科学指针。黄姚统一战线资源的人文底蕴，是干部健康成长精神动力的重要来源；黄姚统一战线资源的浓厚积淀，是提高干部历史文化素养的重要基石。黄姚地方特色统一战线资源的丰富内容，可为丰富干部教育培训内容提供鲜活的重要素材。比如，通过党员干部在回顾走过的艰难历程中，感悟革命先烈在艰难困苦中不畏缩、在重重危机中不消沉那种坚如磐石的理想信念，进而直面风险挑战。再如，老一辈在革命老区开展的乡村社会治理所进行的实践探索，对于当今乡村治理具有极其重要的借鉴意义和参考价值，汲取他们所积累的乡村治理方面经验与教训，对于完善乡村治理，提升乡村治理现代化能力和水平，进行科学治理、民主治理具有重要的政治价值。充分发挥黄姚地方特色统一战线资源的育人功能，释放其强大政治效应，在干部教育培训中利用好这一生动材料、本源性优质资源，教育引导党员干部矢志不渝为实现中华民族伟大复兴而不懈奋斗，从中汲取涵养初心使命的丰厚滋养，把红色基因传承好，从中感悟信仰的力量，必将有助于坚定中国特色社会主义信念，增强实现中华民族伟大复兴必胜的信心。诚如习近平同志指出："中国革命历史是最好的营养剂。多重温我们党领导人民进行革命的伟大历史，心中就会增加很多正能量。"[1]

（二）经济维度价值——促进地域经济高质量发展的稀缺性重要资源

实践证明，充分利用丰富的红色资源和绿色生态资源发展乡村旅游，是发展农村经济、助力乡村振兴的好路子。2020年入选国家文化和旅游部第二批全国乡村旅游重点村——河北省邢台市南峪村由昔日的"光山秃岭和尚头，洪水下山遍地流"的穷村子演变为山绿、川美、房新、人

---

[1] 习近平：论中国共产党历史 [M]. 北京：中央文献出版社，2021年版，第24页。

富的小康村，正是得益于该村对"艰苦奋斗，英勇牺牲"的抗大精神大力弘扬，对红色文化的忠实传承。"红色文化+"的经济发展模式，成为引领革命老区的经济发展、培育革命老区经济振兴的新引擎。来自全国各地对地方红色文化资源进行开发和利用的实践表明，发挥红色文化资源优势，不仅有助于打造红色培训品牌，为地方经济发展提供精神动力、创造良好的环境，而且有助于地方文旅融合发展，培育和打造地方红色旅游产业，能实现地区间的经济效益再分配，有效促进区域经济社会的协调发展。从昭平县依托黄姚省工委旧址、民主革命人士旧居等红色教育资源，建立昭平县乡村振兴党员干部培训基地的实践效果来看，他们通过干部培训收益分红加保底分红的形式，有效推动了黄姚周边12个村实现村级集体经济增收。把抗战时期黄姚统一战线资源融入贺州地方红色旅游资源进行整合开发，使之与周边村镇的绿色生态资源、历史文化资源、民族文化资源整体互动，助力旅游产业的发展，必定会带来一定的经济效益。将地方特色统一战线资源的开发与经济发展统筹推进所带来的强大经济效应，要求必须着力促进黄姚统一战线资源与黄姚独具特色的区位优势和旅游文化资源的融合发展，与地域灿烂悠久的民族文化资源的融合发展，促进黄姚统一战线资源与贺州建设广西东融先行示范区的生动实践的融合发展，使有利于经济社会高质量发展的重要资源转化为地域经济社会发展的助推器和加速器。

（三）文化维度价值——构筑起坚强有力文化支撑的独特性宝贵资源

抗战时期，为了中华民族的独立，围绕救亡御侮、团结抗战、发展民主力量等主题，中国共产党人与各民主党派进步人士在黄姚高举抗日民族统一战线旗帜，通过《广西日报》（昭平版）、黄姚中学、中国民主同盟等平台加强交流合作，和衷共济，团结抗战，留下了许多合作共事的丰富资源。他们克服经济、生活等各方面的困难，实施民主政治，通过演讲、出版报刊图书等形式，积极宣传党的政策，鼓舞了人民群众参与抗战的积极性。黄姚地方特色统一战线资源生动反映了忠诚爱国的

伟大情怀、不惧艰难的坚定意志、追求自由和解放的进取精神，是难能可贵的文化资源和精神食粮。抓住黄姚地方特色统一战线资源这一主线，充分挖掘中国共产党人带领人民为实现民族独立而进行伟大斗争，不畏艰难险阻，迎难而上，顽强拼搏这一优良革命传统的思想内涵，教育引导人们在当今各种前所未有的风险挑战面前，以不惧风险、敢于斗争的勇气，始终如一地发扬艰苦奋斗、勤俭节约的传统，培育良好的乡风、优秀的家风，对于丰富人们文化生活，促成新发展阶段征程中精神风貌焕然一新，实现乡村文明、乡村文化振兴，其价值意义是不可估量的。比如，挖掘和利用其党派合作红色资源，弘扬民主党派与共产党精诚团结、携手共进的优良传统，有助于发挥好民主党派的独特优势，增强各民主党派的向心力；挖掘和利用其民族团结资源，与保护少数民族文化、传承壮族"三月三"等传统文化相结合，将铸牢中华民族共同体意识嵌入民族文娱产业发展之中，有助于传承弘扬中华优秀传统文化，壮大民族文娱产业发展，增进中华儿女和各民族的大团结。充分利用黄姚地方特色统一战线资源这一独特性宝贵资源，打造爱国主义教育文化载体，释放其文化效应，彰显文化担当之责，构筑起文化自信新的活的传统和坚强有力文化支撑，对于弘扬革命传统文化，打造富有地域特色文化品牌，重塑地域文化形象，提升对外影响力和社会知名度是大有裨益的。

四、黄姚地方特色统一战线资源利用的可行路径

抗战时期黄姚地方特色统一战线文化资源，是中国共产党与各民族、各党派及各界人士共同创造、积淀而留给贺州的宝贵历史财富和重要文化遗产。近年来，抗战时期黄姚统一战线资源的价值得到了贺州社会各界的高度重视，并采取各种有效的措施，对其加以利用，充分释放了资源的综合效应，有效提升了贺州的形象。但整体上看，当前其挖掘和利用还存在一些突出问题。一是聚力不足。挖掘和利用的力度与社会需求度不相匹配；保护与开发的数量有限、范围过窄、类型单一；整合资源的过程中存在人为因素的影响，投入力度不够。二是品牌不响亮。虽然

开展了黄姚民主党派政治交接教育基地、黄姚统一战线传统教育基地等建设活动，但社会知晓度不高，教育的渗透力、感召力、社会影响力还不够强，社会综合效益有待进一步提升。三是集成不够。顶层设计、集成保护性的开发规划和统一打造缺乏；系统多层面挖掘、深入研究不足，精神层次的财富挖掘深度、宽度、厚度不够，多停留在表面；与贺州地方经济社会发展的需求、经济社会发展中心工作融合得不够紧密，融入形式表层化。基于此，建议应从加大保护力度、探寻思想深度、提升教育高度、扩大宣传广度四个方面，积极探索对抗战时期黄姚地方特色统一战线资源利用的可行路径。

（一）加大保护力度：凝聚共识，明确价值目标

习近平同志指出："历史文化遗产不仅生动述说着过去，也深刻影响着当下和未来。"[1]同样，黄姚统一战线的历史文化资源，对贺州当下和未来也会带来深刻的影响。这种影响，关键在于对其价值的挖掘和利用。黄姚统一战线的历史文化资源需要传承和保护，保护是前提，重在"活起来"，利用必须是为了更好地保护。对抗战时期黄姚统一战线资源的挖掘和利用，首要的是统一思想认识，在价值目标上形成共识。一是要树立协调、共享的发展理念。坚持以促进革命历史文化资源开发与经济社会发展共赢为目标，坚持突出政治、经济、社会、文化、教育等多重功能的开发，突出服务干部健康成长、服务传统文化传承、服务区域经济社会发展的价值旨归。在保护开发黄姚统一战线资源以及抗战历史文化资源的整个过程中，应着力不断提升贺州统一战线历史文化资源的品牌效应、溢出效应，为推进贺州经济社会高质量发展注入强大的精神动力，凝聚起贺州高质量发展的强大伟力。二是建立工作机制。强化黄姚统一战线资源挖掘和利用的组织领导，成立市级层面推进黄姚统

---

[1] 建设中国特色中国风格中国气派的考古学更好认识源远流长博大精深的中华文明[N].人民日报，2020年9月30日，第1版。

一战线资源挖掘和利用领导小组,提升领导层级和力度,全面领导、统筹推进贺州统战文化资源利用和保护工作;立足长远,运用整体系统的思维,将黄姚统一战线资源保护纳入黄姚古镇保护条例的范围,做好整体规划,加强黄姚统一战线资源的整合,确保其永续发展。在市委、市政府统一领导和主导下,整合市社会主义学院、市委统战部、文广新局、档案局、史志办等部门的优势资源,组建成黄姚统一战线资源开发联盟,成立黄姚统一战线传统教育培训中心、研究中心,建立健全步调一致、协商共建、共同发展的黄姚统一战线资源开发、利用、保护、研究的工作机制和责任制度,明确规定相关部门在保护、管理、展示、利用、传承、发展方面的责任,确保其开发、利用、保护、研究工作的系统化、纵深化、长效化、常态化。三是完善保护投入机制。积极向上级政府争取黄姚统战文化传承工作的专项资金,加大黄姚统战文化资源保护与开发,以及相配套基础设施建设的经费投入。健全黄姚统战文化传承的资金投入机制,引导企事业单位、社会组织甚至个人等进行相应的资金支持,构建科学合理的利益共享机制,吸引多元的社会资本参与保护和开发,强化多元化金融支持。

(二)探寻思想深度:突出特色,丰富活动内涵

抗战时期黄姚地方特色统一战线历史文化资源的保护挖掘工作已积累了一定的基础。当下要做的是在这个基础上使挖掘、保护、利用更加充分,与贺州地方经济社会发展的融合更加紧密。一是要提升黄姚统战文化的研究水平,打造文化精品。抗战时期黄姚统一战线文化资源作为特殊时期的特殊文化,对于当今社会来说不只是纪念与缅怀,更为重要的是从思想深度上去把握其当代价值。要建立专门研究队伍,进一步强化征集、整合,全面系统地加强黄姚统战文化的研究,从坚定统一战线成员的理想信念教育、创新政治交接形式、加强党派参政议政能力、为群众办好事实事等多个角度和方面综合考虑,深掘资源的内在价值,着力推出一批集教学、展览、体验为一体的统战文化产品。二是要拓展资

源消费空间，增强资源附加价值。坚持资源统筹，结合贺州的生态资源、长寿文化等优势，与贺州建设广西东融先行示范区、乡村振兴"两大主战场"有机对接，设计出革命传统教育、党性教育同生态体验、民族风情体验等完美融合的路线；强化资源利用的特色化建设、规范化引导、常态化运行，注入时代特色内容，开展形式多样、内容丰富的党派活动。比如要深刻认识、充分发挥何香凝这一富有区域性、珍稀性的名人文化优势，打响何香凝文化特色品牌。依托黄姚统一战线党派合作优势资源，进一步凸显新时代民主党派政治交接、多党合作等特色，发挥好对凝聚共识，增进大团结大联合的优势作用。突出黄姚统一战线资源的利用与黄姚古镇周边产业融合发展结合起来，着力延展与资源利用相配套的周边餐饮、民宿、本土特产等产业链，最大化提高资源利用带来的附加值。三是要强化资源利用规范化管理。完善资源收集整理更新、基础设施管理维护、经费保障等体制机制，加强黄姚统一战线传统教育基地建设的内部管理制度和运行机制，使之规范化、系统化、制度化发展。

（三）提升教育高度：盘活存量，把握转化重点

习近平同志指出："历史是最好的教科书，也是最好的清醒剂。"[1] 加强黄姚统一战线资源的挖掘和利用，就是要从中获得启发、为我所用。这个"用"，就是要发挥黄姚统一战线资源以史鉴今、资政育人的作用。要在全方位开发、保护黄姚统一战线资源的前提下，尤为重要的是使之转化为资政育人、促进发展的资源。资政育人，是黄姚统一战线资源价值挖掘的根本指向，是利用所要把握的重点核心。为此，一是要加强现场培训点建设。围绕把黄姚打造成广西乃至全国统战精品教育基地这一抓手，坚持立足现实，依托传统，古今融合，有所侧重，将黄姚统一战线资源的价值挖掘和利用纳入干部教育培训的大盘子，精心建设好黄姚

---

[1] 习近平：在纪念全民族抗战爆发77周年仪式上的讲话[N].人民日报，2014年7月8日，第2版。

统一战线传统教育基地。按照抗战时期黄姚统一战线的历史脉络，精心谋划一批现场培训点，设立具有历史内涵与艺术价值的纪念性标志物。与此同时，在加强黄姚统战资源史料的发掘整理、盘活资源利用的基础上，着力开发一批统战+党性教育、乡村振兴、康养等培训现场教学线路和旅游线路。二是要打造现场教学课程。依据现场培训点、教学路线，深入研究、提炼资源所蕴含的革命精神、文化内涵，有针对性地将相关的重点人物、事件和文物等转化为教育培训独特的教材体系、教学课程、教学场景。要针对不同学员的特征，突出差异化、定制化，量体裁衣设计、打造一系列高质量的统战文化教育精品课程。三是要丰富教学培训方式。把握地方历史文化资源与干部教育培训、党性教育的规律，运用科学方法，强化其与教学内容、方法、手段的融合，鼓励以各种艺术形式宣传弘扬统战文化，探索推动短视频、微课、舞台剧、情景剧等各种形式，不断拓展资源存量，创新多样化的教学方式，增强教学培训的感召力、影响力。

（四）扩大宣传广度：汇力聚智，提高传播效力

挖掘和利用黄姚统一战线资源，传承统战文化，讲好贺州的统战文化故事，需要在政府重视、多方投入、积极推进的基础上，社会各界力量积极参与。一是培育和发动各种宣讲力量。把统一战线工作纳入宣传工作计划，由黄姚统一战线资源开发联盟专家评委统一评选确定，组建黄姚统一战线文化专家讲师团，组织开展统一战线知识的学习、宣传和教育；将红色文化传承发展工作纳入相关单位的精神文明创建考核评价体系，鼓励各级领导干部、热心统战工作人士参与宣讲统战文化，表彰突出工作单位和个人，激励全社会参与。二是要强化统战文化知识的普及。将统战文化的普及纳入社科普及工作，把统战文化宣讲向非公企业、新社会组织、社区延伸，依托黄姚统战文化展示馆，组织社会各界人员到此接受统战文化学习培训教育，将统一战线知识纳入国民教育体系全过程，建立相关责任单位与文化教育等领域的联席会议制度、协同工作

机制，强化相关责任单位对合理社会需求的回应义务，发挥好其资政育人、全民教育的功能。三是善于借力借智推介。要充分发挥好民革、民盟等民主党派汇聚各方力量的优势，鼓励支持他们走出去和请进来，与全国各地的民主党派、与全国统战资源丰富地区联合开展主题展览或巡回展览、统战文化文艺创作交流互动等多种形式的交流合作，以高标准搭建好交流合作平台为载体，在强化借力、借智中扩大黄姚统一战线文化资源的知名度。四是强化现代化信息技术运用。大力推进黄姚统一战线资源与"互联网+"的融合发展，充分利用好现代信息技术，对黄姚统一战线资源的文献、图片、文物等进行数据收集、挖掘、梳理和整合，加强黄姚统一战线资源数据库建设、宣传数字资源平台建设，运用图文、视频等可视化形式，推进"互联网+"宣传教育，提高黄姚统一战线吸引力和网络传播效果，不断扩大黄姚统战文化的影响力。

第五章
协同推进乡村全面振兴高质量发展的社会参与

　　注重整合社会各界力量，发挥制度优势集中力量办大事，推进国家治理体系和治理能力现代化，是中国共产党治国理政的宝贵经验。随着我国社会的深度转型，多元治理主体的不断兴起，社会个体的助推意识觉醒和自组织能力的提升，社会力量作为重要的社会主体参与到了社会多元治理的大格局之中。"政府—市场—社会"多元合作与良性互动，成为了实现国家治理现代化的重要方式。《中共中央国务院关于实施乡村振兴战略的意见》指出，要汇聚全社会力量，鼓励社会各界投身乡村建设，吸引支持企业家服务乡村振兴事业，鼓励引导工商资本参与乡村振兴。2018年9月，中共中央、国务院发布的《乡村振兴战略规划（2018—2022）》明确指出，"坚持市场化方向"，"合理引导工商资本下乡"，"引导工商资本积极投入乡村振兴事业"，"鼓励社会人才投身乡村建设"，"引导和撬动社会资本投向农村"，"凝聚全社会力量"，"搭建社会参与平台，加强组织动员，构建政府、市场、社会协调推进的乡村振兴参与机制"。《中共中央国务院关于营造更好发展环境支持民营企业改革发展的意见》指出，要完善民营企业参与国家重大战略实施机制，鼓励民营企业积极参与乡村振兴战略。凝心聚力、加强社会资源整合、政策集成，充分发挥民营经济、新的社会阶层人士、社会组织力量等多元主体力量作用，助力提高农业产业体系、生产体系、经营体系现代化水平，符合现阶段经济社会高质量发展客观实际需要，是全面推进乡村振兴的客观需要和必然要求。适时梳理、总结近年来社会主体参与乡村全面振兴、地方经济社会高质量发展实践经验，特别是考察民营企业助力乡村全面振兴的实践探索，探究社会主体力量推进乡村全面振兴高质量发展的可行路径，在当前新形势下，其重要意义是显而易见的。

第一节　民营经济发展壮大与乡村全面振兴高质量发展

习近平同志指出，"我国经济发展能够创造中国奇迹，民营经济功不可没！"[1]"民营经济是我国经济制度的内在要素，民营企业和民营企业家是我们自己人。"[2]民营经济是推动乡村全面振兴不可或缺的重要力量。充分发挥民营经济对乡村振兴的重要作用，对于优化城乡资源要素配置、活跃乡村经济、破解农村经济社会发展不平衡不充分问题等都具有重要意义。自2017年党的十九大提出实施乡村振兴战略以来，民营经济涌向农业农村的速度不断加快，农业领域内的民间资本总量、占比和增速度明显地不断提高，已成为乡村全面振兴和农业农村现代化发展的一支重要生力军。在此，结合广西贺州民营经济参与、服务、推动乡村振兴战略实施的实践，分析民营经济发展壮大与乡村全面振兴高质量发展的内在关联，阐析民营企业参与、服务乡村全面振兴的基本形态、主要经验和存在的问题，提出民营企业更好地助力乡村全面振兴高质量发展的对策建议。

---

[1] 习近平：论坚持全面深化改革 [M]. 北京：中央文献出版社，2018年版，第480页。

[2] 习近平：论坚持全面深化改革 [M]. 北京：中央文献出版社，2018年版，第481页。

一、民营经济参与、服务、助力乡村全面振兴的必要性与可行性

笔者在《民营经济推动乡村振兴的价值、驱动因素与对策》一文中认为,"理论维度上看,民营经济参与、服务、推动乡村振兴战略实施,可利用其经营机制的灵活性、组织架构的扁平性、激励方法的直接性等比较优势,为乡村振兴提供更充裕的资金保障,夯实"五大振兴"的物质基础。实践维度上看,全国各地广大民营企业以其敢争、敢闯、敢创的踊跃实践,及其对市场的灵活把握,为建设农业强农村美农民富的美丽乡村做出了深远的历史贡献,创造了巨大的社会价值,成为助推乡村振兴的中坚力量。因而,无论从理论上看,还是从实践上看,民营经济推动乡村振兴具有多重价值意义。"[1] 民营经济参与乡村全面振兴的必要性、可行性主要有三:

1. 民营企业是乡村全面振兴的重要力量。来自全国民营企业参与、支持乡村振兴的实践表明,民营经济参与乡村全面振兴是大有可为的。一方面,有利于发挥企业的灵活优势,参与谋划乡村产业发展,激活乡村市场活力,带动高新技术、高端人才、先进理念等向农业农村流动,有助于建设市场有效、微观主体有活力的现代农业产业体系。另一方面,有利于帮助拓宽农产品消费渠道,延伸乡土特色产业链,促进特色产业集群、特色农业农产品优势区建设,有助于增强农村经济创新力和竞争力,建设现代农业生产体系和经营体系。此外,有利于破解村庄散弱且空心化、人才流失且老龄化、农业分散且兼业化等难题,促进小农户与现代农业发展有机衔接,推动农业农村现代化发展。

2. 乡村全面振兴是民营经济不断发展壮大、民营企业转型升级的重要机遇。乡村全面振兴与民营经济不断发展壮大、民营企业转型升级有

---

[1] 龚晨:民营经济推动乡村振兴的价值、驱动因素与对策[J].辽宁行政学院学报,2021年,第3期。

着紧密的内在关联。乡村全面振兴的推进，为民营经济进入"三农"工作领域，服务农业农村现代化，提供了有利的政策环境和广阔的发展空间，为其经营管理转型、经营质量提升，确保可持续成长创设了有利条件。紧跟时代发展大势，助力乡村全面振兴，对民营企业来说，就是一次实现自我跃迁的重大发展机遇。民营企业在参与、服务、推动乡村全面振兴中，既可在城乡融合发展，一、二、三产业融合发展中，激发内在的创业动力，促进自身与农业产业融合、对接农村市场，拓展发展新的市场空间，又可在与农村新型经营主体合作、推动农业发展质量提升中，延长自身产业链、提升价值链、完善利益链，实现集约效应、规模效应、共赢共享，增强发展融合力，进而实现自身转型升级、发展壮大。

3. 民营企业参与、服务、推动乡村全面振兴是义不容辞的社会责任。正是这种强烈的社会责任意识，在推动中国经济社会发展的历史进程中，民营经济成为一支重要的社会力量。回望中华人民共和国成立以来的历史，民营经济之所以能取得发展奇迹，是同"三农"这丰沃的土壤分不可开的。在推进乡村全面振兴的新阶段，民营企业家致富思源、富而思进，履行反哺"三农"社会责任，是其应然性、内在性的发展需要，是新时代企业家精神的具体表现，担当助推乡村全面振兴社会责任，是民营企业家光荣的历史使命，有助于民营企业在推进乡村全面振兴，实现共同富裕中增进可持续发展的内在动力，让民营企业在发挥经济优势、带领作用时，促进共享发展成果、社会文明和社会进步中提升企业社会价值，获取更大的利益回报。民营企业在打赢脱贫攻坚战中积累了丰富经验，有能力、也有责任踊跃投身到乡村全面振兴中，做出自己应有的社会贡献。

二、民营企业参与、服务、助力乡村全面振兴的实践探索

近年来，广西贺州市民营企业在市委市政府、社会团体等积极引导下，充分发挥产业、资源、技术等各方面优势，积极探索参与、服务乡村全面振兴的新模式，投入到乡村全面振兴中，助力贺州地方经济社会

的高质量发展做出了应有的贡献。

（一）民营企业助力乡村全面振兴的基本形态

1. 构建"民营企业+项目联结"模式，助力特色农业发展。采取政府、企业、合作社、农民等多方联动的模式，深入推进现代特色农业示范区建设，助力特色农业发展。引导民营企业参与投资农产品商贸园果蔬交易区、肉类加工配送中心项目、广西大健康产业检验检测认证中心项目等一大批农业重大项目，广西富川青禾生态养殖有限公司微生物生态循环示范园项目总投资2600万元，租赁土地1000亩用于有机牧草种植，促进了富川生态循环项目向专业化、产业化、现代化发展。贺州市正丰现代农业股份有限公司、瑞羊农业开发有限公司等被认定为粤港澳大湾区"菜篮子"生产基地，有效带动农业特色产业的快速发展，实施现代特色农业示范区建设增点扩面提质升级行动，建成自治区级核心示范区15个、县级示范区35个、乡级示范园124个、村级示范点535个。

2. 构建"民营企业+产业联结"模式，助力做强优势产业。立足自身实际和区域资源禀赋特征，注重引导社会资本重点投向食品制造业、农产品加工流通业、木材加工业、乡村旅游业等。建成富川自治区级昭平县级农产品加工集聚区。据不完全统计，纯木材加工企业150多家，规模以上企业11家，2020年全市木材加工、造纸、林产化工等林产工业总产值为89.87亿元；水果初级加工生产线84条，准入SC认证农副产品加工企业121家。注重一、二、三产业的融合发展，围绕知名土特产进行深加工，参与农产品仓储保鲜冷链物流体系建设，充分发掘农村生态、文化等资源优势，引导和鼓励社会资本投资开发黄姚古镇、姑婆山片区、百里水墨画廊、潇贺古道等乡村旅游资源，并结合现代特色农业示范区建设，大力发展乡村旅游产业，推动农商文旅体融合发展，延伸产业价值链条，助力做强优势产业。

3. 构建"民营企业+脱贫攻坚"模式，助力农民增收致富。选派315家强优民营企业与全市281个贫困村"一帮一或多帮一"结对帮扶，并让企业家担任贫困村"荣誉村主任",充分发挥民营企业的资金、技术、管理、人才、市场等方面的优势,助推产业扶贫、电商扶贫、教育扶贫,助力农民增收致富。探索"公司+基地+贫困户""公司+基地+农户+市场"等模式,发展特色农业种植项目,打造特色农业产业示范基地和农副产品加工基地,注重村集体经济与企业的强强联手,组建区域性发展集体经济联盟或股份合作制公司,实现村集体经济的稳步增收。如,富川广东温氏畜牧有限公司依托"公司+基地+家庭农场+客户"的经营模式,与农户挂钩合作发展规模化无公害肉猪养殖,实现产、供、销一条龙,科、工、贸一体化经营运作,带动当地群众走上致富道路。目前,与富川温氏合作的家庭农场有460余户,合作家庭农场累计总获利近8亿元,累计上缴税收907.8万元,带动3000多人就业。

4. 构建"民营企业+村卫生室"模式,助力健康乡村发展。着眼于补齐卫生体系短板,为乡村医疗提质升级,组织市内外规模以上民营企业、港澳企业及海外企业、有实力的爱心基金会等,广泛深入开展"统一战线助力村卫生室提质升级行动",加快乡村卫生服务一体化进程;开展贺州市新联乡村振兴接力计划医疗服务志愿者行动,开展医疗志愿服务工作,提升乡村医生的医疗服务能力,助力健康乡村发展。在2021年,158家企业和294名个人参与捐赠,筹集来自企业、个人捐赠款物合计1589.14万元,其中为77个行政村卫生室筹集增添自动体外除颤仪、便携心电图机、简易呼吸器等应急医疗设备和中医适用设备,着力解决村卫生室设施简陋、检测和应急设备匮乏、群众"看病难、看病贵"等实际问题,有效巩固脱贫攻坚成果,为乡村全面振兴注入了强大动能。

(二)民营企业助力乡村全面振兴中存在的问题

1. 共融共建机制与乡村全面振兴不相匹配。虽然在原有的"万企帮万村"结对帮扶的基础上,根据产业融合一项挑战明确了乡村与民营企业(或商会)的结对关系,但村企(商会)仅还停留在巩固脱贫攻坚的成果上,对以产业为依托的乡村全面振兴难以形成实质的产业结对关系。

产业助力乡村产业振兴仍以捐赠帮扶、消费帮扶为主，参与实质性的产业发展、生态农业、生态乡村建设效果不够明显。特别是在与农村、村集体、农民利益联结机制不够完善，社会资本参与乡村振兴政策保障和监管机制缺乏时，易于出现投资回报率低、带动农民增收成效不大、农村社会纠纷增多等问题，使得民营经济、社会资本深度参与乡村全面振兴遭受多方阻碍。

2. 民营经济助力乡村全面振兴要素供给不足。农村基础设施及配套设施标准低，城乡差距大；建设滞后，有的仍然十分匮乏，路、电、水等方面存在诸多问题，难以满足社会资本在农村投资建基地办工厂的需求。农村商品交易流通设施建设严重滞后，多数农贸市场缺少货物储存场所和冷链仓储设备。农村人居环境等基本公共服务短板弱项突出，农村垃圾处理设施及生活配套设施较差，乡村环境卫生管理也欠佳，脏、乱、差现象普遍。农村青壮年劳动力缺乏，企业所需高技术、高素质的人才短缺；金融基础薄弱，金融市场发展相对落后，征信机制不完善，企业融资难度大，民营经济参与乡村发展的风险较高，贸然进入容易引发金融风险。

3. 民营企业参与乡村全面振兴的政策不完善。对帮扶企业的激励政策局限于已施行的国家优惠政策，还没有完善的配套鼓励政策，涉及面不够广，政策措施细化程度不够；程序比较复杂，一些政策的操作性不强；引导民营企业参与乡村振兴具体落地实施政策、保障及奖励措施等还不够完善，能够及时享受帮扶优惠政策的不多，加之一些地方乡村全面振兴规划滞后，影响了企业参与帮扶的积极性。如，一些民营企业觉得走正常捐赠程序复杂过于烦琐，且每次扶贫捐赠金额不是很大，故直接捐给受益人，享受不到抵扣税的扶贫优惠政策。法治保障不全，土地瓶颈问题尚未突破，土地流转可操作性的制度规范不够细化，企业矛盾化解成本高。

4. 民营企业参与乡村全面振兴的自我发展能力不足。对乡村具有较高经济效益与可持续发展能力的新兴产业的重视程度不足，无法有效推进乡村产业结构优化升级；企业精深加工能力不强，总体竞争力较弱，绝大部分农业龙头企业缺乏科技支撑，创新能力不足。新型经营主体结构单一，农民专业合作社带动能力不强，空壳农民专业合作社现象较多。新型经营主体对培育自主品牌重视不够，市场拓展落后，市场竞争能力、占有率较低；投入的相关建设企业及新型市场主体小而散，人才稀缺，不利于开展相关的业务。

三、民营企业更好地参与、服务、助力乡村全面振兴的对策建议

（一）强化民营企业参与乡村全面振兴的规范管理

一要强化高位推动意识。在尽快制定完善因地制宜的乡村全面振兴发展规划的基础上，坚持高质量发展、农业农村优先发展、城乡融合发展等重大战略导向，加快制定鼓励引导社会资本助力乡村全面振兴实施的中长期规划，使之与乡村振兴战略的总体布局有序对接。研究制定乡村产业重点投资领域和负面清单，引导社会资本重点发展现代种养业、乡土特色产业、农产品加工流通业、乡村休闲旅游业、乡村新型服务业、乡村信息产业及绿色高效循环农业产业等领域。强化规范管理，防止违规占用耕地从事非农产业，以及侵害农民权益，着力提高农民组织化程度。二要强化农村基础设施建设。坚持公共资源要优先配置农业农村发展，着力提升农村道路、供水、供电、通讯、垃圾处理等基础设施及生产生活配套设施水平，加快改变农村经济发展基础设施薄弱状况，以构建与现代产业相衔接的农村硬件基础设施环境。加快构建完善农业园区、重大工程项目平台，增强对社会资本的引导和聚集功能。三要强化政策保障和监管。依托信息技术，强化公共服务的及时性，构建与现代产业相衔接的农村公共服务环境。做好农村净化绿化美化亮化和生态环境提档升级，严厉打击违法排污行为，大力推进生态文明建设，构建与现代生活相衔接的农村人居环境。建立支农资金稳定投入机制，加快形成财政优先保障、金融重点倾斜、社会积极参与的多元投入格局；建立政策执行监管机制，充分发挥工商企业和资本在乡村振兴中的巨大能量和积

极作用，防止下乡企业和资本侵害农民利益、危害耕地和粮食安全、与民争利等现象。

（二）强化民营企业参与乡村全面振兴的机制创新

一要建立健全社会资本与农民共赢共享为核心的利益联结机制。着眼于农民可持续增收、工商资本带动小农户共同富裕，推动工商企业与农户、合作社建立紧密利益联结，可以采取股份分红、利润返还等形式确保农户持续分享乡村发展成果，促进实现社会资本"下乡"经济效益和社会效益最大化。积极探索涉农领域相关项目合理回报机制，增强项目对社会资本的吸引力。鼓励进入的社会资本创新运营模式，提高运营效率，降低项目成本；通过适当的资本配置，如与优质旅游资源打包、提供土地使用权等，充分挖掘涉农项目的商业价值，合理提高项目回报水平。建立多层次风险缓释措施和风险担保机制，建立健全政策激励、财政奖补、互惠互利机制，加大对民营企业参与乡村全面振兴的金融支持力度，对长期支持乡村振兴的社会资本给予财政支持、贴息政策和配套项目投入，形成吸引社会资本持续投入的政策保障体系。三要创新乡村振兴人才培养激励机制。注重加强参与乡村振兴民营企业的技术人才、管理人才、科研人才的培养，建立健全科研人员校企、院企共建双聘机制，支持企业及新型农业经营主体加快人才培养，鼓励科研院所与企业、新型农业经营主体合作培养人才，鼓励涉农学科大中专毕业生进入新型农业经营主体。把新型农业经营主体的管理者和员工纳入"阳光工程""雨露计划""农林创业人员培训计划"和"农林实用人才队伍建设规划"等政府举办的人才培训工作，实施好"农民素质提升工程"。

（三）优化民营企业参与乡村全面振兴的服务体系

一要强化农技改造、绿色生产、土地托管及法律等方面的指导，加大用水用电、道路交通、冷链仓储物流、农村电商等方面的投入，强化农业、林业、气象、防灾等服务资源的整合，着力为民营企业参与乡村全面振兴降低成本，提供最佳服务；围绕农村土地制度、集体产权制度、农产品价格机制等加大改革力度，进一步完善土地流转规范化管理，引导农村土地依法合理流转，保障"三权"利益均衡。二要加大金融支持乡村振兴的力度。发挥财政资金的导向作用，加大金融机构对农业生产经营组织的扶持力度，切实帮助解决新型农业经营主体资金瓶颈问题。全面落实国家财政对县域金融机械涉农贷款增量奖励，农村金融机构定向费用补贴、小额担保贷款贴息等政策，鼓励金融机构加大对新型农业生产主体信贷支持、优先满足其信贷需求。三要强化社会资本防范农业生产经营风险指导。加快推进农业保险"扩面、增品、提标"，进一步扩大农业大灾保险试点、完全成本保险和收入保险试点工作，特色农产品奖补试点覆盖面。四要着力培育壮大龙头企业和农民专业合作经济组织。认真落实中央、自治区关于扶持农业产业化龙头企业的各项优惠政策，始终把培育、发展、壮大龙头企业作为推动农业产业化发展的最关键环节来抓，重点扶持市场潜力大、科技含量高、经营机制活、带动能力强的龙头企业。同时鼓励多主体创办，引导多形式发展，有计划培育一批产品特色明显、带动农户面广、运行机制健全的示范性专业合作组织。

第二节 把新的社会阶层人士有效组织起来的机制创新

党的十九大指出，做好新的社会阶层人士工作，发挥他们在中国特色社会主义事业中的重要作用。2017年召开的全国新的社会阶层人士统战工作会议明确提出，"以组织起来为依托，着力创新平台载体和工作方法"，并就如何"用好现有组织，创建工作载体"进行了部署。《中国共产党统一战线工作条例》第三十二条规定："坚持信任尊重、团结引导、组织起来、发挥作用的思路，运用社会化、网络化的方法，通过实践创新基地、联谊组织等形式，分类分众施策，强化思想引领，凝聚

政治共识，发挥新的社会阶层人士在建设中国特色社会主义事业中的重要作用"[1]。这从党内法规的层面，为做好把新的社会阶层人士组织起来指明了根本遵循，为创新把新的社会阶层人士有效组织起来工作机制提供了制度依循，开创了党内文献的先河，对于运用法治思维，依规循制推进新的社会阶层人士统战工作具有重大的理论与实践意义。随着新的社会阶层人士队伍不断壮大，对中国未来社会发展的政策走向和政策选择更深层次的影响不断扩大，愈加明显。如何创新工作机制，乡村全面振兴背景下，把新的社会阶层人士有效组织起来，不仅成为推进国家治理体系和治理能力现代化的题中之意，更是巩固和发展新的历史条件下统一战线工作的重要课题。

一、把新的社会阶层人士有效组织起来问题研究现状述评

（一）研究现状

当前，国内学界在对新的社会阶层进行多维考察的基础上，主要从组织起来的价值、存在问题、路径、实证等方面，对"把新的社会阶层人士组织起来"问题开展了研究。

一是关于新的社会阶层的基本问题研究。学界从新的社会阶层的理论脉络、生成机制等方面开展了探究。对其理论脉络研究侧重政治学、社会学视角来探讨。李小宁（2018）认为，是用来指称我国改革开放以来出现的一些新的社会群体，是一个具有鲜明统一战线特征的政治概念。李强（2017）认为是伴随着改革开放以来中国社会结构的巨大变迁而产生，李路路（2017）认为是中国社会结构变迁的新的重要标志和重要力量。张海东（2017）认为，市场经济体制、市场渠道以及市场能力是其生成、发展的三个重要机制。当前，随着国家治理现代化的深入推进，

---

[1] 中共中央印发中国共产党统一战线工作条例[N].人民日报，2021年1月6日，第1版。

学界由对新的社会阶层的政治参与、利益诉求等延伸到社会建设、社会治理等不同向度加以了探讨。如，张海东（2018）认为，需要按照"治理"理念，完善这一群体的统战工作体制机制，采取多种不同的形式来实现新社会阶层的再组织化。

二是关于新的社会阶层人士的现实表征研究。宏观维度上，指学界侧重其思想状况、行为方式、价值取向、发展趋势等的探讨。路璐（2017）认为，其本质特征表现为四个并存：依托市场与抵御资本的倾向并存，财富聚集与两极分化的趋势并存，参与意识强烈与参与渠道不足的局面并存，观念多元化与组织离心化的状态并存。祝远娟（2019）认为，呈现圈层化与区域化、工作生活方式及人际关系多样化、关心时事政治与政治参与缺乏主动、整体参政议政意识逐渐增强与意愿不一、积极努力奋斗的心态和不安全感并存等群体特征。微观维度上，学界由对新的社会阶层的基本面向把握拓展至具体群体，对"私营企业和外资企业的管理技术人员""中介组织和社会组织从业人员""新媒体从业人员""自由职业人员"等四类社会群体各自代表性的特征进行了研究，且以四类群体为研究对象的成果日渐增多。

三是关于新的社会阶层人士组织起来的重要意义研究。学界比较趋向一致认为，新的社会阶层人士是中国特色社会主义事业的重要力量，是社会治理共同体的重要力量，"组织起来"是对改革开放以来我国社会阶层结构分化的历史回应，是新时代壮大共同奋斗力量的现实选择，对于实现"中国之治"具有重要作用。杨卫敏（2020）认为，新时代统战工作的最大增长点和亮点在新的社会阶层人士统战工作，而组织起来是前提条件。江苏省社会主义学院（2019）在其《新的社会阶层组织化研究》一书中认为，实现伟大梦想、推进伟大事业、进行伟大斗争、建设伟大工程需要把新的社会阶层组织起来，促进市场、政府、社会治理现代化需要把新的社会阶层组织起来，是实现中国共产党长期执政、推进国家治理现代化的必然要求。

四是关于新的社会阶层人士组织起来的路径选择研究。学界认为，新时代把新的社会阶层人士组织起来已经成为事关执政基础巩固和经济

社会改革的重大前沿性课题，应加强其思想、政治、团结、价值、教育等方面的引导。中共邵阳市委统战部课题组（2018）针对新的社会阶层人士统战工作存在的"九龙治水，工作合力难以形成""家底不清，科学决策依据缺乏"等问题，提出要加强思想引领，凝聚"组织起来"思想；全面摸清家底，夯实"组织起来"基础；整合各方力量，健全"组织起来"机制；建强锻炼载体，夯实"组织起来"平台；拓展参政渠道，提供"组织起来"方式；完善宣传方式，创建"组织起来"品牌。胡芬芳（2019）认为，要建立常态联系机制，夯实"组织起来"的基础；建立代表人士培养机制，凝聚"组织起来"的力量；建立完善的组织体系，搭建"组织起来"的平台；采取灵活多样的统战方式，改进"组织起来"的方式。

五是关于新的社会阶层人士组织起来的个案实证研究。肖存良（2018）以上海市黄浦区"海燕博客"为例分析认为，新的社会阶层人士统战工作有 1.0 版、2.0 版和 3.0 版三种模式，3.0 版新的社会阶层人士统战工作将实现从"多数人全方位"工作到"全体人全方位"工作模式的转变，并成为新的社会阶层人士统战工作创新发展的基本方向。中共浙江省委统战部课题组（2018）基于浙江省案例的分析认为，新的社会阶层人士重点群体统战工作总体上仍然存在着"四种难题""三个压力""六个缺乏"[1]等问题，要进一步明晰思路、改革方法、加大力度，通过一系列具体细致的工作进一步强化对这一群体的引领团结。相对而言，这方面的研究呈现出区域性特点，以上海、浙江、江苏、山东等东部沿海经济发达地区的实例分析居多，中西部尤其是民族地区针对相关群体的讨论较少。

---

[1] "四种难题""三个压力""六个缺乏"：四种难题是指，界定难、找人难、破局难、工作难；三个压力是指，转变观念压力、力量动员压力、分类施策压力；五个缺乏是指，缺动力、缺渠道、缺组织、缺代表、缺方法。

（二）研究述评

总体而言，学界在这方面的研究成果颇丰，不乏可陈之作，进行了许多可资借鉴的学术创新研究，为本文的深入研究积累了丰富的原始素材，提供了有益的智慧启迪，其特征有三：一是对"组织起来"的研究多，但对"有效组织起来"的研究相比不多，落脚到"有效"上的研究力度有待加大，对"何以是有效组织起来""怎么判定是有效组织起来"等问题的研究空间有待延展。二是对"组织起来"的路径研究相对来说比较宽泛，从制度机制视角来对"有效组织起来"的研究有待深入，对以制度构建、制度力量、制度权威、制度文明、制度兑现等层面，确保有效"组织起来"的规范性、有效性、持续性等问题的研究视野有待拓展。三是对"组织起来"的纯粹性理论研究多，对"有效组织起来"的决策性咨政研究少。基于此，本章试图从制度机制视角对"有效组织起来"进行实证研究，以提出可行性的对策建议，为提升新的社会阶层人士统战工作的制度效能提供决策咨询参考。

二、把新的社会阶层人士有效组织起来的价值考量[1]

立足中国新时代的历史方位，从历史与现实交互的维度，注重历史、现实、未来相结合的方法运用，深入探究把新的社会阶层人士有效组织起来的价值意蕴，这是科学认识把新的社会阶层人士有效组织起来问题的思想基础，是深刻把握创新把新的社会阶层人士有效组织起来工作机制的逻辑前提。

---

[1] 本部分主要内容已发表在《福建省社会主义学院学报》2021年第3期。

（一）历史性维度价值：中国共产党百年奋斗历程中领导人民顺利推进伟大的社会革命历史经验的规律性总结

历史是最好的营养剂。回望中国共产党建党百年的历史，不难发现，"我们党的历史就是我们党与人民心心相印、与人民同甘苦、与人民团结奋斗的历史"。[1] 正是在革命、建设、改革各个时期的百年来接续奋斗中，中国共产党通过把最广大人民群众有效组织起来，团结带领人民一块过、一块干，领导人民顺利推进伟大的社会革命，汇聚起了各界社会力量，取得了举世瞩目的伟大成就，书写了波澜壮阔的历史画卷，实现了从站起来到富起来再到强起来的伟大飞跃。放在中国共产党百年奋斗历程中领导人民顺利推进伟大的社会革命的宏大历史中来看，在全面建设社会主义现代化强国新征程中，把新的社会阶层人士有效组织起来，一方面凸显了中国特色社会主义制度集中力量办成大事的制度优势，另一方面是在对历史经验规律性总结的基础上，对这一经验在中国特色社会主义事业伟大实践中的具体运用。

1. 注重把群众力量组织起来，是中国共产党团结带领人民推动革命、建设和改革的优良传统，也是一条重要经验。早在建党初期，毛泽东就强调，"我们的革命要有不领错路和一定成功的把握，不可不注意团结我们的真正的朋友，以攻击我们的真正的敌人。"[2] 在毛泽东看来，中国革命要胜利，无产阶级"必须在各种不同的情形下团结一切可能的革命的阶级和阶层，组织革命的统一战线。"[3] 延安时期，为更好地推动陕甘宁边区的大生产运动，毛泽东在中共中央招待陕甘宁边区劳动英雄大会上讲话时指出，把群众组织起来，"只要是可能的，就要毫不

---

[1] 习近平：在党史学习教育动员大会上的讲话 [J]. 求是，2021年，第7期。

[2] 毛泽东：毛泽东选集（第1卷）[M]. 北京：人民出版社，1991年版，第3页。

[3] 毛泽东：毛泽东选集（第2卷）[M]. 北京：人民出版社，1991年版，第645页。

例外地动员起来，组织起来"[1]；"把群众力量组织起来，这是一种方针。[2]"正是中国共产党依据革命中不同阶段，不同的革命性质，以及各个阶级、各个群体对革命的态度，先后建立起了国民联合战线、工农民主统一战线、抗日民族统一战线、人民民主统一战线，尽可能将可能多的同盟军有效组织起来，最大限度地壮大了革命力量，完成了中国人民站起来这件开天辟地大事，实现了民族独立、人民解放。

改革开放后，为把一切积极因素团结调动起来，把一切可以团结的力量有效组织起来，我们党把在我国社会变革中出现的新的社会阶层人士纳入统一战线工作范围。邓小平强调，"组织起来就有力量"，"我们这么大一个国家，怎么样才能团结起来、组织起来呢？一靠理想，二靠纪律。"[3]"争取整个中华民族的大团结"。江泽民指出，"不论哪一个阶级、阶层，哪一个党派、集团，那一个人，我们都要团结。[4]"2000年，第19次全国统战工作会议和《中共中央关于加强统一战线工作的决定》，都将自由择业的党外知识分子明确为统战工作对象，强调要建立相应的工作机制，鼓励他们通过多种形式为改革开放和现代化建设服务。党中央颁布的《中共中央关于巩固和壮大新世纪新阶段统一战线的意见》提出，要科学分析和准确把握我国社会阶层结构发生的深刻变化，把新的社会阶层人士作为统一战线工作新的着力点，最大限度地把他们团结在党的周围。在如何开展新的社会阶层人士统战工作上，胡锦涛在第20次全国统战工作会议上强调，"坚持以社团为纽带、社区为依托、网络为媒介、活动为抓手，把新的社会阶层人士更广泛团结和凝聚在党和政府周围。[5]"正是如此地把一切有利于民族团结、社会进步、促进中华民族伟大复兴的力量团结在党的周围，为党和人民事业的

---

[1] 毛泽东：毛泽东选集（第3卷）[M].北京：人民出版社，1991年版，第928页。
[2] 毛泽东：毛泽东选集（第3卷）[M].北京：人民出版社，1991年版，第930页。
[3] 邓小平：邓小平文选（第3卷）[M].北京：人民出版社，1993年版，第111页。
[4] 十三大以来重要文献选编（中）[M].北京：中央文献出版社，2016年版，第1128页。
[5] 中共中央统战部研究室编：新世纪新阶段统一战线[M].北京：华文出版社，2006年版，第259页。

发展不断创造了十分有利的条件，使中国发生了翻天覆地的变化，富国大业顺利推进，向新时代强国大业迈进。

2. 新时代中国共产党人对组织起来经验的传承和发展。党的十八大以来，以习近平同志为核心的党中央对党的这一优良传统在予以更加重视的同时，并依据变化着的社会形势，与时俱进地进行了理论创新，提出了关于新的社会阶层人士统战工作的一系列具有鲜明时代特征的新论述、新思想，并且坚定不移地加以忠实赓续，发扬光大，依据客观的社会历史条件，富有创造性地推进了一系列卓有成效的实践创新。在2015年召开的全国统战工作会议上，习近平同志指出，"我们党历来有一个好办法，就是组织起来。新形势下，组织起来不仅要注重党政机关、企事业单位、人民团体等，而且要注重各类新经济组织、新社会组织。"[1]他在不同场合反复强调，"要坚持党委统一领导，统战部牵头协调，有关方面各负其责的大统战工作格局，形成工作合力"；"现在，党外知识分子队伍构成更加多样，需要针对不同特点分类施策。"[2]这些重要论述，从理念、原则和方法等多方面丰富和发展了"把社会各界力量有效组织起来"的内涵。2016年7月中央统战部新的社会阶层人士工作局的组建、2017年2月全国新的社会阶层人士工作会议的召开、2017年《关于加强新的社会阶层人士统战工作的意见》的印发、2018年2月新的社会阶层人士统战工作联席会议的召开、新的社会阶层人士统战工作联席会议制度的实施、2015年和2020年两次对统一战线工作条例的修订，将"做好新的社会阶层人士工作，发挥他们在中国特色社会主义事业中的重要作用"写入党的十九大报告、《中国共产党统一战线工作条例》在第八章对"新的社会阶层人士统一战线工作"的顶层规定，如此等等的一揽子富有开创性工作的稳妥有序地推进，充分折射出了对新的社会阶层人士组织起来的高度重视和积极行动，在新的社会阶层人士统战工作

---

[1] 习近平：关于社会主义政治建设论述摘编[M].北京：中央文献出版社，2017年版，第134页。
[2] 巩固发展最广泛的爱国统一战线　为实现中国梦提供广泛力量支持[N].人民日报，2015年5月21日，第1版。

的理念、原则、制度和方法上,更加有力地体现了作用的凸显突出、情感的人文关怀、导向的价值引领和制度的顶层设计。

(二)制度性维度价值:实现国家治理体系和治理能力现代化的时代必然

党的十九大就新时代中国特色社会主义发展的战略安排指出,到2035年,"各方面制度更加完善,国家治理体系和治理能力现代化基本实现"[1];到21世纪中叶,实现国家治理体系和治理能力现代化。党的十九届四中全会通过的《中共中央关于坚持和完善中国特色社会主义制度 推进国家治理体系和治理能力现代化若干重大问题的决定》在阐述坚持和完善人民当家作主制度体系中指出,要巩固和发展最广泛的爱国统一战线。1982年12月4日,五届全国人大五次会议通过的新修订的《中华人民共和国宪法》强调"这个统一战线将继续巩固和发展"。2012年12月4日,习近平同志在首都各界纪念现行宪法公布实施30周年大会上指出,对爱国统一战线这一宪法确定的制度和原则,"我们必须长期坚持、全面贯彻、不断发展。[2]"起源于民主革命时期的统一战线,究其实质,就是中国共产党组织人民与整合力量的重要方式,对中国特色社会主义制度体系完善起到了重要作用,是面向未来的国家治理体系和治理能力现代化的中国形态的政治整合机制。推进国家治理体系和治理能力现代化,不仅是新时代统一战线创新探索的制度性必然规定,也是其制度性重要目标。把新的社会阶层人士有效组织起来,对于巩固和发展中国特色社会主义制度体系、为实现中国特色社会主义共同理想提供有力保障、彰显中国特色社会主义制度优势与治理效能等方面发挥出独特的优势和作用。基于制度性规定维度看,把新的社会阶层人士有

---

[1] 习近平谈治国理政(第三卷)[M].北京:外文出版社,2020年版,第22页。
[2] 习近平谈治国理政[M].北京:外文出版社,2014年版,第139页。

效组织起来，是实现国家治理体系和治理能力现代化的时代必然。这种制度性时代价值体现在以下三个方面。

1. 把新的社会阶层人士有效组织起来，有利于增强国家治理体系的合法性。人类社会历史的发展演变表明，世界上不存在一劳永逸的现代国家治理，不断变化着的世界需要一种"变化态"下的国家治理，即国家治理必须持续现代化。从这个意义上看，完善和发展中国特色社会主义制度，推进国家治理体系和治理能力现代化，就是通过在不断改革和创新使中国特色社会主义制度更加成熟、更加定型中，对"怎么样治理社会主义这样一个全新的社会形态"的问题的积极回答。作为处于领导地位，并将长期执政的中国共产党必须通过创新整合社会的方式，最大限度地整合社会资源、社会力量，以建构国家秩序和推动经济社会高质量发展，进而增强公共权力的合法性。把新的社会阶层人士有效组织起来，体现了中国共产党对社会力量的组织整合，就是中国共产党通过借助统一战线的组织机制，发挥组织性力量、动用组织化手段对新的社会阶层人士进行吸纳和整合。鉴于新的社会阶层人士分布广泛、位置超脱的优势，实现新的社会阶层人士组织化，形成同心多圆的组织形态、组织结构和组织网络，必将有助于促进协商民主广泛多层制度化发展，促使国家公共权力的有效建构和运行。这就在得到新的社会阶层人士支持与认同的基础上，发挥了增强国家治理体系的合法性的政治作用。来自浙江温岭的民主恳谈、诸暨的枫桥经验、象山的村民说事和乡贤参事等成功事例表明，有效组织起来的新的社会阶层人士在增强国家治理体系的合法性中起到了积极的作用。

2. 把新的社会阶层人士有效组织起来，有利于增强国家治理体系的民主性。制度的生命力在于执行。推进国家治理体系和治理能力现代化，保障制度供给固然重要，更重要的是既有的制度在现实中必须加以权威高效地执行，得到真正的贯彻落实。权威高效的制度执行，是制度贯彻落实的基本前提和评判标尺，是基于集思广益、广泛民主、和谐有序基础上的多元主体的同心协力、多元力量的团结共进。在这一点上，思想统一、共识凝聚、价值认可必须依赖民主。那种远离或脱离了民主的人心和力量，心想不到一块，劲使不到一处，拧不成一股绳。我们必须充分认识到，完善和发展中国特色社会主义制度，推进国家治理体系和治理能力现代化，虽然并不意味着对当前的国家治理体系和治理能力的否定，但也必须清醒地认识到，犹如习近平同志指出的"我们在国家治理体系和治理能力方面还有许多不足，有许多亟待改进的地方"[1]，由此提高科学执政、民主执政、依法执政水平天经地义，恰逢其时。在深刻认识新的社会阶层人士涵盖行业领域广泛、人才智力密集的特征基础上，把新的社会阶层人士有效组织起来，顺应了对国家现代化建设中出现的新型阶层力量进行吸纳，以不断壮大国家现代化建设主体力量需要的时代要求。同时，注重发挥他们所具备的知识软实力、经济硬实力的价值作用，这不仅突出了民主的要义把不同主体整合进社会，更为重要的是强调了团结的要义凸显人民整体性的原生态发展，可为推进国家治理体系和治理能力现代化提供新的驱动力，助推国家治理体系民主性的不断增强。

3. 把新的社会阶层人士有效组织起来，有利于增强国家治理体系的科学性。在现代条件下，全球化、市场化与网络化是新时代国家治理的客观环境。基于这种社会结构形态，政党、国家与社会三个要素构成了现代政治的主体性结构。推进国家治理体系和治理能力现代化，必须正确稳妥处理好政党、国家与社会三者的关系，进一步厘清政府、市场、社会三者的边界。把新的社会阶层人士有效组织起来，在政治性整合和社会性整合两个层面发挥党领导国家、整合社会的双重功能，履行增强党对国家建构与运行的合法性，对社会建构与治理有效性的双重使命，有助于推动国家的运行和发展，进而为实现中国特色社会主义共同理想强化团结性因素，提供力量支撑，集中力量办大事。把新的社会阶层人士有效组织起来，引导他们参与到全面深化改革、全面依法治国、全面建设社会主义现代化强国中来，引导他们参与市场治理、政府治理、社

---

[1] 十八大以来重要文献选编（上）[M]. 北京：中央文献出版社，2014年版，第548页。

会治理中来，发挥他们"智库"建言献策作用、专业技术人才整体优势、参与基层协商与社会组织协商的独特作用，积极履行社会责任，对于建设现代化经济体系、促进市场治理现代化意义重大，对于构建多元主体协同参与国家治理、社会治理的有序局面大有裨益。这既有助于完善社会主义市场经济体系，促进深化供给侧结构改革，为经济高质量发展提供动力保障，又有助于实现完善社会治理结构、推动基层社会矛盾的化解、促进阶层和谐、社会稳定，提高国家治理效能的目的，必将有利于增强国家治理体系的科学性。正因如此，必须鼓励和支持社会各方参与，让更多的组织化的新社会阶层人士参与国家治理。

（三）战略性维度价值：助力中国共产党实现长期执政的必由之路

中国的现代化事业，关键在中国共产党；实现国家治理体系和治理能力现代化，关键在中国共产党。新时代，中国共产党在长期执政条件下，要有"中国之治"新气象新作为，实现确定的宏伟目标，正如习近平同志指出的"根本上要靠全体人民的劳动、创造、奉献"[1]。历史证明，最大多数人的利益和全社会全民族的积极性主动性创造性，对党和国家事业的发展始终是最具有决定性的因素。也正因如此，激励全体中华儿女不断奋进，凝聚起同心共筑中国梦的磅礴力量，不仅是中国共产党长期执政条件下的必然选择，也是实现中国共产党长期执政的必由之路。因此，党的涵盖新的社会阶层人士在内的群众工作，"只能加强，不能削弱；只能改进提高，不能停滞不前"[2]。着眼于新的历史方位下中国共产党的执政使命，把不断壮大发展且日益彰显影响力的新的社会阶层人士有效组织起来，聚天下英才而用之，对于坚持党对一切工作的全面领导，助力中国共产党实现长期执政具有根本性的、长远的战略意

---

[1] 十八大以来重要文献选编（中）[M]. 北京：中央文献出版社，2016 年版，第 305 页。

[2] 十八大以来重要文献选编（中）[M]. 北京：中央文献出版社，2016 年版，第 304 页。

义。

1.把新的社会阶层人士有效组织起来,有利于顺利完成执政目标。当前,我们党就2020年到21世纪中叶把我国全面建成社会主义现代化强国,实现中华民族伟大复兴的中国梦做出了战略安排,为国家富强、民族复兴、人民幸福进行了战略擘画。谱写全面建设社会主义现代化新征程的壮丽篇章,顺利实现人民对美好生活的向往这一奋斗目标,离不开在中国共产党的坚强领导下包括广大新的社会阶层人士在内的全体中华儿女的共同参与,而这需要更好地组织动员群众、教育引导群众、联系服务群众,需要把蕴藏在人民群众中的巨大创造力充分激发出来。因而,实现人民群众的组织化,就是重要方法和路径。一方面,通过组织化的政治引领、思想引导,确保新的社会阶层人士在多极化、全球化的纷繁复杂的社会形势下不为各种错误思潮所迷惑而迷失方向,自觉抵制那种破坏甚至颠覆性的活动,进而坚持正确的政治方向,汇聚在中国梦旗帜下,凝聚在党的周围。另一方面,通过组织化的渠道,搭建新的社会阶层人士服务社会平台和载体,使其个人价值、报国理想情怀的实现融入国家和民族的伟大梦想和事业中去,担负起新时代赋予的新使命,促进他们把事业做实做大报效党和国家,助力党和人民的美好愿景达成。来自全国各地对新媒体从业人员和意见人士组织化的实践表明,把新的社会阶层人士有效组织起来,是引导和帮助他们健康成长,更好弘扬主旋律、传递正能量的有效途径,是引导他们在岗位贡献个人价值,在创业创新中回报社会的可行之举。

2.把新的社会阶层人士有效组织起来,有利于巩固壮大党的执政基础。人民就是江山,江山就是人民。人民拥护和支持是党执政的最牢固的根基。当前,新的社会阶层人士已成为了影响我国社会未来发展走向最具活力和最具影响力的社会力量。鉴于其经济实力强、活动领域宽、社会联系广、社会影响大,绝不能视而不见,掉以轻心。倘若放任新的社会阶层人士长期游离在党和政府的联系纽带之外,不能有效使之凝聚起来,团结到党的周围来,党的执政群众基础势必受到削弱,甚至党被分化出来的社会力量"俘获"。这一点在网络领域尤为显著,正如习近

平同志指出的"这个阵地我们不去占领，人家就会去占领；这部分人我们不去团结，人家就会去拉拢"[1]。巩固壮大党的执政基础，我们党要在以彻底的自我革命精神大力加强自身建设的同时，必须注重运用与新时代相适应的统战工作方式方法，在统战工作的实效上下足功夫，突出统一战线的社会化功能。但是我们清醒地认识到，在社会组织中党的组织还没有全领域全方位覆盖，"至于社会组织特别是各种学会组织、协会的党建工作，大多没有真正破题"[2]，新的社会阶层人士好似"一袋马铃薯是由袋中一个个马铃薯所集成的那样"[3]，处于分散性、无组织或组织性不强的状态。把新的社会阶层人士有效组织起来，就是要拓展党的群众工作的触角、维度和空间，通过联系他们中的代表人物，去影响、感召他们周边的群众，最大限度团结起来，壮大共同奋斗的力量，这样一来，更多的新的社会阶层人士成为党执政兴国的重要群众基础。

3. 把新的社会阶层人士有效组织起来，有利于抵御防范执政风险。党的十八大以来，以习近平同志为核心的党中央坚持以彻底的自我革命精神加强党的革命性锻造，着力推进全面从严治党向纵深延伸，取得了显著成效，为迈入新征程奠定了良好的政治保障基础，"但还远未到大功告成的时候"[4]。这是因为，党的执政还面临着长期且尖锐的"四大考验""四大风险"，各种可以预见难以预见的风险挑战不期而至，各种社会矛盾和问题还不时涌现，特别是一些非传统的安全因素、互联网空间领域中风险挑战对党的执政安全带来的冲击防不胜防。维护国家安全、党的执政安全成为摆在全党和全社会面前的一项共同责任。应对好各种风险挑战，维护好国家安全、党的执政安全，核心是要保持党同人民群众的血肉联系。新的社会阶层人士总体上讲属于具有一定专业特长的、体制外的知识分子，他们一大部分从事与意识形态相关的文化创作

---

[1] 习近平谈治国理政（第二卷）[M]. 北京：外文出版社，2017年版，第325页。

[2] 习近平论坚持党对一切工作的领导 [M]. 北京：中央文献出版社，2019年版，第260页。

[3] 马克思恩格斯文选（第一卷）[M]. 北京：人民出版社，1962年版，第310—311页。

[4] 习近平谈治国理政（第三卷）[M]. 北京：外文出版社，2020年版，第515页。

和传播的事业，在加强社会文化建设、弘扬核心价值观、倡导社会道德、维护意识形态安全等方面的作用不可小觑。尤其是在网络界人士的社会影响力和社会动员力、资源整合力越来越强的趋势下，成为维护社会稳定、国家安全、党的执政安全的一支重要的新生力量。习近平同志在2015召开的中央统战工作会议上强调，要加强和改善对新媒体中代表人士的工作，"让他们在净化网络空间、弘扬主旋律、维护意识形态安全等方面展现正能量"[1]。这是有深远考虑的。把新的社会阶层人士有效组织起来，发挥他们在开展具有新的时代特征的伟大斗争、推进新的伟大工程中的积极作用，有利于增强党的执政能力，打造抵御国内外敌对势力干扰破坏、应对风险挑战的"铜墙铁壁"，切实维护党的执政安全，巩固党的执政地位。

（四）内在性维度价值：巩固和壮大新时代统一战线的必然要求

新时代，统一战线已融入国家治理的各个层面，成为调整国家政治关系、促进"五大关系"和谐平衡的政治制度和工作机制，成为中国特色社会主义必须长期坚持的重要制度之一。随着我国社会主要矛盾的转化，特别是在社会变革的关键转型期，社会呈现出"三个多样"即"所有制形式更加多样，社会阶层更加多样，社会思想观念更加多样"[2]的形势下，社会结构持续不断地发生重大转变，社会的复杂化、分散化、异质性、流动性日趋增强，这要求新时代的统一战线工作对象范围与结构功能对社会结构分化这一历史事实进行关照和回应，做出相对应的调整。"越是变化大，越是要把统一战线发展好、把统一战线工作开展好"[3]。这一时代背景下，新的社会阶层人士面临难得的重大发展机遇，也承担着时代赋予的重大时代使命和历史责任。随着中国特色社会主义

---

[1] 习近平：关于社会主义政治建设论述摘编[M].北京：中央文献出版社2017年版，第136页。

[2] 习近平：关于社会主义政治建设论述摘编[M].北京：中央文献出版社2017年版，第128页。

[3] 十八大以来重要文献选编（中）[M].北京：中央文献出版社，2016年版，第557页。

市场经济发展水平的不断提高，新的社会阶层人士不断产生，社会影响也不断扩大，新的社会阶层的格局和阵容呈现出新的特征、新的变化，其内部构成、内部关系也相应随之改变。新时代新的社会阶层人士统战工作如何适应新形势下的深刻变化，对新时代统一战线工作提出了新要求。把新的社会阶层人士有效组织起来，就是顺应社会深刻变化的内在性需要，也是遵循统一战线范围扩大和结构优化内在演变规律，促进统一战线自身科学发展，巩固和壮大新时代统一战线的必然要求。

1. 把新的社会阶层人士有效组织起来，有利于扩大新时代统一战线的对象和力量。"统战工作的本质要求就是大团结大联合，解决的就是人心和力量问题。"[1] 面对前文所述"三个多样"的变化，做好新时代统一战线工作，必须花大心思、下大力气解决好统战人心和力量这一重大战略问题。应当进一步扩大统战对象，广交朋友，壮大统战力量，如同毛泽东在延安时期讨论什么是政治时指出的"把我们的人搞得多多的，把敌人搞得少少的"。当前，虽然各地对新的社会阶层人士组织化开展了积极有益的探索，通过搭建平台、优化工作机制、强化阵地建设等多形式多渠道把他们重新组织起来，但面对相对体量庞大、自由分散且日益发展壮大的新的社会阶层人士队伍，实际联系上的新的社会阶层人士代表是少数。以广西为例，2020年自治区、市、县三级党政干部联系的新的社会阶层代表人士为3500多名，这仅为"冰山一角"，绝大部分还没有纳入统战工作的事业，处于与他们"牵不上线，对不上话，做不进工作"[2]，交不上朋友的状况。"搞统一战线是为了壮大共同奋进的力量"，"交朋友的面要广，朋友越多越好"[3]。对于最具活力，各类人才荟萃、在数量上和规模上不断扩大、不断冒出的新职业、新群体和新的代表人士的新的社会阶层群体，就是新时代统一战线持续发展壮大的重要人才的水源地、蓄水池、人才库。把新的社会阶层人士有效组织起

---

[1] 十八大以来重要文献选编（中）[M]. 北京：中央文献出版社，2016年版，第556页。

[2] 十八大以来重要文献选编（中）[M]. 北京：中央文献出版社，2016年版，第561页。

[3] 十八大以来重要文献选编（中）[M]. 北京：中央文献出版社，2016年版，第562页。

来，就是在寻找最大公约数，画出最大同心圆的基础上，将更多体制外的新的社会阶层人士团结在党的周围，因而，必然会有利于实现凝心聚力，为新时代统一战线成员队伍的壮大提供活水源头。

2. 把新的社会阶层人士有效组织起来，有利于拓展新时代统一战线的范围和领域。据中国互联网信息发布的第46次《中国互联网络发展状况统计报告》显示，"截至2020年6月，我国网民规模达9.40亿，较2020年3月增长3625万，互联网普及率达67.0%，较2020年3月提升2.5个百分点"[1]，我国互联网产业展现出巨大的发展活力和韧性。基于互联网已全面渗入人们生产生活的各个领域，成为一种新的社会形态，网络统战应运而生。这要求当今的统战工作必须适应互联网时代发展趋势，运用互联网思维，善于运用互联网技术和信息化手段开展工作，把线下的统战工作场域与线上的统战工作场域两个方面的统战工作结合起来，实施全方位和全领域的统战工作。随着经济社会结构的不断变化，新的社会阶层人士队伍持续壮大。以广西律师队伍为例，据有关部门介绍，他们由2002年的2122人增至2020年12419人，增加了5.8倍多；注册会计师由2002年的825人增至2020年的1978人，增加了2.4倍多；注册税务师由2002年的276人增至2020年的1065人，增加了3.8倍多。把新的社会阶层人士有效组织起来，就是针对新时代统一战线从线下到线上、单位制向社会制、封闭到开放、两个范围联盟[2]到构建人类命运共同体、"请进来"到"走出去"、传统阶层到新阶层等转型的基本特征，进一步扩大统一战线范围和领域的务实行动。来自全国各地的建立网络界人士联谊会、新的社会阶层人士统战创新实践基地建设等实践探索表明，把新的社会阶层人士有效组织起来，不仅发挥了新的社

---

[1]CNNIC发布第46次《中国互联网络发展状况统计报告》[R/OL].http：//www.gov.cn/xinwen/2020-09/29/content_5548175.htm

[2] 两个范围联盟：两个范围联盟指我国新时期爱国统一战线的联盟的总体形式：一个是由大陆全体劳动者、爱国者组成的以社会主义为政治基础的联盟；另一个是广泛团结台湾同胞、港澳同胞和国外侨胞，以爱国主义为政治基础的联盟。两个范围的联盟构成了新时期爱国统一战线的整体。

会阶层的积极作用,而且有利于形成网上网下同心圆,构建起最大同心圆,拓展新时代统一战线的范围和领域。

3. 把新的社会阶层人士有效组织起来,有利于提升新时代统战工作的科学化水平。注重提升统战工作质量,促进统战工作科学化发展,历来是我们党统一战线事业发展的优良传统,一贯做法。自1921年建党以来,我们党立足统战工作特征,在掌握规律、坚持原则的前提下,始终讲求统战工作的艺术和方法,不断改进工作,有效提升了统战工作质量、科学化水平。事实表明,新的社会阶层人士是新时代统一战线成员的重要来源,正在影响和改变统一战线的"版图"。统战人士的网络化和网络的主体化使网络成为我们党开展统战工作的重要场域。建构新的社会阶层人士的统战工作模式,深入开展新的社会阶层人士统战工作,是一项紧迫任务,需要破解一系列重要课题。如,在"重要窗口期"如何培育新的社会阶层人士代表性标志人物,加强对新的社会阶层人士的团结引导,推动新的社会阶层人士全面发展,如何通过创新新时代统一战线工作体制机制,在推进国家治理体系和治理能力现代化中发挥新的社会阶层人士的积极作用,有效参与到国家治理现代化、社会治理共同体建设中来,提升"四个服务"效能等需要在理论和实践两个方面解决的问题。目前,做好新的社会阶层人士的工作,传统意义的一些方法不是很适用,一般化的方式已不太管用,特别是在传统统战工作模式面临的来自组织建设薄弱性、新的社会阶层人士群体结构不稳定性,以及他们之中个体需求多元性等带来的挑战,必须改进工作方法。而解决好这些问题、应对好这些挑战,首要前提就是把他们组织起来。把新的社会阶层人士有效组织起来,是由新时代统一战线工作不断创新发展,提升制度化、规范化、科学化水平的内在性规定决定的。

三、把新的社会阶层人士有效组织起来的实践探索

伴随着中国特色社会主义事业的不断推进,新的社会阶层人士队伍不断发展壮大,在中国特色社会主义事业发展中扮演着重要的角色,是

破解社会主要矛盾、促进经济社会高质量发展、推进治国理政现代化、全面建设社会主义现代化强国、构建新时代新秩序维护社会和谐稳定和国家安全、促进祖国完全统一、实现中华民族伟大复兴的生力军。新时代，把新的社会阶层人士有效组织起来，成为新时代统一战线工作的最大增量和新着力点，新的社会阶层人士统战工作，已成为新时代统一战线中战略性、基础性、开创性的工作。充分做好新的社会阶层人士统战工作，把新的社会阶层人士有效组织起来，从国家顶级层面到基层都予以了高度重视。比如，2017年召开的全国新社会阶层统战工作会议确定北京、天津等15个试点城市为打造新的社会阶层人士统战工作实践创新基地，为全国其他地方提供示范和借鉴；2018年，南宁等34个城市列入第二批全国新的社会阶层人士统战工作实践创新推广城市。近年来，广西坚持把新的社会阶层人士联谊组织、实践创新基地建设作为把新的社会阶层人士有效组织起来的重要抓手，坚持以点带面、示范引领探索把新的社会阶层人士有效组织起来的工作机制，全面带动了新的社会阶层人士统战工作创新发展。据有关部门统计，到2020年12月，广西已建立起国家级、自治区、市级、县级实践创新基地分别为2、47、83、180个。各地把新的社会阶层人士有效组织起来的积极探索，为创新发展新的社会阶层人士统战工作积累了一些有益的经验和做法。系统总结各地已有的相关经验，对于创新把新的社会阶层人士有效组织起来工作机制具有宝贵的启迪借鉴意义。

（一）把新的社会阶层人士有效组织起来的实践经验

全国各地把新的社会阶层人士有效组织起来的实践表明，科学管用、运行高效的制度机制，是把新的社会阶层人士有效组织起来的重要保障，把新的社会阶层人士有效组织起来，是推动新时代统一战线工作体制创新的实践动力所在，要增强新的社会阶层人士统战工作效能，需要加强把新的社会阶层人士有效组织起来与新时代统一战线工作体制创新的双向互动、互促互进。全国各地在开展新时代新的社会阶层人士统战工作

中，为把新的社会阶层人士有效组织起来，严格按照党的十九大关于"做好新的社会阶层人士工作，发挥他们在中国特色社会主义事业中的重要作用"的战略部署和战略要求，坚持以"有效组织起来"为工作总抓手，以坚持党的全面领导为"有效组织起来"的根本保障，以摸清实情底数为"有效组织起来"的基本前提，以广搭平台载体为"有效组织起来"的重要途径，以加强联谊交流沟通为"有效组织起来"的根本方法，以发挥价值作用为"有效组织起来"的根本目的，积极有效地开展了把新的社会阶层人士有效组织起来的工作机制创新实践。

1. 建立健全把新的社会阶层人士有效组织起来的领导管理机制。统一战线是党领导的统一战线，新的社会阶层人士有效组织起来是党领导下的有效组织起来。为高质量地做好新的社会阶层统战工作这一分内事，高效益地种好新的社会阶层统战工作这一责任田，各地在创新把新的社会阶层人士有效组织起来工作机制中，坚定不移地坚持党的领导，积极探索并形成了党委统一领导，统战部牵头协调，"两新"[1]组织党工委主要负责，有关方面共同参与的新的社会阶层人士统战工作机制。在建立健全把新的社会阶层人士有效组织起来的领导管理机制上普遍做法主要有三点：第一，建立新的社会阶层人士统战工作联席会议制度。以统一战线工作领导小组名义制定出台联席会议制度、联系新的社会阶层人士工作制度、建立完善联席会议协调机制，强化统战部门的"统"和"分"之间的协调作用，制定责任清单，把任务分解到部门、责任落实到部门，明确联席会议成员主要工作职责。南宁市、贺州市建立了由市委组织部、宣传部、司法局等20多个部门为成员单位的新的社会阶层人士统战工作联席会议制度。第二，建立党建与统战工作协同发展机制。把新的社会阶层人士统战工作纳入党建工作总体布局，与党建工作"五同"，即同规划、同部署、同推动、同督察、同落实。桂林市充分发挥

---

[1] 两新："两新"组织，是指新经济组织和新社会组织的简称。新经济组织是指私营企业、外商投资企业、港澳台商投资企业、股份合作企业、民营科技企业、个体工商户、混合所有制经济组织等各类非国有集体独资的经济组织。新社会组织是指社会团体和民办非企业单位的统称。

各级党组织的主导、主体作用,把新的社会阶层人士统战工作充分融入到党建工作,与党建品牌建设相结合,把党建工作注入统战元素,双向发力、相处相融,借此来推进新的社会阶层人士统战工作实践创新基地建设。第三,建立完善联谊交友推进落实制度。推进落实党政领导干部成员列名联系新的社会阶层人士制度、统战部长与新的社会阶层人士面对面会谈制度,以及统战干部、联谊会、协会分别联系新的社会阶层代表人士等制度。贵港市在推进新的社会阶层人士统战工作实践创新基地建设中,要求各级统战部门的一名分管领导和负责同志定点联系一个基地,负责协调指导基地建设和活动开展,强调在联系过程中,要注重加强联谊联络方式创新,积极探索利用互联网开展联谊交友活动。

2. 建立健全适应新的社会阶层人士再组织化形式的社会化机制。为有效解决用什么方式把新的社会阶层人士更加有效地团结在党的周围,各地通过发挥组织性力量、动用组织化手段把新的社会阶层人士有效组织起来。这一方面吸纳和整合了新社会阶层具有影响力与代表性的人物,"把一切能够联合的都联合起来"[1];另一方面,将处于非组织化状态中新社会阶层重新组织起来、整合起来,以再组织化形式破解新社会阶层"无所属"的困境,发挥他们生力军作用。在建立健全适应新的社会阶层人士再组织化形式的社会化机制上,各地的实践做法可概括为三个方面:

第一,以行政区划或者所属行业为标准成立各种不同形式的新社会阶层人士联谊会。如,新的社会阶层人士联谊会、新的社会阶层人士服务团、律师界党外知识分子联谊会、网络界人士联谊会等等。上海、广西、杭州等地基于行政区划都成立了新社会阶层联谊会。这种覆盖省(自治区)、市、县(区)的新社会阶层组织体系较好地满足了新的社会阶层人士联谊会成员的归属感。2016年成立的上海自媒体联盟,这一全国首个具有官方性质的省级自媒体联盟,是以行业为标准而成立的新联会。

---

[1] 邓小平论统一战线 [M]. 北京:中央文献出版社,1991年版,第158页。

据调查，贺州市在新的社会阶层人士集中的行业商协会中建立了广告行业分会、社会办医分会等10个新联会分会。

第二，成立各种各样承担新社会阶层统战工作部分功能的自组织。这类自组织主要以兴趣、职业、公益、交友等为媒介，自发自愿选择，表现出自愿自治、平等透明、灵活便捷等优势。浙江杭州的"公羊会"、西安的"蒜泥咖啡"、上海的"白领驿家""海燕博客"等属于此类。

第三，打造新社会阶层统战工作的活动平台和品牌。上海的"海上新力量"、杭州"同心荟"、南京的"宁新聚力"是新社会阶层平台化的典型代表。通过这些活动平台品牌，以平台化、项目化等方式推进新社会阶层统战工作。据调查，玉林市着力打造公益活动、网红直播、扶贫爱心、体验式基地、特色产业基地等品牌，助推了新的社会阶层人士统战工作实践创新基地建设。2020年该市北流市民邦公益富林塘实践创新服务站团结凝聚民邦协会256人和志愿者1000多人，开展公益活动65次，服务对象13万多人次，打响了"5个1元+公时银行"品牌。

3. 建立健全适应新的社会阶层组织化的代表人士队伍建设机制。《中国共产党统一战线工作条例》第五条指出，"统一战线工作对象为党外人士，重点是其中的代表人士。"[1] 新社会阶层代表人士，是联系、团结、凝聚新的社会阶层人士的桥梁和纽带。把新的社会阶层人士有效组织起来，首要一点是把新社会阶层代表人士有效组织起来。基于代表人士在新的社会阶层人士队伍中的角色地位、影响力，培育、培养一支信得过、靠得住、素质高、过得硬、数量足的新的社会阶层代表人士队伍，是做好新社会阶层统战工作的重要环节，是把新的社会阶层人士有效组织起来的重要支撑。在建立健全适应新的社会阶层组织化的代表人士队伍建设机制上，各地把新的社会阶层代表人士队伍建设纳入党外代表人士队伍建设总体规划，着力构建科学确认、科学管理、科学培养、科学使用"四位一体"新社会阶层代表人士队伍建设制度体系，强化了

---

[1] 中共中央印发中国共产党统一战线工作条例[N]，人民日报，2021年1月6日，第1版。

全面提升新社会阶层代表人士队伍建设水平的制度支撑。

第一，构建代表人士科学确认制度。从政治素质、业务能力、群众基础等方面，设定确认新社会阶层代表人士的评判标准，将那些政治参与热情高、有本领、专业过硬，品行好，在行业中威望高、群众基础好、有影响力，合作共事能力强的甄别出来，列为代表人士。从政治素质、参政议政能力、社会贡献、社会影响力等方面，制定新社会阶层代表人士综合评价体系，以此对代表人士进行综合评价，并将评价结果运用到代表人士政治安排、激励表彰等之中。

第二，构建代表人士科学管理制度。在对新社会阶层人士摸清底数、物色发现、系统掌握的基础上，依据不同行业、分门别类、分层次推进代表人士大数据管理平台建设，有的放矢地对代表人士实行网络化科学管理。如，宁波市全面启动了人员库、组织库、档案库、地理库四个数据库建设，对一类库人员重在掌握情况，对二类库人员重在建立储备，对三类库人员重在培养使用。

第三，构建代表人士科学培养制度。抓住新的社会阶层人士队伍中关键人物、入库的代表人士，加强对他们的思想政治教育引导、系统的理论和专业培训，增强他们的政治认同。如，浙江各地建立纳入各级党委座谈协商的对象、纳入统一战线教育培训的对象、纳入统战部门政治安排的对象，增进情感认同、社会认同、政治认同的"三纳入、三认同"培养机制，强化对网络界人士的培养；杭州实施三大计划，即"鸿雁计划""百灵计划""雏鹰计划"，推进代表人士的培养工作。

第四，构建代表人士科学使用制度。打破新社会阶层人士跨体制职业流动的壁垒，积极探索吸纳新社会阶层代表人士到体制内职能部门、群团组织挂职锻炼，选拔新社会阶层代表人士担任人大代表或者政协委员，为代表人士有序政治参与搭建平台，激发参政议政、建言献策热情。贺州八步区在新联会中安排区人大代表8人，区政协委员15人，区工商联执委3人。通过政治安排或挂职锻炼，切实有效地提高了新社会阶层代表人士参与中国特色社会主义事业建设、地方经济社会高质量发展的政治热情。

（二）把新的社会阶层人士有效组织起来的实践困境

当前，全国各地通过一系列举措和政策，把"组织起来"作为新时代新的社会阶层人士统战工作的重要任务来抓，探索出了富有创造性的新的社会阶层人士再组织化新范式，新的社会阶层组织起来工作进入全面提升、快速发展新阶段，"密织网、广覆盖、活动多、作用强"的新社会阶层人士有效组织起来的大格局，在诸如北京、天津、长三角、珠三角等经济较发达地区城市基本形成，在西部经济欠发达地区出现端倪。一方面，把新的社会阶层人士有效组织起来，普遍得到了重视。就"新时代把新的社会阶层人士组织起来是否有必要"的问题调查显示，99.4%以上的被调查者认为"有必要"。另一方面，新的社会阶层人士统战工作总体成效是好的，"对当前新的社会阶层人士统战工作总体成效的看法"的调查结果显示，98.7%的被调查者认为"很好"和"好"。新社会阶层组织的数量不断在增多，覆盖面在不断扩大，活动增量不断在上升，作用不断体现出来，日益增强。但由于受一些因素的影响和制约，把新的社会阶层人士有效组织起来还面临着诸多的现实困境和突出问题，时机错失、阵地失守、举措失当、作用失灵是未能有效组织起来的主要表现，制约有效组织起来的壁垒有三：既有主体性能力不足障碍，又有制度性构建不全障碍，还有技术性支撑不强障碍；造成三大壁垒的根源，体现在认知失向、利益失衡、文化失席、社会环境失力。具体而言，这些实践困境表现在以下三方面。

1. 目标定位不明确，有效组织起来动能创新不足。做好新的社会阶层人士统战工作，既要解决好"为什么要"组织起来的问题，也要解决好"以什么方式"组织起来的问题，还要解决好组织起来"效果好不好"的问题。回答好这三个问题，基本前提是对新的社会阶层的基本问题理论认识要清醒，组织起来的目标要清晰，把新社会阶层再组织化的组织性质定位要清楚。然而，在实践中，由于对新的社会阶层统战工作的理论把握不足，对新社会阶层再组织化的目标不够清晰，对新社会阶层联谊会等组织的性质定位不够明确，导致了把新的社会阶层人士有效组织起来的动能创新跟不上新的社会阶层人士队伍发展壮大的形势和需求。据专家学者反映，当前关于新社会阶层的主要特征、社会属性、基本现状、发展趋势，以及新社会阶层统战工作的定位、基本理念和方针、目标措施等基础理论问题研究还很不够，相当滞后，一些人对新社会阶层的基本认识还不够清楚。

当前，新社会阶层的联谊类组织如雨后春笋般涌现出来，"遍地开花"，但一些新的社会阶层联谊组织对自己应当做什么、如何去履行本职职能还很茫然，不知所措，那种形式化为组织而组织的问题在一些地方还存在。不少地方新阶层联谊类组织虽然建立起来了，但如何更清晰地明确其职能定位、突显其作用还需要有更清晰的认识，对同原有的党外知识分子联谊会等组织之间有效区分的认识、对新联会与工商联的关系与区别的认识迫切需要进一步弄清楚、把握透。正是这些认识的不足，造成了"有效组织起来"对象不明，方向不对，动能创新不足，有的新社会阶层联谊类组织流于形式、徒有虚名，有的行政化、空心化、娱乐化，一些地方新的社会阶层统战工作、实践创新基地创建后与实际使用中存在"一头热"或"两头冷"的现象，使得新社会阶层统战工作无亮点、无特色、无品牌、无效能，新社会阶层统战工作发展很不平衡。

2. 体制机制不健全，有效组织起来效能作用不佳。问卷调查显示，在"当前把新的社会阶层人士组织起来工作机制的运行整体效果如何"的选择上，43.2%的被调查者认为"很好"或"好"，36.7%的被调查者则认为"一般"，20.1%的被调查者则认为"差"或"不好说"。对"加强新时代把新的社会阶层人士组织起来工作机制的创新是否有必要"的调查结果显示，99.7%的被调查者认为"有必要"。科学管用、运行高效、体系完备的新社会阶层工作体制机制，是创新新社会阶层统战工作的重要保证，是把新的社会阶层人士有效组织起来的重要支撑。也正是由于新社会阶层统战工作体制机制还不够完善，带来了新社会阶层再组织化目标定位认识不够到位、新社会阶层代表人士队伍建设不够得力，

造成了"有效组织起来"效能作用不佳,新社会阶层统战工作空间难以拓展,利益聚合和表达功能难以发挥,新社会阶层人士的价值作用难以体现出来。

具体而言,主要有三种制度机制还有待进一步健全完善。第一,新社会阶层代表人士物色发现、培育选拔机制不够健全。一些地方对新社会阶层代表人士培养予以了重视,对其综合评价制度进行了积极探索,但新社会阶层代表人士物色发现、培养选拔等机制还很不成熟,主观说了算的弹性空间过大,客观评价的指标体系没有构建起来,操作起来难度大,也难以有效保障其代表人士的代表性问题,使得代表人士的代表性无从体现,与被代表者之间交流成为"聋子的对话",代表性不足使代表人士的示范引领作用就不够大,难以真正成为组织成员的代言人。第二,对新社会阶层组织到何种程度、何以是有效组织起来等评估机制不健全。组织起来,是解决新社会阶层人士"无所属"的行之有效的关键点。但组织到何种程度、何以是有效组织起来,由于缺乏顶层设计,缺乏有效的评价衡量标尺,就成为很难进行把握的问题。组织得过度分散则达不到再组织化、引领新社会阶层人士健康成长等目标愿景;反之,组织得过于集中则会引发一些负面的问题,如形式上的"机械团结",组织活动易于陷入"集体行动的困境"。对组织到何种程度、何以是有效组织起来的问题把握不准、不好,以致对组织起来的政策实施不够精准,难以精准高效的举措把他们恰到好处地组织起来。第三,应对因新社会阶层内部构成、内部关系发生新变化带来的挑战机制不够健全。社会结构变化的加速,新社会阶层格局、内部结构、内部关系时刻都处于动态的变化之中,而由此对如何以新发展理念开展新社会阶层统战工作、如何以更加精细、更为精准的策略,以新的思维方法把新社会阶层有效组织起来等提出新的挑战,但由于应对因这些新变化带来的挑战机制尚未真正构建起来,如分工协调机制、利益表达机制等,以致新社会阶层统战工作的活力不足,与时代变化发展的要求难以相匹配。

3. 保障支撑不厚实,有效组织起来潜能开发不力。达成有效组织起来的目标愿景,不仅需要夯实目标实现的社会基础,促进动能势能的最大释放，也需要构建有效的工作机制，以体制机制和政策体系的创新，激励在场的主体动起来，作用发挥出来，价值体现出来，还需要以科学的方法、优渥的环境予以有力的保障。强有力的平台载体，是有效组织起来的物质基础。从新社会阶层组织建设层面看，影响把新的社会阶层人士有效组织起来、制约有效组织起来潜能开发的因素有三：第一，对新社会阶层再组织化意识不强，对有效组织起来的重要性缺乏充分认识。新社会阶层人士统战工作中，有的没有把再组织化工作摆在突出位置，认为新社会阶层联谊类组织的成员数量多少都无所谓，有的认为抓住一些代表人士应付一下就行了，有的则过于担心新社会阶层再组织化会带来不可控风险，采取鸵鸟政策有意避而远之。第二，新社会阶层组织发育充分，有效组织起来的平台载体不多。随着我国全面深化改革的纵深推进，新社会阶层组织的生长空间得到了不断优化，总体数量在显著扩大，但人均组织数量仍相对较少，发展环境仍不够优越，有效组织起来的社会舆论环境欠佳，存在一些不利的社会文化因素，发展基础还不够扎实，以致把新社会阶层有效组织起来的平台载体供给不足。有的新社会阶层人士的社团组织建设因缺乏完善的、可持续的运行机制，难以正常维持。受到"双重管理体制"的阻碍，新社会阶层组织存在发育滞缓、不够充分，法律合法性不足等问题，有的新社会阶层组织由于缺少规范化、制度化的约束，游离于党委政府的监管之外，处于野蛮生长的"原生态"状态，有的则"官民二重性"特征强，与一些党委政府职能部门保持千丝万缕的联系，过于依赖政府"形离而神不离"而独立性不足，组织运行效率低下。第三，对新社会阶层再组织化能力不足，有效组织起来工作方式单一、方法不够科学。有的党委政府、统战部门"缺兵少将"，再加之有的工作人员创新意识不强、业务水平不高、运用现代信息技术手段等工作能力不足，工作方式单一，方法缺失而不善于做组织工作。

四、把新的社会阶层人士有效组织起来的机制创新

创新是引领发展的第一动力。置于经济社会高质量发展的时代背景

下，把新的社会阶层人士有效组织起来，不仅是顺应时代发展大潮的需要，更需要在"有效"这个关键词上下功夫。唯有坚持"有效"的价值取向，把新的社会阶层人士组织起来才会真正如愿以偿，心想事成。面对"当今世界正经历百年未有之大变局"新形势，创新把新的社会阶层人士有效组织起来的工作机制，必须秉持问题导向，全面审视组织起来的现实状况，有效组织起来面临的风险与挑战，深入洞察有效组织起来的难点、堵点，全面剖析制约有效组织起来隐性、显性壁垒，深掘难以有效组织起来的深层次根源，廓清组织起来的实效性、长效性问题，着力把握好有效组织起来的目标构建如何契合新的社会阶层人士的认知心理、价值取向和行动选择，并在实现利益中获得常态化、持续性有效组织起来的内外动力。机制创新，是把新的社会阶层人士有效组织起来的必由之路、长远之策。针对新社会阶层变化了的格局和阵容，以及新的社会阶层人士多样化利益诉求，需要从价值、制度、组织建构层面对新的社会阶层再组织化形式的组织力量进行政治性吸纳、资源整合。即从新的社会阶层人士内在的精神秩序、外在的行为秩序，以及让其内在价值、外在制度得以实现的物质性载体和力量三个方面去进行把新的社会阶层人士有效组织起来的制度设计和制度安排。

（一）强化政治引导，把准有效组织起来的发展方向

习近平同志指出，做好新形势下统战工作，"最根本的是坚持党的领导"[1]。做好新时代新的社会阶层统战工作是有原则的，有政治方向要求的。创新社会阶层统战工作机制，把新的社会阶层人士有效组织起来，在坚持党的全面领导上必须坚定不移。统一战线作为中国共产党领导国家、整合社会的重要渠道和途径，其功能的有效发挥和工作的有序开展，必须在中国共产党领导下，通过国家与社会的有机互动才能实现。

---

[1] 十八大以来重要文献选编（中）[M].北京：中央文献出版社，2016年版，第562页。

做好新社会阶层人士统战工作，把新的社会阶层人士有效组织起来，就是要通过对不同的新社会阶层再组织化形式对新的社会阶层人士的有效吸纳而转化为党的治国理政有效性支持与认同性力量，必须强化政治引导，把准有效组织起来的发展方向。从本质规定上看，有效组织起来就是组织群众、发动群众的过程，是党将价值和主张用合乎时代发展新要求、与新的社会阶层人士基本特征相吻合的方式方法，建构新的社会阶层人士有效组织起来？政治引导的环境优化机制，引导、组织新的社会阶层人士参与国家治理现代化的过程。有效组织起来的能力，是党的执政能力的重要体现。价值重构、观念共享、理念认同是有效组织起来的基础前提。建构新的社会阶层人士有效组织起来政治引导的环境优化机制，必须厘清有效组织起来与党领导经济社会发展、党的社会功能发挥与新的社会阶层人士发展成长的关系，严格恪守"四个有机统一"的基本原则。即：深刻把握有效组织起来的运行机理、本质规定、基本要素和实践条件，强化思想政治共识，增强精神凝聚力，实现党、社会和国家意识形态的有机统一；利益联结、权利实现、权益维护是有效组织起来使命达成的关键环节，要求利益表达渠道畅通，利益协调一致，实现党、社会和国家根本利益的有机统一；社会动员、资源整合、平台拓展是有效组织起来力量合成的重要途径，要求增强组织权威，提升组织成员素质能力，实现责、权、利的有机统一；规则构建、程序规范、准则遵守是有效组织起来持续发力的重要保障，要求增强制度供给，强化制度落地生根，在法治框架内促成制度的、道德的、经济的、文化的方式一体化高效运行，实现法治、德治和自治的有机统一。创新新的社会阶层统战工作机制，把新的社会阶层人士有效组织起来，必须遵循"四个有机统一"的基本原则，以保证有效组织起来不偏离党的全面领导这一政治方向。

（二）强化顶层设计，谋划有效组织起来的发展布局

把新的社会阶层人士有效组织起来，是一项需要久久为功的系统工

程，必须立足于长远，遵循坚持系统观念的原则，明确有效组织起来工作思路，加强对有效组织起来的前瞻性思考、战略性布局，做好顶层设计、长远谋划、统筹推进等基础性工作，着力创新新的社会阶层人士有效组织起来党委领导的统筹推进机制。一是在有效组织起来的工作布局上，将把新的社会阶层人士有效组织起来，置于党的统一战线工作发展的"大棋盘"中进行思考和定位。要把新的社会阶层人士有效组织起来工作作为做好当前和今后统战工作的一项重要任务来抓，思想要统一到以习近平同志为核心的党中央关于新时代统一战线特别是关于新的社会阶层人士的重要论述的认识上来，予以高度重视；工作要精心运筹，坚持创新社会阶层统战工作新模式不放松，坚持大统战工作格局，以更加深邃的视野和足够的敏锐，把新社会阶层统战工作覆盖到民营企业和外商投资企业管理技术人员、中介组织和社会组织从业人员、自由职业人员、新媒体从业人员及网络意见人士上来。二是在有效组织起来的工作上，严格落实主体责任要求。"坚持信任尊重、团结引导、组织起来、发挥作用的思路"[1]，依据新时代新社会基层人士的特征，不断推进新社会阶层工作实践创新基地建设、新社会阶层联谊类组织建设锐意创新，强化工作主体责任、职责落实，狠抓新社会阶层统战工作每项任务落实，做到创新工作内容突出时代性、创新工作方法体现灵活性、创新工作载体增强适应性、创新工作机制注重实效性，着力提高有效组织起来工作的效率与效能。三是在有效组织起来的工作目标上，构建有效组织起来的工作新局面。严格遵循《中国共产党统一战线工作条例》第四条规定的统一战线工作的八项原则基础上，要通过创造性探索和卓有成效的工作，形成全方位、多层次、开放式的新社会阶层统战工作大格局，以团结振奋、丰富多彩、生动活泼的工作精神姿态，着眼于促进阶层关系和谐，着力提高"四个服务"意识和水平，形成各社会阶层人尽其才、各得其所而又和谐相处的新局面。

---

[1] 中共中央印发中国共产党统一战线工作条例[N].人民日报，2021年1月6日，第1版。

（三）强化队伍建设，壮大有效组织起来的发展力量

推进新的社会阶层有效组织起来，是一项关乎党的执政全局的战略任务，因而必须从全党工作的大局高度来看待创新新社会阶层人士统战工作机制的重大意义。同时，也必须从党和国家事业发展的战略全局出发，坚持党委的统一领导，不断强化新社会阶层人士统战工作的队伍建设，着力壮大有效组织起来的党委主体、统战工作人员主体、社会化统战工作人员主体三支发展力量，形成多元主体协同推进有效组织起来的工作合力和发展动力。一是要完善党委主要领导亲自抓的新社会阶层统战工作联席会议制度。在党委主要同志亲自抓、切实发挥好党委主体作用的基础上，要适应统战工作社会的要求，把与新的社会阶层密切相关的行业协会、园区组织纳入联席会议制度，不断挖掘联席会议效能，对联席会议确定需要解决的问题报党委、政府审定，责成有关部门落实，以真正形成党委总揽全局、协调各方，党委主要领导高位推动，统战部门主抓、行业协会协助、政府有关部门落实的工作机制。二是要完善统战系统内部相关单位在有效组织起来新社会阶层统战工作中的职责分工制度。新的社会阶层人士统战涉及面宽广、交叉性强。在充实加强统战工作部门的力量的基础上，着力构建统战系统上下多级联动的组织体系和网络。统战系统内部有关单位在这一点必须做到分工要明确、职能界定要清晰、协同合作要相互配合、高效运转。当前，有的地方统战系统在新的社会阶层统战工作分工管理上还很混乱，应按照新社会阶层人士统战工作内容作出调整，对新社会阶层中发展民主党派成员的，应主要由党派处（科）协调，对社会阶层人士的培育选拔举荐工作，可由干部处（科）会同其他有关单位共同完成；对新社会阶层人士的日常联系沟通交友工作，可由新的社会阶层人士处（科）负责。三是要完善大统战社会化格局中的多元主体力量协同参与机制。要着眼于形成强大的新的社会阶层统战工作合力，构建涵盖"两新"组织、统战社团、社会组织

等多元主体力量协同合作的开放型、网络化的"统社合作共同体",探索在各类社会组织设立统战工作联络员、在社区设立网络统战工作联络点制度,确保新的社会阶层人士工作网络延伸到哪里,统战工作力量就强化跟进到哪里。

(四)强化党建引领,创新有效组织起来的发展模式

做好新的社会阶层人士统战工作,必须坚持和巩固党的领导,"实行的政策、采取的措施都要有利于坚持和巩固党的领导地位和执政地位"[1],必须依靠党的基层组织来团结、来推进。创新把新的社会阶层人士有效组织起来工作机制,要更加突出党的领导和党的建设,突出中国共产党的社会整合功能。这不仅是创新把新的社会阶层人士有效组织起来工作机制,做好新的社会阶层人士统战工作的关键所在,也是新的社会阶层人士成为建设中国特色社会主义新生力量的根本前提。要强化党建引领,创新有效组织起来的发展模式:一是要构建"两新"组织中党的组织全覆盖全面推进机制。坚持以人员联起来、组织建起来、活动搞起来、代表人士用起来的工作目标,将新的社会阶层人士统战工作纳入党建工作体系,坚持新的社会阶层人士分布在哪里,就在哪里建立党的基层组织,就强化哪里基层组织的统战职能的基本要求,采取主要领导联系重点企业,以联建、统建、龙头企业带建等模式,以专项行动、攻坚活动、项目实施等为抓手,着力推进"两新"组织中党组织的组建工作、非公企业党组织的区域化组建工作,使党建工作的统战触角向园区、楼宇、社区等新的社会阶层人士延伸,实现"两新"组织党建区域间无缝对接、区域内全面有效覆盖。二是构建基层党建与基层统战互促联动的长效机制。坚持"党建引领、凝聚力量、推动发展"的理念,充分整合非公企业和社会组织党建和统战工作力量,在新社会阶层人士集

---

[1] 十八大以来重要文献选编(中)[M]. 北京:中央文献出版社,2016年版,第561页。

中的园区、社区、楼宇的党组织设立统一战线工作站，以"党建＋统战、统战＋服务、治理、公益"等工作模式，构建市级层面统战部牵头抓，县区层面统战部直接抓，街道、乡镇基层党组织具体抓的党建统战联动推进工作体系，推动建立基层党建与基层统战互促共赢、协同联动的长效机制。三是构建有利于基层党组织优势作用充分发挥的长效机制。延长统战工作手臂，融入社会，依靠社会各方面力量共同做好统战工作，尤其要依托社区、社团开展新的社会阶层统战工作，强化"红色引领"，充分发挥街道、乡镇党组织在社区统战工作的核心和战斗堡垒作用；用好"红色头雁"，充分发挥基层党组织在团结凝聚、教育引导新的社会阶层人士的独特优势和作用、党员干部先锋模范作用；架设"红色桥梁"，积极发挥群团、行业协会在团结联系新的社会阶层人士中的纽带作用。

（五）强化宣传引导，凝聚有效组织起来的发展共识

历史表明，"一个政权的瓦解往往是从思想领域开始的"[1]。共同的思想政治基础，不仅是做好新社会阶层统战工作之基，也是筑牢把新的社会阶层人士有效组织起来发展共识的锐利武器。当前，我国发展面临着前所未有的风险挑战，要实现把新的社会阶层人士有效组织起来，汇聚成万众一心、无坚不摧的磅礴力量，战胜新征程中艰难险阻，必须在"做好新的社会阶层人士统战，是全党的工作"上形成思想政治共识。但是，由于新的社会阶层置身于遵循"功利"原则运作的市场经济之中，其健康向上的思想主流中存在着思想容易浮动、全局观念淡薄、小团体意识较浓、过于崇尚自我等诸多负面因素。创新把新的社会阶层人士有效组织起来的机制，推进新的社会阶层统战工作，必须充分利用好各类新闻媒体，强化新闻舆论宣传，使"把新的社会阶层人士有效组织起来"

---

[1] 习近平关于社会主义文化建设论述摘编[M].北京：中央文献出版社，2017年版，第21页。

成为普遍接受和广泛认同的价值理念。为此，一是要坚持用习近平新时代中国特色社会主义思想，特别是用习近平关于新形势下统一战线工作的重要论述武装头脑、指导新的社会阶层统战工作实践。各级党员干部、统战工作人士要心怀统战工作"国之大者"，以更为宽广的眼光、更为长远的视野、更为包容的理念、更为广泛的联合，思考和把握新时代新的社会阶层人士统战工作，增强把新的社会阶层人士有效组织起来的政治判断力、政治领悟力和政治执行力。二是要深化对新的社会阶层人士统战工作相关重大问题的理论研究。组织专家学者对新社会阶层再组织化的目标任务和实践向度、新社会阶层内部不同群体的特征比较、新社会阶层联谊类组织的性质职能、新社会阶层代表人士评价、选拔和培养机制等相关重大问题开展系统而深入的研究，以科学的理论、真理的力量去开新局。三是要针对新的社会阶层人士个体差异和他们认识上的误区，开展形式多样的思想教育。在强化新的社会阶层人士共识教育、提高其实效性的基础上，结合不同阶层、不同对象的思想实际，对症下药。比如，对自由职业人员要注重引导增强集体观念和全局观念，对新媒体从业人员和网络意见人士要引导正确运用网络和新媒体弘扬主旋律、传播正能量。要创新思想教育的方法、载体和机制，在方法上向多样化拓展，使思想政治工作向"点滴型""互动型""趣味型"转变，出活力、增实效。

（六）强化教育引导，提高有效组织起来的发展能力

面对现代化及其社会化对统战工作的产生的巨大影响，把新的社会阶层人士有效组织起来，需要提高有效组织起来的发展能力。这一方面，要加强党员干部，特别是统战部门工作人员、统战工作人士的统战主体力量能力建设。把新的社会阶层人士有效组织起来，需要通过大力加强党的建设来增强中国共产党这一统战主体的感召力、吸引力和引领力，增强中国共产党的组织力、统战力和战斗力。一定意义上说，做好新的社会阶层统战工作，把新的社会阶层人士有效组织起来，是中国共产党

自我革命的重点领域和发展空间。只有这样大力加强党的建设，把中国共产党塑造成为一个更为强大的统战主体，才会以其强大的过硬本领、统战能力更好地号召、团结、凝聚、吸引新的社会阶层人士，把分散的新的社会阶层人士紧紧凝聚、团结在中国共产党周围来。要把统一战线工作与全面从严治党有机结合起来，以彻底的自我革命精神锻造坚强有力、更为强大的统战工作主体。各级党组织、广大党员干部，尤其是统战部门工作人员、统战工作人士，必须顺应全球化、市场化与网络化的时代发展要求，着力从价值引领、制度建构和优化组织等层面去提高有效组织起来的发展本领和制度执行能力。另一方面，要强化对新的社会阶层人士的教育培训，提升他们参政议政、利益表达、建言献策、服务社会等能力。针对新的社会阶层人士日益不断增长的基本需求、经济需求、政治需求、价值需求和精神需求，把满足人的综合需求、促进人的自由全面发展融入新的社会阶层人士统战工作、把新的社会阶层人士有效组织起来的工作中去。要抓好新社会阶层代表人士的队伍建设，全面提升新社会阶层代表人士队伍建设水平，将新社会阶层代表人士教育培训纳入党校、社院、干部学院等主体班教学。要构筑多层次的学习教育培训体系，不断丰富学习教育培训平台、载体和形式，切实提高新的社会阶层人士共识教育的针对性和实效性。通过举办各种培训班，有重点、多形式、全方位地加强对新的社会阶层人士教育培训引导，帮助他们加强对党的最新理论创新成果、党的基本政策和基本理论的学习、认知，增强他们的"四个自信"、法治意识和政治认同，引导他们有序参与中国特色社会主义事业建设。

（七）强化品牌打造，创设有效组织起来的发展平台

把新的社会阶层有效组织起来，运用传统的工作手段已远远不够，必须适应社会化发展新要求，顺应多样化发展新趋势，坚持以新思想新理念，创设有效组织起来的发展平台，实现社会力量与统战工作力量无缝对接，协同发展。一是要强化新社会阶层联谊类组织自身建设。新社

会阶层联谊类组织是新的社会阶层统战工作的重要载体，是凝聚新社会阶层、发挥新社会阶层作用的重要平台。要针对新社会阶层联谊类组织组织松散、领军代表人物少、活动开展方式单一、引领手段不够、工作质量不高等突出问题，必须进一步加大力度推进新阶层联谊类组织体系建设，不断探索创新联谊类组织管理模式和运行机制，明确职能定位，充分发挥联谊类组织的主体作用、政治引领、行业引领、社会实践引领等优势引领作用，及充分发挥新联会成员单位的主观能动性；要强化统战部门对新联会的资金、物质和政策支持，加强对新联会依法依章程创造性开展活动的指导，不断扩大新社会阶层联谊类组织覆盖面，开拓活动空间、扩展活动载体，积极推进网络化工作方法，不断创新思维方式、组织形式、工作方法和话语体系，激发新社会阶层联谊类组织内生发展动力。二是要以品牌创建为抓手推进新社会阶层统战工作实践创新基地建设。立足实际、找准定位，因地制宜，整合资源，集中力量，持续全面地推动基地建设；聚焦提质扩面、平台创新、机制创新、品牌打造、服务社会，集中统战部门、新社会阶层联谊类组织、基地、行业协会等多方力量协同推进新社会阶层统战工作实践创新基地建设，积极探索"党建＋统战""统战＋网络""项目化＋社会化""制度化＋专业化"等工作新范式、新模式，使之与党建品牌、与地方中心工作、与基层社会治理、与行业企业发展相结合，着力打造综合服务型、龙头示范型、团结和谐型等特色的实践创新基地，使之成为汇聚新社会阶层能量、发挥新社会阶层作用的重要阵地。三是要搭建各类平台创新活动载体助推新的社会阶层人士健康发展。围绕有利于新的社会阶层人士健康发展、综合素质和品德修养提升、有序参与议政等发展需要，强化科技赋能，着力打造一批创新创业、联谊交友、建言献策、交流沟通、公益服务、社会实践、政治安排、政治引导、教育培训等锻炼成长平台，使之作用发挥出来、价值体现出来。

（八）强化协商民主，拓展有效组织起来的发展渠道

尊重、照顾新的社会阶层的政治利益，需要不断拓展其政治参与渠道，助力其实现政治追求。拓展发展渠道，是把新的社会阶层人士有效组织起来的重要途径，是创新新的社会阶层人士统战工作的载体和方法的重要方式。一是要拓展新的社会阶层人士政治参与渠道。在政治上加大对新的社会阶层人士的培养使用力度，畅通其政治参与渠道，是构建社会各阶层和谐的利益格局，满足新的社会阶层政治诉求，充分调动起积极性、创造性的客观需要。着力优化新的社会阶层人士的发现、培养、安排和使用等制度，把新的社会阶层代表人士纳入政治体系，通过一定的程序和渠道，把那些思想政治素质高、公众形象好口碑佳、专业能力和影响力强的人物，物色到党外代表人士队伍中来。加强对那些在工作中发现的综合素质好代表人士加以重点培养，对参政议政愿望比较强烈的、德才条件具备的人员，加大政治安排、社会安排、挂职锻炼，多渠道发挥作用，以拓宽他们利益表达和政治诉求的合法渠道。二是要引导新的社会阶层人士广泛参与民主协商。"协商民主是实现党的领导的重要方式，是我国社会主义民主政治的特有优势和独特优势。"[1]做好新的社会阶层人士统战工作，需要运用好民主和协商这一实现党的领导的重要方式。把新的社会阶层有效组织起来，就是要通过发扬民主、广泛协商，使新的社会阶层人士更加普遍地认同党的主张，更加自觉地跟党走。要进一步开发民主协商的效能，有序引导新的社会阶层代表人士参与民主协商，支持他们在各种协商平台开展参政议政、民主监督，支持他们参与基层社会治理、社会治理共同体建设、乡村振兴等，充分发挥协商民主在新的社会阶层人士统战工作的重要作用，规范新社会阶层人

---

[1] 习近平谈治国理政（第三卷）[M]．北京：外文出版社，2020年版，第29—30页。

士参与民主协商的内容、程序，增加新社会阶层人士参与民主协商密度，推动协商民主在把新的社会阶层人士有效组织起来多层化、规范化、制度化发展。三是要利用好网络平台完善参政议政方式。"过不了互联网这一关，就过不了长期执政这一关。"[1] 要进一步加强网络阵地建设，增进思想共识，强化合作，创建和用好工作网站、微信、手机客户端等交流平台，强化新社会阶层联谊组织的微信公众号、网上沙龙、在线论坛等新媒体阵地建设，吸引新的社会阶层人士广泛参与，开展思想交流，鼓励他们在坚守底线、不触红线的基本要求上传播正能量，理性表达正当的、合法的利益诉求。

（九）强化利益保障，优化有效组织起来的发展政策

人们奋斗的一切，都与他们的利益有关。有效组织起来得以顺利开展，需要相应的组织结构、价值认同、制度安排、基本原则、环境支持等相关要素加以保障支撑，需要有效组织起来主客体之间的良性互动，需要党的意志主张与新的社会阶层人士根本利益的高度契合。习近平同志指出，"要尊重、维护、照顾同盟者的利益，帮助党外人士排忧解难。这是我们党的职责，也是实现党对统一战线领导的重要条件"[2]。把新的社会阶层人士有效组织起来，必须强化对新的社会阶层人士的利益保障，尊重照顾好其经济利益，优化有效组织起来的发展政策，维护好新社会阶层人士的根本利益。一是完善有利于照顾新社会阶层经济利益的机制。针对当前制约新社会阶层利益诉求实现的发展环境不宽松、政策扶持跟不上、政商关系不健康、事业发展有障碍等突出问题，加强对他们的利益协调维护、利益保障政策支持，优化有利于新社会阶层人士创新创业、成就梦想的政策和社会环境。既要畅通新社会阶层人士反映意

---

[1] 习近平关于社会主义文化建设论述摘编 [M]. 北京：中央文献出版社，2017年版，第42页。
[2] 习近平谈治国理政（第二卷）[M]. 北京：外文出版社，2017年版，第303页。

见诉求、表达利益要求的渠道，协调好阶层内部、阶层与社会各界的利益关系，让其切身利益能得到充分照顾，又要制定出台有利于保障其利益、有利于促进其创业创新的政策法规，进一步探索建立服务保障新社会阶层利益的机制，让其正当、合法取得的劳动和非劳动收入、私有财产得到维护。对新社会阶层人士取得显著业绩和创新成果的给予认可，由法定机构给予如社会责任标志、诚信标志、环保标志、消费者信得过标志等之类标志，满足其心理和精神需求，增强他们的荣誉感、归属感和干事创业的激情与活力。二是完善有利于扶持新社会阶层事业发展的机制。成就一番事业，是新的社会阶层人士心中的梦想。着眼于构建和谐劳动关系、和谐阶层关系、亲清政商关系、良好营商环境，帮助他们解决在事业发展中的竞争不平等、负担重、贷款难、办证难等现实难题，照顾好他们的发展利益。加大对民营科技企业科技成果产业化的扶持力度，支持中介机构的行业协会真正成为自律性组织；推动建立自由职业者在纳税、职称评审、医疗保险、社会保障等方面享受平等待遇的职业保障机制；搭建新的社会阶层人士与体制内的职能部门信息传递沟通的无障碍平台，强化信息、教育培训等多样化的服务，帮助他们提高发展的综合素质，提升经营决策、应对风险解决实际问题的能力，助力其做大做强事业。

（十）强化精准施策，提升有效组织起来的发展质量

当前，全面建成社会主义现代化强国、全面依法治国、全面深化改革、全面从严治党的治国理政的全新布局赋予了新的社会阶层统战工作以重要性和紧迫性，也对其提出新的要求。在新发展阶段征程上，新的社会阶层统战工作开启了新的历史起点。我们必须从新的历史方位出发，正确认识新时代新的社会阶层统战工作的战略地位，深刻把握新时代新的社会阶层统战工作的基本特征，全面把握新时代新的社会阶层统战工作的目标任务，科学把握新时代新的社会阶层统战工作的实践要求，创新新时代新的社会阶层统战工作质效提升机制，推动把新的社会阶层人

士有效组织起来工作高质量发展。方法创新，是提升有效组织起来发展质量的重要维度。把新的社会阶层有效组织起来，需要立足新社会阶层群体特征，创新新社会阶层统战工作方式方法，坚持精细化工作方法，强化精准施策，提高组织起来的针对性。一是要分门别类，提升社会组织的统战特色含量。针对新的社会阶层人士各群体存在着的社会层次、社会角色、自我定位、政治追求、参政议政意向、政治参与渠道等等多方面的差异，在对其整体特征、四类群体的差异化特征充分了解的基础上，进一步加强已有的新社会阶层各种组织建设，积极探索新的社会阶层分众统战，提高组织活力，充分利用枢纽型组织体系的有利条件，建立健全与组织、宣传、民政、人社等有关部门协同合作机制，有选择地强化各种社会组织的统战功能。二是要突出重点，做好重点新社会阶层群体的有效组织起来工作。统战工作是传统的"三大法宝"之一，在新的社会历史条件下必须主动地适应形势的新变化，抓住新定位、新方向，跟上时代潮流，形成新重点、新优势，引领时代潮流。把新的社会阶层人士有效组织起来，就是对基层统战的纵深发展，对新技术统战发展这一新重点、新优势的全新诠释。要将网络人士和中介组织负责人有效组织起来作为对新的社会阶层人士有效组织起来的重中之重。正确处理好一致性和多样性的关系，构建切实有效的统战工作机制，加强对重点群体的政治引导、基本理论、基本政策培训，强化他们的政治认同和社会责任感，建立健全常态化的联系机制，增进相互信任，积极创造有利于新的社会阶层人士充分发挥作用的成长成才空间。三是要创新方法，在分类施策的基础上精准施策，有针对性地采取不同的工作方法。推进有效组织起来工作方式向网络化拓展，建立横向到边、纵向到底的信息网络，及时掌握各方面的信息和动态，从社会组织、新的社会阶层人士中聘请一批特约调研员，成立若干调研网络区，定期组织各网络区的调研人员开展调研、政策理论研究活动，积极运用现代信息技术开展新的社会阶层人士统战工作，构建新的社会阶层人士自我教育、自我管理、自我服务模式。

（十一）强化制度保障，夯实有效组织起来的发展支撑

制度是管根本的，管长远的。做好新的社会阶层人士统战工作，不仅要增强有效组织起来的工作责任意识、配强有效组织起来的工作力量，还要改进有效组织起来的工作方法，增强同新的社会阶层人士打交道能力，提高做思想政治教育工作的本领，更为根本的是完善制度、健全机制，强化有效组织起来的制度保障，这样才能守好新的社会阶层人士这个阵地。在完善制度、健全机制中谋划和推进有效组织起来工作，是确保有效组织起来规范有序见效的重要保证。强化把新的社会阶层人士有效组织起来制度保障，一是要健全新社会阶层的统战工作机制。着力强化新社会阶层统战工作体系的运行机制，加强不同主体之间的密切合作，优化统战系统部门机构职能，构建多元主体协同参与新社会阶层统战工作机制，形成新社会阶层统战工作的强大合力。二是要打破制约新社会阶层参与治国理政的体制壁垒。进一步完善有关决策机制、基层治理机制，吸纳新社会阶层人士实质性参与公共事务、基层社会治理、乡村振兴等，完善人才流动政策，进一步打破新社会阶层代表人士跨体制职业流动中的体制壁垒，让更多的新社会阶层人士到体制内进行政治历练与实践锻炼。三是要建立健全约束激励机制。充分运用激励手段，建立新的社会阶层人士素质、业绩、贡献的社会评价体系，对新的社会阶层人士的劳动和劳动价值予以公正评价，大力宣传他们的先进事迹、重大贡献；统战部门与组织、宣传、民政、人社等相关部门联手合作，每年表彰有重大成就和贡献的新的社会阶层人士，不定期、分层次在新社会阶层中开展"四个服务"[1]为主题的创优争先活动，对涌现出来的优秀分子每2年表彰一次，以激励他们在建设中国特色社会主义事业中施展才

---

[1] 四个服务：服务国家、服务社会、服务群众、服务行业。

华、建功立业，以发挥代表人士的"一根头发"带动"一把头发"的示范引领作用。建立警示曝光制度，对不遵纪守法、经营缺乏信用的新的社会阶层人士在新闻媒体或有关场合进行公开曝光，给予应有的惩戒，促其诚信经营、合法执业、合法经营。四是要建构把新的社会阶层人士组织起来"有效"效果评估机制。针对新的社会阶层人士规模逐步扩大的发展趋势，及其资源未能充分整合给党的基层组织执政提出的新挑战，在利益多元化、价值取向复杂化、诉求表达常态化等因素的影响下，从价值认同度、利益关联度、组织依存度和制度创新度等方面建构科学评估指标体系。不定期开展组织起来的效果、有效程度的检测和评估，及时发现组织起来工作中存在的问题，以问题整改倒逼改进有效组织起来工作方式、完善有效组织起来工作机制、提升有效组织起来工作效能。

第三节　营造更好政策环境，大力支持民营企业高质量发展

支持民营企业发展，是坚定不移坚持"两个毫不动摇"的内在要求，是中国共产党坚定不移促进民营经济高质量发展的一贯方针。党的十八大以来，以习近平同志为核心的党中央高度重视非公有制经济发展，从党和国家基本方略、政策支持、法治保障、深化改革等各方面对大力支持民营企业发展壮大做出了一系列重大决策部署，有力推动了民营企业改革创新、转型升级和规范健康发展。民营经济是推动社会主义市场经济发展、实现中华民族伟大复兴中国梦的重要力量，"是我国经济制度的内在要素，民营企业和民营企业家是我们自己人"[1]。在全面建设社会主义现代化国家的新征程中，民营经济只能壮大、不能弱化，必须走向更加广阔的舞台。政策环境，是民营经济赖以生存和发展的土壤，是促进民营企业规范健康发展的重要保障，是民营经济创新源泉充分涌流、

---

[1] 习近平：论坚持全面深化改革 [M]. 北京：中央文献出版社，2018 年版，第 481 页。

创造活力充分迸发的关键因素。中共中央国务院印发的《关于营造更好发展环境支持民营企业改革发展的意见》（以下简称《意见》）强调，完善精准有效的政策环境。2018年11月1日，习近平同志在民营企业座谈会上指出，完善政策执行方式，让民营企业从政策中增强获得感。2020年7月21日，习近平同志主持召开企业家座谈会时强调，"要加大政策支持力度，激发市场主体活力"，"提供更直接更有效的政策帮扶"[1]。以上所述，充分体现了营造更好政策环境支持民营企业发展的现实紧迫性、时代必然性和现实重要性。

在此，立足贺州民营企业发展实际、支持民营企业发展的实践探索，深入贺州三县二区就"民营企业发展的政策环境"问题进行了调研，对如何营造更好的政策环境支持民营企业发展提出对策，以期为促进民营经济高质量发展，巩固我国基本经济制度贡献智慧力量。

一、贺州营造更好政策环境支持民营企业发展的主要做法与成效

（一）贺州民营经济发展的基本特征

近年来，贺州市紧扣高质量发展目标，聚焦脱贫攻坚和建设广西东融先行示范区"两大主战场"，积极营造更好政策环境，不断提升服务效能，民营企业发展呈现三大特征。一是民营企业发展规模稳步扩大。2019年，全市有私营企业19461户，增长11.5%，占企业总数88.94%；实有个体户79058户，增长13.45%。2020年上半年，全市新登记市场主体15145户，占市场主体总量的98%，增长63.36%；规模以上工业非公有制经济总产值增长6.9%；上半年全市新增"四上"[2]非公企业35家。民营经济发展规模的稳步扩大，为贺州经济持续稳定增长提供了坚

---

[1] 习近平：在企业家座谈会上的讲话[N].光明日报，2020年7月22日，第2版。

[2] 四上："四上"企业：即规模以上工业、有资质的建筑业和全部房地产开发经营业、限额以上批发零售业和住宿餐饮业、规模以上服务业法人单位。

实基础和有力支撑。二是民营企业拉动发展明显增强。2018年，全市规模以上非公工业企业189家，占全市比重85.9%，规模以上非公工业总产值75.8亿元，同比增长40.9%；2019年全市规模以上非公工业企业201家，占全市比重87.2%，其中规模以上非公工业总产值95.3亿元，同比增长23.3%；民间投资增长32.5%；非公有制企业进出口总额10.34亿元，增长205%，占总额的76.9%。2020年上半年，规模以上工业非公有制经济总产值同比增长6.9%，完成产值占全市规模以上工业总产值的80.3%，比重比上年同期提高0.8个百分点，拉动全市规模以上工业产值增长5.5个百分点；新增规模以上工业非公企业16家，新增产值7.2亿元，合计拉动全市规模以上产值增长2个百分点。规模以上工业非公有制经济不断发展壮大，新动能不断补充，经济总量占比显著提高，成为推动工业经济持续平稳发展的主要支撑。三是民营企业社会贡献稳步提高。2018年，全市非公经济税收37.43亿元，占全市税收收入比重达76.6%，同比增收7.4亿元，增长24.6%。2019年，全市非公经济缴纳税收46.41亿元，增长23.5%，占全市税收总额的79.6%；非公有制企业新增城镇就业人员4333人，增长26.1%，占总数的37.2%；2020年上半年，非公经济税收24.16亿元，占税收收入总额82.17%，增长1.97%。非公经济税收总量、占税收收入比重稳步增长，在增加就业、促进创新等方面发挥了重要作用。

（二）贺州营造更好政策环境支持民营企业发展的主要做法

现阶段，贺州民营企业数量在迅速扩张，质量在渐进提升，规模化、集约化、产业化发展趋势日趋明朗，在民营经济的大力推动下，经济发展跑出了东融"加速度"，2020年获得"广西民营经济示范市"称号。这些得益于贺州以得力举措，积极营造更好政策环境，大力发展民营企业。其主要做法有三：

一是加强领导，凝聚促进民营经济发展的工作合力。坚持高位推进，把营造更好政策环境支持民营企业发展作为重要工作抓牢抓细，纳入市非公有制经济工作领导小组工作要点、工作计划,纳入全市经济社会发展总体规划,把为民营企业解决突出问题和困难纳入重要议事日程,建立民营企业关爱制度,推行厅级领导联系服务强优民企项目机制,建立重大项目调度会议制度;坚持党政一把手亲自抓、分管领导全力以赴,着力形成"党委统一领导、政府宏观调控、部门全力支持、社会积极参与、企业自主发展"的推动民营经济发展的工作合力。整合资源,成立市非公经济发展服务中心,充分发挥市非公办统筹抓总的作用,协调各成员单位各司其职、各负其责;加强机关效能建设,把贯彻执行支持非公经济发展有关政策的情况,作为评价相关部门和单位工作作风以及考核干部政绩的重要内容。据调查,2021上半年,市委常委会、市政府常务会专题研究发展壮大民营经济工作等事项16次;市、县两级领导干部挂点联系非公有制企业627家、非公有制经济代表人士721名,走访联系企业828场次,协调解决问题820件。

二是突出重点,狠抓支持民营经济发展的政策落实。突出抓好从严落实扶持政策、纾困惠企政策落地、不断优化营商环境、扎实开展解决民营经济突出问题攻坚年活动、大力推动民营经济提质量上规模等重点工作,当好民营企业健康发展的"服务员",破除影响民营经济发展的"旋转门"。着力推动"桂30条"[1]"贺10条"[2]等系列政策落地见效,对未落实的形成责任清单,对知晓度不高的加强宣传、送政策上门,切实把政策"温暖"和惠企"礼包"直接传递到企业。2020年上半年就累计发放"复工贷""稳企贷""惠企贷"约15.64亿元,累计新增减

---

[1] "桂30条":即广西壮族自治区支持打赢疫情防控阻击战促进经济平稳运行的30条措施,主要包括:有序快速推动工业企业复工复产达产、促进农业生产、决胜脱贫攻坚推动乡村振兴、提振三产和促进消费、抓好投资和重大项目建设、做好生产要素和物资保障、加大财税金融支持力度等方面。详见《广西壮族自治区人民政府办公厅关于支持打赢疫情防控阻击战促进经济平稳运行若干措施的通知》(桂政办发〔2020〕6号)。

[2] "贺10条":即贺州市应对疫情保障中小企业稳定健康发展的10条政策措施,主要包括:实施稳生产返保费、稳就业享补贴、稳收入减免税、稳经营缓缴费、稳创业减免租等方面。详见《贺州市人民政府关于应对疫情保障中小企业稳定健康发展若干政策措施的通知》(贺政发〔2020〕2号)。

税降费 2.03 亿元，降低企业用水、用电、用气负担 4800 多万元，为企业减免社保、医保费用 1.71 亿元，市本级财政兑现企业奖补资金 1.2 亿元。通过市领导牵头主抓、靠前指挥，问题当面交办、当面研究、当面表态，有效解决了一批民营企业突出问题。2021 年，为民营企业融资 114.25 亿元，清偿拖欠民营企业中小企业账款 1.08 亿元。通过政银企对接会、周末会商等制度，进一步加强政企沟通交流，联合召开政银企对接洽谈会 106 次，为 500 多家民营企业解决实际困难和问题，落实"复工贷"54 亿元。

　　三是建章立制，强化规范民营经济发展的政策保障。坚持依法依规，在市场准入、工商登记、用地融资等关键环节上改革创新，建章立制，为推动民营经济发展提供可靠的政策保障、制度保障。制定出台《贺州市人民政府关于推进中小企业发展的意见》《贺州市"政务环境优化工程"实施意见》《推行贺州市人民政府部门权力清单制度实施方案》《贺州市大力促进众创空间发展实施方案》《关于贺州市加快科技企业孵化器建设实施方案》等一揽子鼓励促进非公有制经济发展的重要文件、政策。在推进产业发展方面，发布《关于加快推进碳酸钙千亿元产业发展的决议》，印发《关于进一步加快碳酸钙产业发展的实施意见》，为石材碳酸钙新材料产业发展提供政策支持和方向导航。设立工业产业发展基金，筹集 20 亿元资金投入园区基础设施和产业发展平台建设，创优产业发展环境。制定《重质碳酸钙粉体企业安全生产标准化规范》《人造石（岗石）企业安全生产标准化基本规范》，促进产业规范发展。制定《贺州市全域旅游发展扶持奖励政策》《贺州市八步区、平桂区乡村旅游点奖励政策》进一步加快旅游业跨越发展。

（三）贺州支持民营企业发展壮大的政策演变特征

　　梳理 2002 年 11 月 2 日贺州市正式成立以来支持民营企业发展的政策，可见其政策演变特征有四：一是从发文数量和文本类型层面看，数量逐渐增多，制度体系逐步得到完善。制定的政策文本上以"通知""意见""方案"为主,指导性和规范性文件相对较多,而一些更具操作性的"办法""措施"较少,特别是必要的监督政策、督查政策、惩处政策不足。二是从发文主体层面看,以市委、市政府、市非公有制经济工作领导小组等为主,且单独发文较多,跨部门联合发文逐渐增多。单一主体发文,可提高发文效率,但有可能带来政策制定的片面性,加大执行协调难度,不便于形成政策合力,损耗政策措施效能。三是从政策主题层面看,主题紧贴了市委、市政府的中心工作,紧贴了地方经济社会发展需要,日趋多样,具有较强的时代性、地方性和实用性等特点。为更好建设广西东融先行示范区,在重大基础设施、重点产业项目、资金安排等上加大政策支持,在产业创新发展,财税金融、人才科技支撑等方面出台了《关于支持广西东融先行示范区建设发展若干政策》在内的一批对接粤港澳大湾区发展的具体政策。针对脱贫攻坚、乡村振兴,出台了《贺州市企业家挂任贫困村"荣誉村主任"暨助力乡村振兴管理办法(试行)》。该文件的印发,有效调动了民营企业家参与脱贫、乡村振兴的积极性;为促进民营文化旅游企业高质量发展,市文化和旅游局、市发展和改革委员会联合下发《促进民营文化旅游企业高质量发展的实施方案》,有力助推了全域旅游发展、文旅融合。四是从政策工具实施层面看,政策工具的使用种类增多,更为丰富,环境型、供给型、需求型政策发展日益成熟,运用起来更为灵活。建设法治型政府,实施降低增值税税率、阶段性减免企业社保费等税费优惠政策,开展"减证便民"专项行动等"行政审批"工具高频使用,反映了当前营造更好政策环境的工作重点。

二、贺州营造更好政策环境支持民营企业发展存在的问题及原因

为深入了解贺州支持民营企业发展的政策环境,研究选取50家大中小型民营企业,其中5家规模较大企业、15家规模中等企业和30家规模较小的企业,通过问卷调查、实地走访、座谈访谈等形式,围绕"民营企业发展的政策环境问题"进行了调查研究,累计220人次参与。问

及"贺州营造更好政策支持民营企业发展的总体效果",86.5%的被调查者认为"好或较好",10.3%的被调查者认为"一般",3.2%被调查者认为"不好说或差"。问及"贺州民营企业发展的政策环境是否有了明显改善",99.8%的被调查者认为"是",而关于"自己的政策获得感如何"的调查显示,民营企业对政策的获得感仍不足,52.8%的被调查者选择"一般",16.1%的被调查者选择"不明显",仅31.1%的被调查者选择"明显";座谈会上一些企业家反映,有的政策优惠处于"看得见,摸不着"的尴尬境地。关于"当前民营企业发展的政策环境是否还存在政策链条堵点",73.2%被调查者认为"存在"。具体而言,贺州民营经济发展的政策环境主要存在以下几方面问题。

（一）政策制定不够精准有效

政策本身据法合理,科学完备,规范有序,是良好政策环境的重要凭借。问及"在营造更好政策环境中最为关心的是什么",选择"政策供给"的被调查者占23%,"政策落实"的被调查者占31%,"政策宣贯"的被调查者16%,"政策合乎实际"的被调查者占30%。可见,政策制定精准性受到了被调查的企业家们关注。政策的科学性、连续性、可行性是企业家对政策制定关注度比较高的方面。政策精准制定不足、有效供给不力,政策体系整体性缺乏、可操作性不强,是政策制定不够精准有效的具体表现。部分原本有益于促进民营企业发展的政策,由于政策制定前期缺乏深入的调研和科学论证,政策的科学性欠缺,造成执行效果大打折扣。"在进行本行业企业发展的政策起草、制定过程中,是否提供过相关咨询或提出过建议",25.6%的民营企业家表示"否"。民营企业东融上,对如何有效引导民营企业东融,缺乏强有力的政策引导,无论是政府层面还是理论界没有进行系统深入的研究和有针对性地积极引导。有的政策则过于宏观,或门槛要求过高,操作起来不太方便。以市场准入为例,关于"民营企业在市场准入方面存在的最大问题"的调查显示,被调查企业中有20家认为"市场标准过高",占40%,被调查对象中有98人认为"不同所有制企业差别待遇",占45%。企业融资困难仍是制约民营经济发展的难点,虽然金融部门提供了金融服务,但银行贷款手续繁琐,对抵押贷款要求比较高,一般的中小微民营企业难以达到条件。在民营企业参与精准扶贫上,由于一些政策程序复杂,灵活性不够,民营企业可享受到实惠政策不多,以致一些民营企业家参与积极性不高,不乐意走正常捐赠程序。

造成政策制定不够精准有效的原因主要为,制定实施涉企政策时,有的职能部门发扬民主不够,未能建立起长期的政策建议征集平台,深入企业进行实地调研,闭门造车,听取相关企业意见建议不够充分;有的没有建立起调查社会民众、市场主体等相关利益者的意愿和诉求的第三方社会调查系统,没有充分运用好现代信息技术进行建议征集,使得决策的广泛性、民主性不够;有的未能按照分类、分层规范政策制定程序,职能部门协同合作意识不强,对涉及的重要环节、领域未能及时交流沟通、多方联动、统筹协同制定。

(二)政策宣贯不够精准有效

政策宣贯是促成思想意识一致,措施行动协调的基础前提。政策知晓率与程度,关乎政策落实的成色和质量。政策宣贯的力度、时度、方式,是评判政策宣贯效度的重要标尺。问及"民营企业支持政策宣传和贯彻的效果",选择"很好或好"的被调查者占89.3%,选择"一般"的被调查者占7.7%,选择"不好说或差"的被调查者占3%;座谈中被访谈者反映,政府部门、具体执行部门对政策宣传是重视的,但还存在一些形式主义走过场的现象,搞雨过地皮湿式宣传。可见当前政策宣贯还不够精准有效。对于"政策宣贯不够精准有效的具体问题",43.3%的被调查者认为"力度不大",认为"时机把握不好"的被调查者占30.2%,有26.5%的被调查者选择"宣贯方式不够科学"。不少企业反映,希望根据时代发展潮流,创新宣贯方式,加大现代信息技术在政策制定、宣贯、落实上的运用,提升政策科技含量。政策宣贯力度小,方

法不当,不够精准,使得政策覆盖率不足,政策知晓率不高的。以《意见》宣贯为例,"清楚并详细了解"的被调查者仅占6.3%,"了解一点,听说过的被调查者占48.7%,"不知道、不清楚具体内容"的被调查者占45%。对政策的了解、掌握不透彻,是一些该享受而未能享受的重要原因。被调查企业中有95%"希望加大宣贯力度",有68%认为"应创新宣贯方式,提高宣贯科学化水平"。

造成政策宣贯不够精准有效的原因很多,有的企业家表示平时忙不过来,无暇顾及,有的表示政策太多,宣传的政策与自身利益没多大关联,不愿关注、跟踪新政。一些执行部门认为,由于人手少,企业面相对广,难以做到全域覆盖;有的由于自身素质不高,学识不足,对涉企政策掌握不透,有的则因为说干就干、干就干好的工作作风不够扎实,嫌弃政策宣贯麻烦,实干精神劲头还不够足,不敢与企业主动对接,送政策上门,不愿为企业纾困解难。

(三)政策落实不够精准有效

政策落地、落细、落实,是政策链条的最后环节,其成效关乎政策环境的好坏。"推动政策落实的成效评价"调查显示,对金融机构、科技部门、政府部门、司法机关执行政策的评价,整体不够理想,选择"好或较好"不足被调查者的60%。"支持企业的优惠政策落实"的调查显示,被调查企业仅4家选择"完全落实",6家选择"落实比较好",10家选择"基本落实",12家选择"部分落实",18家选择"没落实";调查结果显示出优惠政策落实较差。座谈也反映了类似情况,工业园区营商环境存在着优惠政策"落实难"、行政服务"中梗阻"、平台承接"不给力"等突出问题。进一步对减轻税费负担、解决融资难融资贵、构建亲清政商关系、鼓励企业创新创业、产权保护等具体政策落实的感知调查显示,企业整体感知不强,认为政策空间仍大,对增加劳动力供给、增进企业家政策获得感安全感的整体认识,企业家们的好评整体指数不高。

造成支持民营企业发展良好政策落地受阻，从政策本身维度看，有的政策科学性、协调性不足，相关配套政策衔接不到位。如，康养旅游产业发展的土地政策弹性不足，康养旅游行业的行政审批事项和流程过于烦琐；中小企业服务中心"惠企贷"贷款政策，由于金融服务配套保障不足，金融机构真正获得补偿和奖励难度较大，无法有效调动银行支持小微企业积极性。从企业发展维度看，有的企业过于专注业务，对外部政策环境不够关心，有的企业自身能力不足、公司治理结构不够规范，信用观念淡薄，诚信意识差，违约率、损失率高，评价质量差、质押品价值不高，导致银行机构在授信上较为审慎，难以获得更多支小贷款。从政策执行维度看，有的政策执行者能力低下，有的搞"土政策"附加执行，搞"断章取义，为我所用"选择性执行，搞"阳奉阴违"象征性执行，搞"变形、走样"片面性执行，以致执行效率低、力度不够。调查显示，一些职能部门工作人员的征地拆迁、路网建设、水电供给等为民营企业发展和项目打基础的工作能力有待提升。

（四）制约营造良好政策环境的因素

造成支持民营企业发展的政策环境不够精准有效，其原因是主体性、体制性、情景性等多要素综合的结果。主体性、体制性、情景性三要素相互交织、相互叠加，相互影响，使得良好政策环境功效不能有效释放，甚至恶化"负向累积循环"。

从主体性层面看，主要为政策决策设计主体、政策执行主体的思想理念、综合素质、本领能力，与发展壮大民营经济的时代要求、政策诉求还不相匹配。比如，有的执行政策时思维固化，因循守旧、固步自封、刻板呆滞，存在路径依赖，戴着有色眼镜去落实政策，未能实事求是、一切从实际出发，耍花样搞多样标准，简单化搞"一刀切"；有的制定政策未能突破既得利益格局，掺杂部门利益，决策程序不够科学规范，不完善，决策方式民主法治化不足，使政策流于空泛，实施起来有难度；有的现代媒体素养不高，网上服务民营经济能力不强。有的企业家经营

能力、管理水平不高，内功不扎实，承接政策资源能力不足，抓不住利好政策带来的机遇。

从体制性层面看，主要为政策创新、推进机制供给不力，政策执行过程协同推进机制不顺畅，政策实施评估机制不健全。支持民营经济发展壮大的政策决策、执行、监督分离机制没有建立起来。科学合理、完整明确的支持发展的绩效考评体系尚未完全构建起来，还不够系统科学，融合度有待提升，第三方群众参与度不够。"支持民营企业发展壮大政策落实评估主要问题"的调查显示，68.2%的被调查者认为"缺乏科学合理的考评指标体系"，46.4%的被调查者认为"难以做到科学考核评估"，36.3%的被调查者认为"相关部门和领导不够重视"。

从情景性层面看，主要为民营企业实力不强，发展不平衡，承接社会资源能力有限。受经济下行影响，中小企业生产经营困难，产业链条接不上。地方政府财力有限，工业基础相对薄弱，物流体系建设落后，人才资金要素支撑缺乏，科技创新驱动力不强，对外区域协同发展、合作联动体制机制不灵活，民营企业更加自由、便捷、多元化的发展诉求难以得到充分满足，构成不了有力的外围支撑。据调查，目前通往粤港澳大湾区的货运铁路、内河水运等重要运输通道仍未打通，碳酸钙等大宗货物外运压力大、物流成本高；相对邻近的粤西北地区来说，贺州工业用电成本偏高。

三、营造更好政策环境支持民营企业发展的对策建议

民营经济是社会主义市场经济的重要组成部分。《意见》的出台，是中央首次专门针对民营企业发文搭建系统性制度框架，表明对民营企业发展的重视已上升到国家战略层面。当前，国际国内经济形势错综复杂，经济下行压力较大，营造更好政策环境，支持民营企业发展，激发民营企业创新活力，是应对外部变局的重要举措和策略。习近平同志明确指出，要"不断为民营经济营造更好发展环境，帮助民营经

济解决发展中的困难,支持民营企业改革发展"[1]。因此,必须把营造更好政策环境支持民营企业发展作为增强"四个意识"、坚定"四个自信"、做到"两个维护"的重要政治任务抓紧抓实,抓住新时代支持民营企业发展的有利时机,最大限度地凝聚推动民营经济发展的强大政策合力。

(一)坚持改革创新,增强解决民营经济问题的政策措施系统性精准性

针对制约民营经济发展的痛点难点堵点,坚持改革创新思维,始终坚持问题导向、政策导向、目标导向和效果导向,从市场环境、政策环境、法治环境等方面找准问题的切入点,通过体制机制上的突破,实施精准有效的政策措施,解决好民营经济发展壮大过程中的税费负担、拖欠账款等具体问题,为民营经济营造更好的政策环境,推动民营经济高质量发展,在实现中华民族伟大复兴中走向更加广阔的舞台。

一要健全政策制定体系。要在现有的"桂30条""贺10条"等系列政策基础上,强化部门协同治理,构建跨部门有效合作体系,进一步制定优化营商环境、推进"放管服"、政务服务"一事通办"改革等问题的具体实施路径。建议由市发展改革委牵头,工信、土地、财税等部门积极配合,联手共同制定营造更好发展环境支持民营企业改革发展的实施细则。政策制定中,注重政策细节设计,讲究政策文本类型多元化,加大新出台政策措施的审查,对政策本身进行第三方评估,提高政策质量及制定规范化科学化水平,增强政策的连续性、稳定性。

二要提高政策措施针对性。以《意见》为标准,紧扣民营企业需求,进一步完善和优化支撑民营企业发展的产业政策、科技政策、投融资政策,探索实行符合贺州建设广西东融先行示范区需求的民营企业的具体政策举措。如银行贷款,应在政策允许的范围内简化手续,拓宽抵押贷

---

[1] 习近平:论坚持全面深化改革[M].北京:中央文献出版社,2018年版,第486页。

款要求。建立民营经济专家智库、民营经济专家咨询委员会，为提升政策措施系统性、精准性，助推政策落地出谋划策。

三要强化优惠政策落实。教育引导党员干部要始终秉承"服务永远在路上，没有最好只有更好""人人都参与招商引资，人人都是营商环境一员""少说'不行'，多说'我帮你想办法'"的服务理念，着力推进政策落实。牢牢把握好政策导向，正确处理好政策执行中四对关系，即处理好政策的原则性和政策的灵活性关系，讲清政策规定和落实政策要求的关系，提供政策帮助和防止政策越位的关系，政策供给和政策支持的关系，强化公平竞争审查制度刚性约束，克服政策空转顽疾，增强政策操作过程中的制度保障。建议借鉴河南修武县依托"两不见面"机制，着力破解"手续难办"问题，依托智慧服务平台，着力破解"融资难"问题，实行服务企业评议，着力破解"服务差"问题，建立解决企业难题隐患机制和问题解决通报机制，提高问题办结率，提升问题解决的精准性。参照江苏开展民营经济政策举措第三方评估的做法，由市工商联、非公经济办主导或参与进行营商环境评价指标体系构建与评价、民企减税降费获得感等第三方评价，以督查倒逼民营经济政策落实。

（二）夯实保障支撑，破除壁垒营造更好政策环境支持民营企业发展

营造更好政策环境，支持民营企业发展，必须夯实民营企业发展必备的政策、技术、人才等要素的保障支撑，破除制约民营经济发展的一切障碍。

一要破除政策壁垒。进一步放开市场准入，对法律法规未明确禁入的行业和领域鼓励民间资本进入，深化土地、金融、劳动力、技术等要素市场改革，破除招投标隐性壁垒，下大力气清理和废除妨碍统一市场和公平竞争的各种规定和做法，深化"放管服"改革，做到企业开办全程网上办理，进一步放宽小微企业、个体工商户登记经营场所限制，支持大中小企业融通发展，为民营企业转型提供更大空间。要深入开展民法典和相关法律法规宣传普及，坚持严格公正规范执法，依法严厉打击

破坏企业生产经营、市场秩序的违法行为，完善各类市场主体公平竞争的法治环境，切实保障民营企业家的合法权益。

二要破除技术壁垒。深入推进"马上办、网上办、一次办"行政审批制度改革，将区块链、云计算、人工智能等现代化信息技术应用于政务服务、营商环境改善之中，着力推进政务数字化、智能化转型升级，制定细化市级层面政府中长期数字化转型标准化建设标准，充分利用现代信息技术提升服务效率，加大网络行政事务处理的力度，全面提升"互联网+政务服务"水平，节省企业的时间及人力成本。

三要破除基础条件壁垒。营造更好政策环境，支持民营企业发展，需要加快广义的大基础设施建设。良好的基础设施有助于降低企业运营成本，提高企业投资回报率。这是培育和吸引一批企业家来贺州创业的重要因素。但贺州的基础设施指数显示，在基础设施上同市内外一些竞争性城市特别是粤港澳大湾区城市相比，存在不少差距。要营造更好政策环境，支持民营企业发展，推进基础设施建设，是各级党委和政府必须狠下功夫练好的基本功。要完善交通设施，构建顺畅的交通体系；坚决打赢污染防治攻坚战，提升"金不换"的生态优势；大力发展各类教育尤其是高等职业教育，提升人力资源品质；发展多样化的文化娱乐服务，提高优质的医疗服务；要拓宽城建资金来源，建好一批骨干路网，提升城市品位，做到软硬兼施，协同共进。特别是要加快园区基础设施和配套设施的建设，重点做好园区路网、供水、标准厂房等项目和其他配套基础设施项目的策划包装，以好巢引好凤。

四要破除人才短缺壁垒。扎扎实实推进人才强市战略，利用好现有人才资源平台，优化吸引人才的科技奖励、股权激励、税收优惠等具体政策，坚决破除根深蒂固的人才体制枷锁，营造良好的人才政策环境，确保民营企业发展所需的人才引得进、稳得住、干成事、干好事。尤其要针对对接粤港澳大湾区的一些新兴产业民营企业，实施与企业配套的人员储备及留住专业人才政策的倾斜。

（三）创新领导机制，构建多元主体协同支持民营企业发展的工作格局

各级各部门要把推动营造更好政策环境，支持民营企业发展工作作为当前经济工作的一项重要任务，强化组织保障，完善工作机制，凝聚起推动民营经济持续健康发展的强大合力，提高营造更好政策环境，支持民营企业发展工作科学化、规范化、程序化水平。

一要建立支持民营企业发展的领导协调机制。借鉴山东、浙江等省做法，将统战部、发改委、工信局等有关涉及非公经济发展的人员和资源加以整合，成立非公经济发展促进局，以统筹领导全市非公有制经济发展。健全市非公有制经济工作领导小组运行机制，建立健全全市非公有制经济工作领导小组工作规则、程序，着力构建步调一致、协调联动、合力推进的有效工作机制，推动营造更好政策环境，支持民营企业发展工作规范化、制度化。领导小组各成员单位要站在深化改革发展大局的高度，思想上放心放胆，政策上放宽放活，工作上放手放开，进一步强化职能、整合资源，以督促落实政策、优化服务环境、综合分析研究、协调解决难题为方向，统筹推进全市民营经济发展。

二要建立健全支持民营企业发展工作协作配合机制。加强全市非公有制经济工作领导小组各成员单位的沟通协调，建立营造更好政策环境，支持民营企业发展工作的联系会议制，加强与相关部门间的协调配合，定期联络，做到信息共享。积极构建由党委统一领导、政府宏观调控、相关部门全力支持、全社会多元主体协同参与支持民营企业发展的工作格局。各个单位要健全党政一把手亲自抓、分管领导全力以赴抓、班子其他成员齐抓共管的责任体系，真正把加快民营经济发展放在更加突出的位置、摆上重要议事日程，责任扛在肩上，任务落实到人。

三要健全支持民营企业发展工作评价体系。将支持民营企业发展相关指标纳入高质量发展绩效评价体系，加强对营造更好政策环境，支持民营企业发展工作的协调指导和督查检查，把贯彻执行支持民营经济发展有关政策的情况，作为评价相关部门和单位，特别是领导小组各成员单位工作作风以及考核干部政绩的重要内容，确保加快发展民营经济的各项政策措施落实到位。

（四）强化典型引领，亲清新型政商关系示范创建活动中优化营商环境

从2016年两会期间习近平同志第一次用"亲"和"清"两个字精辟概括并系统阐述新型政商关系，到2017年"构建亲清新型政商关系，促进非公有制经济健康发展和非公有制经济人士健康成长[1]"写入党的十九大报告，再到2018年两会、2018年全国民营企业座谈会进一步强调"构建亲清政商关系才是阳关大道"，亲清新型政商关系话题被习近平同志反复提及和强调。习近平同志关于"亲"和"清"新型政商关系的重要论述，为正确处理政企、政商关系提供了基本遵循。亲清新型政商关系，是更好政策环境的外在表现，构建亲清新型政商关系，是营造更好政策环境，支持民营企业发展的重要路径。

一要深入推进亲清新型政商关系示范创建活动。抓住荣膺广西"民营经济示范市"契机，聚焦"亲"与"清"两大主题，构建长效、紧密、务实的政企互动机制，深入推进亲清新型政商关系示范创建活动，努力将示范点建设成为畅通政府部门与企业沟通交流的有效渠道和政企"议事交流平台"，在亲清新型政商关系示范创建活动中进一步优化营商环境，以点带面，发挥典型示范作用，推动形成政商交往亲清共融的和谐新局面。充分发挥板报、广播、电视、报纸、网络等文化宣传媒体的作用，加强亲清新型政商关系示范创建活动的宣传，及时总结提炼创建过程中的最新成果和推介典型经验，增强创建示范活动的吸引力、引领力。

二要着力解决政商关系中存在的深层次问题。加强统筹协调，积极作为，靠前服务，着力解决政商关系中存在的深层次问题，努力消除政

---

[1] 习近平: 决胜全面建成小康社会夺取新时代中国特色社会主义伟大胜利[M].北京: 人民出版社，2017年版，第40页。

商关系中的不和谐因素。进一步落实好领导干部联系服务企业机制，持续深化各级领导干部联系服务活动，创新服务企业机制，加快形成科学化、规范化的亲商安商长效机制，多为企业排忧解难。可借鉴山东省招远市创新"无事不到、随叫随到、服务周到"的"三到"服务，推动发展新型政商关系的做法，实现"从企业上门求服务"转变为"干部主动送服务"，以进一步优化服务亲商安商。充分发挥好工商联、商（协）会以及有关社会组织在构建亲清新型政商关系中的重要作用，把创建工作放到落实发展壮大民营经济服务大局来认识和把握，找准着力点和结合点，探索创建工作与服务东融紧密结合、互促互动、同步发展的新路子。

（五）强化教育引导，促进民营企业家善于将党的政策转化为发展动力

民营企业的发展需要更好的发展环境保驾护航，同时也需要自身不断加强改革和创新，具有过硬的"内功"。习近平同志指出，"企业家要带领企业战胜当前的困难，走向更辉煌的未来，就要在爱国、创新、诚信、社会责任等方面不断提升自己"[1]。这要求，营造更好政策环境，需要强化教育引导，促进民营企业家健康成长，促进民营企业家善于将党中央、地方一系列政策机遇，转化为自身规范健康发展的内在动力。

一要强化思想引领。注重引领增进思想共识，通过集中学习、宣传宣讲等方式，引导民营企业深入学习党的最新理论创新成果，要学习好、领悟好习近平新时代中国特色社会主义思想，尤其是习近平同志关于大力支持民营企业发展的重要论述、党和国家关于支持民营企业发展的政策，坚定理想信念，坚定"四个自信"，增强发展信心，自觉将自身企业的发展融入国家、地方整体发展大局之中。

二要强化活动引领。组织开展知情明政考察、红色之旅观摩、"不

---

[1] 习近平：在企业家座谈会上的讲话[N].光明日报，2020年7月22日，第2版。

忘初心·与党同心"共识教育培训等系列活动,举办"弘扬企业家精神,争做时代优秀民营企业家"研讨座谈会、主题教育活动,开办寿城企业家讲堂、沙龙,充分利用好深贺企业联盟,开展"民企走湾区"活动,加大与粤港澳大湾区同行的深入交流,深入推进民营企业家担任脱贫摘帽村"荣誉主任"、助力乡村振兴活动,实施民营企业"顶天立地""铺天盖地"培育计划,开展面向民营企业家的政策培训,加强民营企业家管理经营培训,着力提升民营企业家家国情怀、进取精神和经营能力,教育引导民营企业家努力把企业打造成为强大的创新主体,把企业办成创新项目的产业化基地。

三要强化党建引领。建立健全民营企业党建工作机制,切实加强民营企业和专业市场的党建工作,指导建立工会、共青团、妇联等组织,让民营企业员工深刻感受新时代加快发展的好政策好环境,教育引导广大民营企业家拥护党的领导,支持企业党建工作,发挥好党建在推动民营企业改革发展中的政治引领作用,使党的政治优势转化为推动企业规范健康发展、转型升级、核心竞争力提升的发展优势。

四要强化舆论引领。加强对民营企业和民营企业家的表彰激励,积极开展"突出贡献民营企业家"评选表彰活动,对优秀民营企业家给予适当政治安排,对做出突出贡献的,要授予劳动模范、五一劳动奖章等荣誉称号,大力宣传创新创业创富先进典型,创设支持民营企业发展的浓厚的社会舆论氛围。

参考文献

[1] 马克思恩格斯全集（第40卷）[M]. 北京：人民出版社，1982年版。

[2] 马克思恩格斯文选（第一卷）[M]. 北京：人民出版社，1962年版。

[3] 毛泽东选集（第一卷）[M]. 北京：人民出版社，1991年版。

[4] 毛泽东选集（第二卷）[M]. 北京：人民出版社，1991年版。

[5] 毛泽东选集（第三卷）[M]. 北京：人民出版社，1991年版。

[6] 邓小平文选（第三卷）[M]. 北京：人民出版社，1993年版。

[7] 邓小平论统一战线 [M]. 北京：中央文献出版社，1991年版。

[8] 习近平谈治国理政 [M]. 北京：外文出版社，2014年版。

[9] 习近平谈治国理政（第二卷）[M]. 北京：外文出版社，2017年版。

[10] 习近平谈治国理政（第三卷）[M]. 北京：外文出版社，2020年版。

[11] 习近平：论坚持全面深化改革 [M]. 北京：中央文献出版社，2018年版。

[12] 习近平：论中国共产党历史 [M]. 北京：中央文献出版社，2021年版。

[13] 习近平：关于社会主义政治建设论述摘编 [M]. 北京：中央文献出版社，2017年版。

[14] 习近平论坚持党对一切工作的领导 [M]. 北京：中央文献出版

社，2019年版。

[15] 习近平关于"三农"工作论述摘编[M].北京：中央文献出版社，2019年版，第45页。

[16] 十三大以来重要文献选编（中）[M].北京：中央文献出版社，2016年版。

[17] 十八大以来重要文献选编（上）[M].北京：中央文献出版社，2014年版。

[18] 十八大以来重要文献选编（中）[M].北京：中央文献出版社，2016年版。

[19] 十八大以来重要文献选编（下）[M].北京：中央文献出版社，2018年版。

[20] 十九大以来重要文献选编（上）[M].北京：中央文献出版社，2019年版。

[21] 习近平：在企业家座谈会上的讲话[N].光明日报，2020年7月22日，第2版。

[22] 中国共产党第十九届中央委员会第五次全体会议文件汇编[M].北京：人民出版社，2020年版。

[23]《乡村振兴战略规划（2018—2022）》[M].人民出版社，2018年版。

[24] 习近平：在庆祝中国共产党成立100周年大会上的讲话[N].光明日报，2021年7月2日，第2版。

[25] 习近平：在纪念全民族抗战爆发77周年仪式上的讲话[N].人民日报，2014年7月8日，第2版。

[26] 习近平：在党史学习教育动员大会上的讲话[J].求是，2021年，第7期。

[27] 习近平：用好红色资源 赓续红色血脉 努力创造无愧于历史和人民的新业绩[J].求是，2021年，第19期。

[28] 中共中央统战部研究室编：新世纪新阶段统一战线[M].北京：华文出版社，2006年版。

[29] 坚持新发展理念深入实施东北振兴战略 加快推动新时代吉林

全面振兴全方位振兴 [N].人民日报,2020年7月25日,第1版。

[30] 解放思想　深化改革凝心聚力担当实干　建设新时代中国特色社会主义壮美广西 [N].人民日报,2021年4月28日,第1版。

[31] 建设中国特色中国风格中国气派的考古学更好认识源远流长博大精深的中华文明 [N].人民日报,2020年9月30日,第1版。

[32] 巩固发展最广泛的爱国统一战线　为实现中国梦提供广泛力量支持 [N].人民日报,2015年5月21日,第1版。

[33] 坚持把解决好"三农"问题作为全党工作重中之重　促进农业高质高效乡村宜居宜业农民富裕富足 [N].人民日报,2020年12月30日,第1版。

[34] 中共中央国务院关于实现巩固拓展脱贫攻坚成果同乡村振兴有效衔接的意见 [N].光明日报,2021年3月23日,第1版。

[35] 以时不我待只争朝夕的精神投入工作　开创新时代中国特色社会主义事业新局面 [N].光明日报,2018年1月6日,第1版。

[36] 把乡村振兴战略作为新时代"三农"工作总抓手　促进农业全面升级农村全面进步农民全面发展 [N].光明日报,2018年9月23日,第1版。

[37] 中共中央国务院关于全面推进乡村振兴加快农业农村现代化的意见 [N].人民日报,2021年2月22日,第1版。

[38] 坚定信心埋头苦干奋勇争先　谱写新时代中原更加出彩的绚丽篇章 [N].人民日报,2019年9月19日,第1版。

[39] 中共中央印发中国共产党统一战线工作条例 [N],人民日报,2021年1月6日,第1版。

[40] 田玉珏、薛伟江、路也：习书记主政那五年是浙江文化建设大步跨越迈入前列的五年——习近平在浙江（十八）[N].学习时报,2021年3月24日,第3版。

[41] 雷明：协同振兴：全面推进乡村振兴的必然选择 [J].中国报道.2021年,第3期。

[42] 龚晨：乡村振兴战略实施中的协同治理探析 [J].辽宁行政学院学

报，2019 年，第 1 期。

[43] 王亚华：乡村振兴"三步走"战略如何实施[J].人民论坛，2018 年，第 10 期。

[44] 张文礼：多中心治理：我国城市治理的新模式[J].开发研究，2008，第 1 期。

[45] 王立胜：以县为单位整体推进：乡村振兴战略的方法论[J].中国浦东干部学院学报，2020 年，第 4 期。

[46] 龚晨、邢支刚：践行习近平关于乡村振兴重要论述的要求论略[J].桂海论丛，2019 年，第 1 期。

[47] 叶兴庆等："十四五"时期的乡村振兴：趋势判断、总体思路与保障机制[J].农村经济，2020 年，第 9 期。

[48] 杜黎明：关于加强脱贫攻坚与乡村振兴有机衔接的几点思考[J].前进论坛，2020 年，第 6 期。

[49] 王浩：乡村产业振兴需久久为功[N].人民日报，2021 年 6 月 2 日，第 19 版。

[50] 邓婷鹤　聂凤英：后扶贫时代深度贫困地区脱贫攻坚与乡村振兴衔接的困境及政策调适研究——基于 H 省 4 县 17 村的调查[J].兰州学刊，2020 年，第 8 期。

[51] 徐晓军，张楠楠：乡村振兴与脱贫攻坚的对接——逻辑转换与实践路径［J］.湖北民族学院学报，2019 年，第 6 期。

[52] 王亚华，苏毅清：乡村振兴——中国农村发展新战略[J].中央社会主义学院学报，2017 年，第 6 期。

[53] 高建明：论生态文化与文化生态[J].系统辩证法学报，2005 年，第 7 期。

[54] 方李莉：文化生态失衡问题的提出[J].北京大学学报，2001 年，第 3 期。

[55] 王桂兰：当代中国文化生态初探[M].北京：人民出版社，2019 年版。

[56] 陆益龙：乡村文化的再发现[J].中国人民大学学报，2020 年，第

4期。

[57] 苏丹丹：文化消费缺口巨大 消费能力有待释放[N].中国文化报，2013年11月27日，第5版。

[58] 罗能生；孟湘泓：经济发展新常态下的文化消费探析[N].光明日报，2018年12月20日，第16版。

[59] 曲晓燕：变潜力为动力 以文旅消费新生态助力稳增长、惠民生[N].中国文化报，2019年8月30日，第5版。

[60] 范玉刚：乡村文化复兴与乡土文明价值重构[M].北京：中国大百科全书出版社，2020年版。

[61] 龙丽萍：文化"软实力"成为经济发展"硬支撑"[N].贺州日报，2021年8月25日，第1版。

[62] 管宁：文化生态——与现代文化理念之培育[J].教育评论，2003年第3期。

[63] 王淼：以更高标准谋好文化生态保护新篇[N].中国文化报，2019年1月14日，第3版。

[64] 沈费伟：传统乡村文化重构——实现乡村文化振兴的路径选择[J].人文杂志，2020年，第4期。

[65] 梁茜：乡村文化生态价值的现代性境遇与重建[J].广西民族大学学报（哲学社会科学版），2014年，第3期。

[66] 高水平建成广西东融先行示范区 奋力谱写新时代中国特色社会主义壮美广西贺州篇章[N].贺州日报，2021年9月7日，第1版。

[67] 龚晨：以瑶族文化重塑助推瑶族地区乡村振兴探析[J].江苏省社会主义学院学报，2020年，第3期。

[68] 两会现场观察："共和国是红色的"[N].人民日报，2019年03月5日，第1版。

[69] 冷波：红色旅游是激活红色基因的重要方式[J].党史文苑，2015年，第2期。

[70] 韦丽萍：对建设黄姚古镇政治交接教育实践基地的思考[J].广西社会主义学院学报，2009年，第20期。

[71] 唐荣荣、罗宁昌：快速城镇化下的古镇保护与发展探析——以黄姚国家历史文化名镇保护规划为例 [J]. 广西城镇建设，2010 年，第 5 期。

[72] 程洪、潘豪：广西黄姚古镇历史文化资源的保护与开发 [J]. 决策与信息，2018 年，第 4 期。

[73] 龚晨、吴涌：开发贺州统一战线文化资源 [N]. 团结报，2018 年 11 月 20 日，第 6 版。

[74] 龚晨：民营经济推动乡村振兴的价值、驱动因素与对策 [J]. 辽宁行政学院学报，2021 年，第 3 期。

[75]CNNIC 发布第 46 次《中国互联网络发展状况统计报告》[R/OL].http：//www.gov.cn/xinwen/2020-09/29/content_5548175.htm。

[76][美] 塞缪尔·亨廷顿、劳伦斯·哈里森：文化的重要作用　价值观如何影响人类进步 [M]. 北京：新华出版社，2010 年版。

后　记

这本《协同推进乡村全面振兴高质量发展》书稿，是继我的《多元主体协同推进乡村振兴研究——基于广西贺州的思考》出版之后，关于乡村振兴领域研究的又一本学术专著。之所以选择这样做，理由有三：

其一，是对国家乡村振兴战略重大部署的积极回应。实施乡村振兴战略，是新时代以习近平同志为核心的党中央应对新发展阶段要求作出的重大战略决策部署。实施这一部署，无论从"两个大局"的时代背景，还是从大历史观来关照，都彰显出了极其重要的价值意蕴。有人将乡村振兴喻为推进中国发展的第五台"发动机"，是不为过的。面对当今世界之前所未有的百年大变局，乡村振兴的"压舱石"作用必将会愈加凸显出来。问题是时代的心声，对时代之问予以热切关照，理当是理论研究者的职责使然。

其二，是在现有成果基础上深入研究的迫切需要。自党的十九大提出实施乡村振兴战略以来，我一直在关注乡村振兴。集多年的研究心血，先前将乡村振兴的部分研究成果，汇编成册，由中国农业出版社出版（2022年5月）。研究是无止境的。成果出版后，有不少同行鼓励我还可以继续深入研究下去。与此同时，我自己也感觉到基于主体视角探讨协同推进乡村全面振兴的问题意犹未尽。特别是，研究视野不够宽广，研究空间潜力是巨大的，仅局限在地方区域内，样本实践经验的特殊性、可复制性、可推广性都有待商榷，研究深度还不够厚实，那种带有规律性、可复制的鲜活经验的理论概括还不够精准，哲学意义上的启发性不够强，需要进一步深入研究、提升高度。就在准备深究下去之时，本人申报的2021年广西哲学社会科学规划研究课题《多元主体协同全面推进乡村振兴的机制创新研究》（21BKS012）获得立项，激发了深入研究下去的内在动力。立足于更为宽广的理论视野，更为精深的理论厚度，着力拓宽多元主体协同推进乡村振兴研究空间，丰富研究内涵，提升研究理论水平，成为了研究的必然选择。更何况，乡村振兴的实践在不断深化，结合时代特征，洞察时代问题，注入时代特质的内容，更为必要，尤为紧迫。

其三，是对乡愁依依不舍的眷恋。儿时的记忆，家乡的一草一木，那份深厚的乡愁乡情，总是那般的刻骨铭心；遥远的乡村，无穷的回味，总是那般的撩拨心弦，难以忘却。我骨子里流淌的是浓浓不可割舍的乡恋。中国的乡村已发生了深刻剧烈的变化，父老乡亲的日子越过越红火，一些地方成为了社会追捧的养生之地、旅游胜地和投资兴业的热土。但尽管如此，社会上仍有不少人戴着有色眼镜看待乡村的功能价值。在乡村全面振兴中，对于生于斯长于斯的我，不应置身其外，理当承担起应有的那份责任义务。在书稿的写作过程中，我也曾徘徊过，但最终是对乡村发展的责任感使我坚持下来，将这份难以忘却的眷恋继续续写下来，画上了一个句号。

这本书的顺利完成，还要特别感谢给予我大力帮助的各位亲朋好友，感谢贺州市统战部非公办的杨京才、钟山县社科联的何木保、昭平县仙回乡的古嫒等提供了大量素材和第一手资料，感谢支持写作的贺州市委党校领导和各位同仁，感谢背后默默付出的妻子和女儿。创作路上有你们，真好！

乡村振兴正在中国大地展开，关于乡村振兴的研究必将会掀起新的研究热潮。书稿的写作算是告一段落了，但是还有很多不足之处，恳请各位专家学者批评指正。对于乡村振兴的研究还需要更多的人加以关注和探索，我将以此为新起点，开启新的研究，真诚期待各位专家不吝赐教。

龚 晨
2022 年 1 月 10 日